国家社会科学基金项目（09BXW015）

高校社科文库
University Social Science Series

教育部高等学校
社会科学发展研究中心

汇集高校哲学社会科学优秀原创学术成果

搭建高校哲学社会科学学术著作出版平台

探索高校哲学社会科学专著出版的新模式

扩大高校哲学社会科学学科研成果的影响力

中国广播电视公共服务

China's Public Service of Radio and Television

石长顺
石 婧 /著

光明日报出版社

图书在版编目（CIP）数据

中国广播电视公共服务 / 石长顺，石婧著 . －－北京：
光明日报出版社，2013.4（2024.6 重印）
（高校社科文库）
ISBN 978－7－5112－4138－2

Ⅰ . ①中… Ⅱ . ①石…②石… Ⅲ . ①广播电视—社会
服务—研究—中国 Ⅳ . ①G229.23

中国版本图书馆 CIP 数据核字（2013）第 056226 号

中国广播电视公共服务
ZHONGGUO GUANGBO DIANSHI GONGGONG FUWU

著　者：石长顺　石　婧	
责任编辑：祝　菲	责任校对：廖　苗　彭煦舟
封面设计：小宝工作室	责任印制：曹　净

出版发行：光明日报出版社

地　　址：北京市西城区永安路 106 号，100050

电　　话：010-63169890（咨询），010-63131930（邮购）

传　　真：010-63131930

网　　址：http：//book. gmw. cn

E － mail：gmrbcbs@ gmw. cn

法律顾问：北京市兰台律师事务所龚柳方律师

印　　刷：三河市华东印刷有限公司

装　　订：三河市华东印刷有限公司

本书如有破损、缺页、装订错误，请与本社联系调换，电话：010-63131930

开　　本：165mm×230mm			
字　　数：328 千字		印　　张：18.25	
版　　次：2013 年 4 月第 1 版		印　　次：2024 年 6 月第 2 次印刷	
书　　号：ISBN 978－7－5112－4138－2－01			

定　　价：78.00 元

CONTENTS 目 录

导 论

　　"公共服务"的概念自 1912 年法国公法学者莱昂·狄骥（Leon Duguit）提出以来，至今正好一百年历史。其最早作为现代公法制度的基本概念，被推行到公共部门，由政府提供公共产品和公共服务，以弥补市场失灵和社会公共的需要。

　　在我国，首次提出推进政府公共服务职能转变任务，是在 2004 年第十届全国人大二次会议期间温家宝总理所作的《政府工作报告》。到 2005 年的"两会"期间，温家宝总理在《政府工作报告》中进一步提出了"建设服务型政府"的目标，明确了政府在新时期转型的方向和任务，其中包括使政府转变为公共服务型政府。

　　当年莱昂·狄骥提出将"公共服务"作为现代公法制度的基本概念，隐含着这样一个命题：即那些事实上掌握权力的人，负有使用其权力来组织公共服务，并保障和支配公共服务进行的义务。后来，英国的 A. C. 庇古（Arthurceal Pigou）于 1920 年出版了《福利经济学》，与法国公法学的公共服务理论一脉相承。也许是受到这些公共服务理论和流派的影响，英国广播公司（BBC）的首任总经理约翰·雷斯于 1925 年，针对广播电视追逐利润、滥用媒介权力的现象，提出必须建立一个超越利润与娱乐局限的全国性广播电视制度，即"公共服务广播"（public service broadcasting，简称 PSB）。其服务模式是通过一定的制度设计，以公共视听费或社会赞助为主，消除对商业利润的追求，服务于公众利益的目标，是一种兼容各类服务内容的传播体系。

　　随着我国政府向"公共服务"型的转向，广播电视公共服务的讨论逐渐成为该领域的中心话题，国家广播电影电视总局也于 2004 年首次提出要在我国"建立公共服务广播电视体系"，由此催生了我国广播电视公共服务理论与实践的研究。

　　广播电视公共服务的研究，将有利于完善我国政府的职能转型。作为党和政府喉舌的广播电视，理应适应政府职能的转变，按照公共服务均等化的原则，构建覆盖城乡的广播电视公共服务体系，这是中国广播电视研究面临的时代命题，这一研究将有利于合理配置广播电视资源，维护广播电视公共服务的公平。本课题研究还有利于实施广播电视的"均等化"服务。公共服务体制改革的根本目标是提高公共服务水平，实现公共服务的均等化。然而由于我国城乡的差异、地区的失衡、市场的"失灵"，对公众的基本文化权益造成了伤害。如何从理论与实践上探讨消除差异实现均衡服务？如何消弭矛盾兼顾各方利益？这一研究将对此起到积极的推动作用。本研究还有利于净化公众的媒介环境。在娱乐化、商业化大潮的冲击下，当代媒介开始放弃对公众核心利益的观照，转而迎合庸俗的商业化需求，这对于建设一个理性的、健康的、有创新力的媒介是极为不利的。本研究对这一问题的特别关注，将有助于广播电视公共服务社会责任的担当，维护公众的知情权。

广播电视公共服务与西方的公共服务广播电视不是一个等同的概念，这是本课题首先必须明确的一个问题。尽管二者在"公共性"、"公众利益"上具有某种关联，然而二者的差异也是显著的。后者作为广播电视的一种体制，目前在我国还不存在。而前者是作为一种范型提出的，它强调职能的转变，体制仅是其中的一种要素体现。

广播电视公共服务强调"公共"，但并不意味着公有国营制的我国广播电视就天然的具备公共服务的职能。娱乐性的泛化、商业化的追逐、节目"公共性"的弱化，社会文化功能的消解、媒介权力的滥用等，使我国的广播电视在运营上几乎与西方的商业广播没有太大的区别。而历年在我国官方的广播电视节目播出情况统计中，却又无一例外地将之冠以"公共广播电视"，显然与本课题提出的相关概念相去甚远。这从另一方面提示，关于广播电视公共服务研究，还存在许多尚待厘清的理念和认识上的误区。因此，有关广播电视公共服务学理的研究，应是本课题研究的基础。此外，研究内容还涵盖公共服务的理论源流、新公共服务理论的转向、广播电视公共服务的特征和广播电视公共服务体系。

如何尽快建立有效的广播电视公共服务体系，是本研究的核心。除一般研究组织体系、基础设施与技术体系、政策法规体系、监督评价体系外，重点研究体制机制体系和内容服务体系。

在我国试行公共服务广播电视制度，实行与商业广播电视明显分野的混合体制，这是构建均衡的广播电视体制和体系不可缺少的组成部分，也是对

"市场失灵"、商业广播电视社会责任缺失的一种弥补。目前，我国广播电视体制存在诸多弊端：电视的社会功能缺乏媒介体制保障、电视的公共服务职能缺乏制度保障、电视的"均等化"服务缺乏政策保障、电视公共服务节目的供给缺乏强制性保障。为此，我国广播电视体制应作相应变革，试行公共服务广播电视与商业性广播电视分营制，而支撑公共服务广播电视的资金可由政府主导、并通过制定多种鼓励性政策，让更多的社会组织和私营部门参与到公共服务的供给，以提高服务供给的质量和效率。公共服务模式的建构可借鉴西方国家公共服务模式样本，如美、德为代表的自保公助模式，北欧为代表的国家福利模式和新加坡、智利为代表的自我积累型模式。在此基础上，创造出适合我国国情的政府公共服务模式特色。

根据我国的国情，广播电视公共服务重点应在农村。公共服务视野下的农村广播电视关注重点又在城乡及农村之间的广播电视传播差异，了解农村广播电视公共服务的需求，以及如何提升农村广播电视公共服务的水平。

为使公众能享受到广播电视"公共物品"的公共服务，需要进行科学的监管评估，这是本课题不可回避的问题。广播电视公共服务的评估研究将围绕以下内容展开：评估内容、评估指标、评估方式、评估主体（组织）、评估制度化等，继而在此基础上建立广播电视公共服务评估模型。

随着数字技术的发展，新兴媒介的媒体化趋势日渐明显，如何避免新兴媒体在公共服务中的缺位，更好地发挥新兴媒体在公共服务中的作用，成为广播电视公共服务研究中的新课题，包括加强新兴媒体的覆盖、消除"知沟"现象，满足受众对新媒体的使用权和接近权；加强新闻、文化教育类信息的传播，满足受众多样化的需求；加强公共传播的议程设置，建构媒介公共领域，提高受众的媒介素养。

广播电视公共服务的发展进程中，还将面临许多公共服务体系建设中的共同问题和矛盾，如何平衡公共服务与政治诉求，如何平衡公共服务与商业竞争，如何建立简明、有效的"长效机制"，如何保障实现均衡服务？这些都将成为本课题关注的重点。

第一章

广播电视公共服务基本理论

广播电视公共服务研究，目前在学界、业界还存在许多尚待厘清的理念和认识上的误区。因此，对相关概念、基本属性、理论来源等进行界定与探讨，也就成为应用性研究的理论前提，从而使本研究具有一定的学术理论价值。学理性研究还必须弄清广播电视公共服务与公共服务广播电视的差异、公共服务与公共利益的内涵联系，以及公共服务与公共服务体系的区分等。

第一节 公共服务的理论源流

公共服务理论发轫于19世纪后半期的英国和德国，20世纪初由法国公法学者明确提出。后经福利国家理论、凯恩斯宏观经济理论和新古典综合学派的发展，公共服务理论逐步走向成熟。1978年以来，随着新公共管理理论的兴起，公共服务理论进入了反思与改革期。

一、公共服务概念的基本确立

公共服务理论的创立，从根本上讲源于英国对于国家职责的反思与社会保障体制的呼唤。19世纪后半期，素有"日不落帝国"之称的大英帝国，突然感到国际竞争地位受到德国和美国的威胁，继而引发了英国在意识形态方面的相应变化，各种应运而生的社会思潮认为，实行强制的公共服务以改善国民素质，改进社会生活和工作环境，适当干预放任的自由资本主义，对于发挥公民的创造力，提高国家的竞争实力都有着重要的作用。这一时期在英国产生的社会福利和社会改良主义的理论，也对欧洲的公共服务思想产生了重要影响。

同一时期，德国产业资本日渐壮大，其内在矛盾开始显露，工人阶级失业和贫困等社会问题严重。为缓和阶级矛盾，新历史学派提出了各式各样的社会改良主义。他们认为，在进步的文明社会中，国家的公共职能应不断扩大和增加，凡是个人努力所不能达到或不能顺利达到的目标，都理应由国家实现。主要代表人物瓦格纳（A. Wagner）强调，国家救助是社会改良的主要支柱。从这种改良社会主义观点出发，他们提出要增进社会福利，实行社会改革。瓦格纳认为，政府除了具有维护市场经济正常运作的作用以外，还具有增强社会文化和福利的作用。他强调公共支出具有生产性，并初步提出了公共服务的概念。

1912 年，法国公法学者莱昂·狄骥（Leon Duguit）在《公法的变迁》一书中明确提出了"公共服务"概念，并将其作为现代公法制度的基本概念。他指出："现代公法制度背后所隐含的原则，可以用这样一个命题来加以概括：即，那些事实上掌握着权力的人……负有使用其手中的权力来组织公共服务，并保障和支配公共服务进行的义务。……公共服务的概念也就因此成为了现代公法的基本概念。"狄骥这样来定义公共服务："任何因其与社会团结的实现与促进不可分割、而必须由政府来加以规范和控制的活动，就是一项公共服务。只要它具有除非通过政府干预，否则便不能得到保障的特征。"①

在法国，公共服务的概念，涵盖所有涉及大众利益的事务，包括三大类公共服务：第一类为主权服务的总体管理、司法、警察、国防、国家财政。第二类为社会和文化服务，主要包括教育、卫生、社会保障、社会救济和文化活动。第三类为经济服务，主要包括供电、供气、铁路运输、邮政和电信。

二、公共服务理论的成熟发展

公共服务理论发展的重要契机是 1929 年发生的资本主义世界经济大危机。这场大危机使人们充分认识到市场的缺陷，重新审视国家的调节作用。在这一背景下，发达资本主义国家纷纷开始完善本国的社会保障与公共服务制度，从而导致了公共服务从补缺型向普遍型的转变。在这一时期，具有重要影响的理论流派有福利经济学和公共产品理论。

福利经济学是研究社会经济福利的一种经济学理论体系，1920 年 A. C. 庇古（Arthurcecil Pigou）《福利经济学》一书的出版标志着福利经济学的产生。庇古系统地论述了福利概念，提出了国民"收入均等化"、"社会资源最优配置"理论和相应的国家干预主义政策主张，首次构筑了福利经济学的理论体系，由此出现了"福利国家"。

庇古的"收入均等化"理论，主张国家应通过征收累进税的办法把富人

---

① 引自李军鹏：《公共服务学——政府公共服务的理论与实践》，国家行政学院出版社 2007 年版，第 33 页。

的一部分钱收来举办社会福利事业，让低收入者享用，缩小贫富差距，以增大社会福利。同时，根据福利经济学理论，庇古提出了政府干预收入分配的政策建议，包括：自愿转移和强制转移，直接的转移和间接的转移。其中自愿转移是资产阶级以其剥削所得的一部分用来举办娱乐、教育、保健等福利事业，或创建一些科学和文化机构。强制转移是指政府通过征收累进的所得税和遗产税来实现收入的转移。庇古的福利经济学相关理论对如何解决我国广播电视公共服务的资金来源具有重要的启示作用。

对公共服务理论发展产生重要影响的另一理论是公共产品理论。1954 年，萨缪尔森（Paul A. Samuelson）发表了《公共支出的纯理论》一文，首次提出了"公共产品"的明确定义。他认为公共产品的特征是：任何人消费这种物品不会导致他人对该物品消费的减少。西方公共经济理论主张，纯公共物品应由中央级政府提供，而带有混合物品性质的地方公共物品则根据受益范围原则分别由不同级次的地方政府提供，以利于提高公共经济效率和实现民主自治。这里实际上提出了公共服务的主体问题。萨缪尔森认为，政府提供公共产品与公共服务具有提高市场效率、实现社会平等和稳定经济三个重要作用。

三、新公共服务理论重大转向

新公共服务理论是在与新公共管理理论的争论中产生与发展的，其源流来自于 20 世纪 70 年代末期以来，西方国家出现的持续时间长、影响范围广的新公共管理改革运动及学派。新公共管理理论是对政府管理创新和公共服务创新运动的理论总结，这种创新体现了行政管理与治理方式的根本性的、方向性的转变，表明已基本形成一个综合运用市场机制、政府科层制体系、社会自治机制来高效提供公共产品和公共服务的新体制。

新公共管理的基本观点是：政府应该起掌舵而不是划桨的作用，应该将市场机制、公共权威机制和社会自治机制结合起来实现良好的治理；主张引进市场竞争机制和私营部门成功的管理经验和手段，实现公共服务的市场化与社会化，全面降低公共部门管理成本，提高管理效益；新公共管理重新定位了政府与社会之间的关系，明确政府服务应以顾客为导向，以增强对社会公众需要的回应力；公共部门管理应由重视工作过程与投入转向注重结果与产出，应明确规定公共机构应达到的工作目标，并对其最终工作结果进行绩效评估。

新公共服务理论是从新公共管理学派产生的，但却用公共管理的公共取向、民主取向或社群取向批评了新公共管理学派的"市场模式"，认为政府"市场模式"具有削减公共部门管理中作为主导原则的民主政治的危险。首次正式系统地提出新公共服务理论的是美国公共行政学者罗伯特·B. 登哈特（Robert B. Denhardt）和珍妮特·V. 登哈特（Janet Vinzant Denhardt）。

新公共服务理论的基本观点：①

第一，政府的作用是服务而不是掌舵。公务人员日益增长的重要角色是帮助公民表达并满足他们共同的利益，而不是试图控制并将社会掌舵到一个新的方向。现代政府的作用是与非营利组织、私营部门一道，为社区面临的问题寻找解决办法；政府的角色从控制转变为议程安排，充当相关各方的调停人、中介人甚至裁判员的角色，为促进公共问题的协调解决提供便利。

第二，公共利益是目标，而不是副产品。公共行政者必须促成建立一个集体的、共享的公共利益观念。其目标是创造共同利益和共同责任。在确立社会长远目标的行为中，应促进广泛的公众对话和协商，确保经由这些程序而产生的解决方案完全符合公正和公平的规范，确保公共利益居于主导地位。

第三，在思想上要具有战略性，在行动上要具有民主性。满足公共需要的政策与方案可通过集体努力和协作过程得以最有效、最负责任地实现。政府应鼓励公民责任感的强化，支持群体和个人参与社区契约的订立活动，从而为有效的和负责任的公民行动奠定基础。政府应该具有开放性、可接近性和回应性，能够为公民服务并且为公民创造机会。

第四，服务于公民，而不是顾客。新公共服务理论认为，公共利益不是由个人的自我利益聚集而成的，而是产生于一种基于共同价值观的对话。因此，政府必须关注公民的需要和利益，而不是个人自我利益的整合。公务人员不应仅仅满足于回应"顾客"的需要，而且要聚焦于公民并在公民之间建立信任与合作关系。政府与公民的关系不同于企业与顾客的关系，在公共部门，我们很难确定谁是顾客。由于政府服务的对象不只是直接的当事人，有些顾客凭借其拥有的资源可以使自己的需求优先于别人的需求，因此，公正与公平是政府提供服务时必须考虑的重要因素。

第五，责任不是一个简单的概念。新公共服务理论批评了传统的公共行政理论和新公共管理理论学派，他们只是简单地对政治官员负责，或倾向于像企业家那样拥有更多的行动自由。新公共服务理论认为，公共行政官员的行动应该受到包括公共利益、宪法法令、其他机构、其他层次的政府、媒体、职业标

---

① 珍妮特·V. 登哈特、罗伯特·B. 登哈特、丁煌译：《新公共服务——服务，而不是掌舵》，中国人民大学出版社 2010 年版，第 1 页。

准、社区价值观念、环境因素、民主规范、公民需要在内的各种制度和标准等复杂因素的综合影响，并对这些制度和标准等因素负责。

第六，尊重人的价值，而不仅仅重视生产力的价值。如果公共组织及它们参与其中的网络能够基于对所有人的尊重，并通过合作过程与共享领导权的过程来运作，那么就更有可能获得成功。新公共服务理论认为，如果要求公务员善待公民，那么公务员本身就必须受到公共机构管理者的善待。

第七，尊重公民与公共服务的价值，重于企业家精神的价值。新公共服务理论认为，与那些试图将公共资金据为己有的企业管理者相比，乐于为社会作贡献的公务员和公民更能促进公共利益。政府的所有者是公民。公共行政官员有责任通过担当公共资源的管理员、公共组织的监督者、公民权利和民主对话的促进者、社区参与的催化剂以及基层领导者等角色来为公民服务。公务员要通过中介服务来解决公共问题，而且还必须将其在治理过程中的角色重新定位为负责任的参与者，而非企业家。

新公共服务理论虽然是在对新公共管理理论反思和批判的基础上建立起来的，但并不意味着全盘否定，它只是摈弃了新公共管理理论特别是企业家政府理论的固有缺陷，更加关注公共利益，提出未来的公共服务将以公民对话协商和公共利益为基础，并实现二者的充分结合。

值得一提的是，20 世纪 80 年代中期，以罗默（P. Romer）、卢卡斯（R. Lucas）等人为代表的一批经济学家，在对新古典增长理论重新思考的基础上，发表了一组以"内生技术变化"为核心的论文，探讨了长期增长的可能前景，掀起了一股"新增长理论"（New Growth Theory）的研究潮流。

新增长理论强调经济增长不是外部力量（如外生技术变化），而是经济体系的内部力量（如内生技术变化）作用的产物，重视对知识外溢、人力资本投资、研究和开发、边干边学等新问题的研究，重新阐释了经济增长率和人均收入的广泛的跨国差异，为实现经济持续增长提供了一幅全新的图景。

新增长理论关于"知识外溢和边干边学的内生增长"理念，强调了知识和人力资本是"增长的发动机"，从理论上说明了知识积累和技术进步是经济增长的决定因素。这对具有知识传播重要功能的广播电视来说，强化其公共服务职能，促进公民素质的提高有着极强的现实意义。

第二节　广播电视公共服务的内涵界定

公共服务的理论源流及发展流派的梳理，让我们对公共服务提出的背景、主要理论学说有了基本的了解。接下来我们需要弄清公共服务与广播电视公共服务的内涵是什么？广播电视公共服务与公共服务广播电视有什么联系和区别？广播电视公共服务的对象、内容与分类如何界定？对这些问题的回答是开展本课题研究的理论基础。

一、公共服务的公共属性

公共服务的属概念是服务，"服务"作为一种理论上的概念和实践行为，是社会发展到一定阶段后的产物，是人的需要与被满足的一种关系。一项服务是服务主体能够向服务对象提供的活动或利益，它的结果可能与物化劳动产品有关，也可能体现为非物质形态的活劳动。

关于公共服务（Public Service）的概念，目前有各种界说：

"职能说"，指由法律授权的政府、非政府公共组织和有关私人工商企业，在纯粹公共物品、混合性公共物品以及特殊私人物品的生产和供给中所承担的职责和履行的职能。在公共服务运作的整体过程中，政府是责无旁贷的主导者和协调者。①

"目的说"，指筹集和调动社会资源，通过提供公共产品（包括实物形态的产品和非实物形态的产品）这一基本方式来满足社会公共需要的过程。这一界定的本质属性，表明公共服务的目的在于满足公共需要。②

"产品说"，指政府为满足社会公共需要而提供的产品与服务的总称。它是由以政府机关为主的公共部门生产的、供全社会所有公民共同消费、平等享受的社会产品。其根本特点在于两个方面：第一，公共服务是满足社会公共需要的社会产品；第二，公共服务是公民平等享受的社会产品。③

"行为说"，指公共部门与其他部门为满足社会公共需求，提供公共产品

---

①　刘厚金：《我国政府转型中的公共服务》，中央编译出版社2008年版，第41页。

②　孙晓莉：《中外公共服务体制比较》，国家行政学院出版社2007年版，第9页。

③　李军鹏：《公共服务学——政府公共服务的理论与实践》，国家行政学院出版社2007年版，第2页。

的服务行为的总称。①

尽管公共服务的概念有各种说法，但它们有几个共同点，一是明确公共服务的主体为政府与其他部门；二是公共产品的提供；三是满足公共需要。其中，至关重要的是对"公共产品"概念的理解。

"公共产品"的概念自萨缪尔森提出后，经过众多学者的研究，基本上对公共产品的特性与分类达成了共识。一般认为，公共产品具有非排他性和非竞争性的特点。公共产品消费上的非排他性，即当某人消费这类产品时，他无法排斥其他人也同时消费这类产品，或者说，这种公共产品所产生的利益不能为某个人独享。非竞争性，即一个人对公共产品的享用，不会排斥其他人使用，也不会因此而减少其他人享用的数量或质量。此外，公共产品的定价和收费在现实中很难实现，因而，公共产品的提供就成为市场经济中政府的重要职能。

根据上述特点，公共产品可分为纯公共产品和准公共产品。前者符合公共产品的一般特点，后者指介于纯公共产品和纯私人产品之间的混合公共产品。根据公共产品的受益范围，又可将公共产品分为全国性公共产品和地方性公共产品。全国性公共产品是各社会成员均可享用的，受益范围是全国性的，如无线广播电视。地方性公共产品只是某一区域性的成员享用，受益范围具有地方局限性，如数字有线电视。与此相关，公共服务的消费也就具有了层次性，主要体现为全国性公共服务和地方性公共服务。

"公共服务"概念比公共产品广泛，一些公共服务具有公共产品的性质，这些公共服务的成本不可能通过向消费者收费而收回，因此必须由国家提供或接受捐赠。如果要通过公共服务的提供者向使用者收费来收回成本，就会导致公共服务的供给不足。基于公共性的考虑，公共服务应具备如下特征：权利性，公共服务权是公民的一项基本权利，许多国家都以法律的形式做出规定，明确提出公民享有公共服务的权利；普遍性，每个公民都享有公共服务的权利，对公民实行普遍的公共服务，是各国公共服务立法共同奉行的一条基本原则；公平性，全体公民平等地享有公共服务权利，在基本公共服务待遇面前人人平等，是为防止市场机制运作的失灵而由政府干预公共服务的重要原因。

公共服务的类型，目前比较常见的是依据公共服务功能划分，将公共服务分为维护性公共服务、经济性公共服务和社会性公共服务三类。

---

① 国家广电总局发展研究中心课题组：《中国农村广播影视公共服务》，中国广播电视出版社2008年版，第37页。

维护性公共服务指确保国家机器的存在和正常运作的公共服务，包括维护统治秩序、市场秩序和国家安全的公共服务。这类服务是最基本的需求服务，也是最缺乏弹性的"必需品"。

经济性公共服务指政府为促进经济发展而提供的公共服务。主要包括公用事业的公共生产、生产者的公共补贴、公共基础设施建设、环境保护公共服务等几种。此类服务具有私人需求性和直接付费的特点，有些基础设施如广播电视覆盖，由于涉及面广、投入成本高，具有难以由多家企业竞争生产和供应的自然垄断特点，也就是说这种公共产品具有生产的弱竞争和消费的弱选择性。

社会性公共服务指政府为促进社会公正与和谐而为全社会提供的平等的公共服务，包括文化教育公共服务、公共医疗卫生服务、社会保障公共服务等。此类公共服务具有双重属性：它既是一种个体需要，显示出某种"公民权利"的性质，又是一种公共需要。这一双重属性决定了其供给的特殊性。如果是全社会范围受益的基础教育，则由政府提供，如果是个人受益更多的高等教育，则主要由个人负担。广播电视的社会性公共服务兼而有之，如广播电视覆盖属于前者，主要由国家提供，典型工程有"村村通"和"西新工程"，而数字有线付费电视频道服务则属于后者，基本由个人负担。

依据公共服务水平，公共服务的类型又可分为基本公共服务和非基本公共服务两类。

基本公共服务，是指纯公共产品的公共服务，必须由政府向全体居民均等地提供而满足社会的基本公共需求，包括义务基础教育、公共卫生、公共文化体育、社会保险、公共安全等内容。

非基本公共服务，是指提供准公共产品的混合公共服务，它带有满足公共需要与满足个人需要相交叉的性质；既要求人人平等消费，又具有一定程度的竞争性与排他性；既要付费，又不完全付费，如研究生教育等。

二、广播电视公共服务的本质属性

广播电视公共服务究竟是属于政府职能转型的一部分，还是从媒介内容和价值观的角度来界定？弄清这个问题是本研究得以展开的前提条件。如是前者，可从温家宝总理 2004 年在中央党校省部级主要领导干部专题研究班上的讲话中得到阐释，他指出，公共服务就是"提供公共产品和服务，包括加强城乡公共设施建设，发展社会就业、社会保障服务和教育、科技、文化、卫生、体育等公共事业，发布公共信息等，为社会公众生活和参与社会经济、政治、文化活动提供保障和创造条件。"① 从这个论述中可以明确，广播电视公共服务作为公共部门职能的一部分，其目标和任务是通过发布公共信息为社会公众服务，进而为社会公众和文化活动提供保障和创造条件，实现服务型广播电视职能的转变。如是后者，则要强调广播电视公共服务的内容是保障全体社会成员能够获得其所需的信息与知识，以更好地行使公民权利和责任。对这一问题的回答和取舍，涉及广播电视公共服务的属性问题。

按照公共服务的属性分类，广播电视公共服务应属于社会性公共服务，它既具有社会性公共服务的一般属性，也具有公共文化服务和传播媒介服务的特殊性。从这个角度看，广播电视公共服务既是广播电视公共职能的体现，又包含媒介内容价值的传播。广播电视公共服务是满足人民群众精神文化需求的公共产品，它以提高国民思想文化素质为目标，以传输覆盖网络等设施为基础，以广播电视频率频道为载体，以新闻信息、科技知识、文化娱乐等为内容，综合了技术服务、内容服务、社会服务及传媒平台服务等多重功能，在公共文化服务体系的构建中起先导性和基础性的作用。② 具体分析这一内涵的表述包括六层意思：一是以保障和实现人民群众基本文化权利为宗旨；二是以满足人民群众基本资讯需求、文化教育和娱乐需求为目标；三是以提高国民思想文化素质、传承民族文化、促进公民文化认同为目的；四是以广播电视传输覆盖网络为物质条件；五是以广播电视频率频道入户为载体；六是以新闻资讯、生产生活信息、文化教育和娱乐等基本节目为内容。

广播电视公共服务综合了传输覆盖网络服务、节目内容服务和公共平台服务等多重功能，是政治、经济、社会等与公众生活密切相关的各种基本信息和基本文化娱乐服务的总称。在西方广播电视公共服务的理论与实践中，还包括一个重要内容，即提供多元化的文化服务和多元化的声音。

中国广播电视公共服务除了上述一般属性外，还有其自身的特殊属性，即广播电视公共服务表现为鲜明的意识形态属性。广播电视公共服务是国民价值观和社会思想的宣扬者、塑造者，因此是政权建设的重要手段与社会治理工具。可以说，提高广播电视公共服务能力，不仅是保障和实现人民群众基本文化权利的重要途径，也是加强宣传思想阵地建设和政权建设的必然要求。其

① 温家宝：《提高认识统一思想，牢固树立和认真落实科学发展观》，《人民日报》2008年3月1日，第2~3页。
② 国家广电总局发展研究中心课题组：《中国农村广播影视公共服务》，中国广播电视出版社2008年版，第43页。

次，广播电视公共服务具有突出的公共性。广播电视公共服务满足的是公共需求，而非个性化需求，因此广播电视公共服务表现出突出的社会性和导向性，具有巨大的外部性，引导社会、教育人民、推动发展的功能在这里得到集中体现。这一特征决定了广播电视公共服务供给状况对政治、经济、文化、社会建设有着重要影响。正因为如此，其基本公共服务需由公共财政买单，采取免费供给方式。第三，广播电视公共服务具有较强的受众主体性。广播电视公共服务的直接目标是为国民提供精神文化产品。国民是由不同的人群组成的，其公共需求因不同人群的文化素质和一般需求的不同而具有多样化的特征。因此，在提供服务的过程中，应着重考虑服务对象的自主性和差异性。从这个意义上说，对受众主体或者说服务对象需求的满足程度决定了广播电视公共服务的水平与发展程度。第四，广播电视公共服务具有工具性。与其他公共文化服务相比，广播电视公共服务兼具传播工具和内容服务双重功能，既可以提供新闻信息、文化教育与娱乐服务，又提供政策宣传和社会动员的平台服务，在当代社会是不可替代的社会治理与管理工具。近年来，"村村通"工程成为基层党委政府管理农村社会的有力工具，这一实践成果正好印证了这一点。第五，广播电视公共服务具有系统性。广播电视公共服务的支撑结构包括基础设施设备、技术支持、内容提供、资金保障、队伍保障、政策法规、管理系统等多个环节，这些环节相互关联、互相影响、共同支撑，构成一个完整的体系。这一特性决定广播电视公共服务的供给能力和供给水平取决于体系建设的健全程度。任何一个环节的弱化都将影响广播电视公共服务的效果。因此，在实践中，应将体系建设作为广播电视公共服务建设的中心目标。

对于广播电视公共服务本质属性的准确把握，还应当廓清其与公共服务广播电视的联系与区别。当前有许多研究者将广播电视公共服务和公共服务广播电视这两个概念混为一谈，虽然二者在"公共性"、"公众利益"上具有某种关联，然而二者的差异也是显著的。广播电视公共服务与公共服务广播电视是两个不同的概念。前者侧重媒介的职责范畴，是一种职能上的界定，指必须通过多种技术手段和平台，保证广大公民能收听收看到多样化的广播电视节目。而后者则是一种属性上的界定，是与商业广播相对应的媒体制度。

公共服务广播电视即公共广播电视（Public Service Broadcasting，PSB），这一概念和制度源自欧洲。在西方的语境中，它指既不以营利为目的，也不直接受国家的控制，其存在就是为公众提供公共服务（public service）。公共广播电视是公众的公共广播电视组织，视每位受众为公民。公共广播电视机构鼓励受众了解并参与到公共生活之中，公共广播电视机构促进人们增长知识、扩展视野，并能更深入地了解世界和他人。

联合国教科文组织（UNESCO）认为，公共广播电视既不以营利为目的也不为国家所有，它将商业压力和政治干涉排除在外。通过公共广播电视，公民获知信息，接受教育，并享受娱乐。当多族群的利益、节目的多样性、编辑的独立性、适当的资助方式、责任和透明度有保障之时，公共广播电视可以起到民主基石的作用。

公共广播电视的服务模式是，通过一定的制度设计，以公共视听费或社会赞助为主，消除对商业利润的追求，服务于公众利益的目标，是一种兼容各类服务内容的传播体系，也是一种民主自由的理想媒介。

从自然属性上讲，广播电视是技术性的通讯媒介。有人曾将电报、电话包括广播电视与汽车、火车等专事运输的交通工具相提并论，认为它们只不过是传送消息或节目内容的运载方式而已。这些运载工具在现代社会被称为"公用事业"，它们所从事的活动被称为"公共服务"。于是，广播的"公共服务"概念便根据对它的"公用事业"的界定产生了。

然而，作为大众传媒，一旦进入人类的交流活动，广播电视事业便具有更多的社会属性。因此，各国也一致认为：广播电视不仅仅是一种物质载体式的公用事业，还是一种媒介与人密切互动的文化职责行为，作为公共服务体系的一个系统，广播电视公共服务主要作用于广泛的社会领域，在日常生活中发挥着巨大的沟通与整合的功能，对公众产生文化影响而不能放任自流。于是，社会组织和各界人士便依其对广播电视职能的认识，对广播电视公共服务做出了相应的理解。各国的精英人士均认为：广播电视频率为公共资源，是公民人人皆可享有的普遍权利；不过，由于电子资源有限，实施广播电视服务的便只能是被选中从事传播的专门机构，这些机构接受社会的委托，向人民提供广播电视服务。于是，"公共传媒"和"公众信托者"的概念便发展起来了，这些见解逐步流行，成为世界各国人民的共识。因此，我们可以总结出，广播电视公共服务是广播电视媒介诞生以来就必须履行的职责所在，而公共服务广播电视是广播电视实现这一职能的具体形式。

三、广播电视公共服务的基本分类

根据公共产品的分类，可将广播电视公共服务分为纯公共产品和准公共产品广播电视公共服务。前者指具有明显的非排他性和非竞争性，免费面向全体社会公众提供的、具有显著社会效益的公共服务，如无线广播电视覆盖及节目传播服务。后者指不具有完全的非排他性和非竞争性，可以通过使用者付费和特许经营等方式提供的广播电视公共服务，如数字有线电视、卫星电视等。由于这些物品具有较强的社会价值，其消费应该受到鼓励，不管消费者是否有支付能力，政府都应当给予补助，或由政府直接生产并供给所有公民。在这种情况下，广播电视服务被作为共同资源的福利物品由政府在一定的社会阶层中保障供给。

根据服务类别来划分，广播电视公共服务可分为传输覆盖服务和节目内容服务两大类。其中，传输覆盖服务类公共服务主要通过无线传输覆盖网络、有线网络、卫星覆盖与接收网络来实现，主要指标是无线覆盖率、有线到达率和卫星入户率，主要反映广播电视公共服务基础设施建设情况及广播电视信号覆盖程度，是"听到、看到"广播电视的最直观体现。内容类公共服务主要通过广播电视频率频道接收入户，以及针对不同人群播出定位的广播电视节目等，反映广播电视公共服务节目设置、内容建设和提供情况，是"听好、看好"广播电视的最直观体现。

根据提供方式来划分，中国广播电视公共服务可分为基本公共服务和拓展公共服务两类。基本公共服务具有公益性、基础性、普及性、可及性等特征，因此，必须由政府主导，由公共财政保障。拓展性公共服务具有公共性、多样性、非盈利性和可及性等特征，应在政府部门的监督下，引入市场机制，通过市场方式来提供。在实践中，广播电视基本公共服务和拓展公共服务是一个相对的概念，它是由政府有关部门根据现实条件、基于人们的需求来确定的。有研究者对以传输技术形式作为基本公共服务类型的标志提出质疑，所谓无线覆盖是基本公共服务，实行无偿服务，而有线电视、卫星电视是拓展性公共服务，为公益性有偿服务，这种划分法在传输覆盖普及阶段有其现实性；但发展到数字化时代，任何一种覆盖方式都能传输至少数十套节目，进入了内容服务阶段，因此，不宜再以覆盖方式作为分类依据，而应以节目内容数量作为分类依据，将公共服务列为无线、有线、卫星等网络传输覆盖运营主体的普遍服务。

也有根据服务方式的不同，将广播电视公共服务分为义务性的基本服务、公益性的有偿服务和多样化、个性化的市场服务等。

概括来看，就分类而言，广播电视公共服务的初级形态是传输覆盖类，高级形态是内容服务类；就层次而言，广播电视公共服务在重点项目建设时期为发展阶段，制度健全时期为形成阶段。由是观之，我国广播电视公共服务目前正处在转型与过渡期，即从初级形态向高级形态转型、由发展期向形成期过渡的阶段。

第三节　广播电视公共服务体系

广播电视公共服务能否实现，关键在广播电视公共服务体系的建构与保障。2003年7月，国家广电总局副局长张海涛在全国广播影视局长会议上讲话明确提出，"要严格遵循公共服务与市场服务的各自规律和规则，努力建立起确保政令畅通的公共服务体系，建立起推动产业发展的市场服务体系，建立起保障行业秩序的政府监管体系。"而中国广播电视公共服务体系的建构，主要包括传输覆盖体系，内容提供体系，体制机制体系，评估监管体系和相关保障体系。

一、广播电视公共服务的传输覆盖体系

在广播电视渠道覆盖方面，我国已经形成了无线、有线、卫星、互联网多重覆盖，模拟和数字并存的格局，并通过"村村通工程"、"西新工程"等加强了对西部边远地区和少数民族地区的覆盖。但是我国广播电视渠道覆盖仍存在城乡和地区的二元结构。城市已经开始从模拟电视向数字电视的转变，而在中西部偏远地区，仍有70万户已通电自然村无法收到广播电视信号，即使是中央人民广播电台一套、中央电视台一套和七套的无线人口覆盖率也只分别达到84%、82%、68%。因此，现阶段渠道建设应以加强农村的传输网络覆盖为基本要务，为农民提供政策解读、农业信息传递、知识普及和文化娱乐等公共服务，提高农民的科学文化素质。

广播电视的渠道覆盖要根据产品的消费属性不同分别对待，区别供给。无线覆盖具有纯公共产品的属性，必须由政府提供，纳入财政预算；有线覆盖具有准公共产品的属性，可由市场提供，政府提供政策支持；对于付费电视、数字电视、视频点播来说，它们具有私人产品的属性，可以市场运作，依法监管，政府加强规制。由于无线广播电视传输覆盖具有纯公共产品的非竞争性和非排他性，是向全体公众提供公共服务的基本前提，因此，在无线覆盖不到的"盲区"，可采用直播卫星方式传输覆盖。

有线电视具有准公共产品的性质，虽可以实现消费上的排他性，但是仍带有一定的公益性，目前我国的有线电视的基本收视维护费实行政府定价，并通过听证会听证，收取一定的初装费和收视维护费，实行一定公益性的有偿服

务。有线电视的多样化增值服务，具有私人产品的特点，由市场定价。对于边远地区的农村有线电视和少数民族语言的有线电视，国家应给予免税（营业税和所得税）政策，支持其发展。对于数字电视、付费电视、网络电视等这些属于专业化、对象化、个性化的私人产品，在明确产权的前提下，可以采取"谁投资，谁受益"的原则来进行供给。

二、广播电视公共服务的内容提供体系

广播电视公共服务的核心是节目内容，它以满足公众需求和知情权为宗旨，着眼于社会效益和为公众服务，强调公益性的内容传播，以区别于商业性的利润至上和消费者为王的传播理念。公共服务内容的价值取向应该包括如下几个方面：节目的普适性，满足不同民族、种族、性别、年龄、地域公众的需求，特别是残疾人、老人、儿童、农民等弱势群体需求；节目的多元化，呈现意见和观点的多样性，构建公共领域，搭建民主讨论的平台；节目的丰富性，保证新闻报道的客观性、公正性和不偏不倚，理性平衡各方观点；节目的优质性，强调节目的文化、社会和教育意义，而不是迎合受众的低级趣味；节目的创意性，给予戏剧、音乐、电影等各类先锋性艺术作品和另类文化展示的空间。

我国的广播电视公共服务内容体系建设目前拟重点做好以下几点：第一，办好中央和省级+频道频率，扩大覆盖范围，使之成为公众获取信息最重要、最及时的渠道和途径，成为党和人民联系的桥梁和纽带，促使"上情下达"、"下情上传"；第二，加强农业频道频率建设，做好中央"三农"宏观政策的发布和解读，深入了解和调查农民受众的需求，传播实用性的技术，实施农业科技培训，及时发布农业市场信息，满足农民对知识和信息的需求；第三，加强为残疾人、儿童、老年人、农民工等弱势群体和少数民族服务的公益性节目制作；第四，要进一步强化广播电视公共服务在应对社会突发性公共危机和国家安全战略中的作用，在遭遇重大紧急或突发性事件如地震、台风、恐怖袭击时，通过启动广播电视应急系统，引导社会及时进行处置。

三、广播电视公共服务的体制机制体系

文化事业产品具有鲜明的公共产品和准公共产品特性，不同文化活动的公共性具有明显的差异，大致可分为公益性文化和营利性文化。公益性文化活动以满足社会文化需求为目标，着眼于提高全体公众的文化素质和文化水平，既提供最基本的大众文化享受，也提供维护社会生存与发展必需的文化基础和条

件；营利性文化以满足一定的群体或个人的文化消费需求为主要目标，具有明显的商品性、营利性，是形成文化市场的重要组成部分。对于广播电视来说，西方是通过建立公共广播电视和商业广播电视的双轨制来满足受众对广播电视公共产品的需求，消除市场失灵。根据我国文化体制改革精神，我国要建立广播电视事业和产业协调发展、良性互补的格局，即公共服务广播电视事业与经营性广播电视产业共同发展。发展公共服务广播电视事业的基本思路是以政府为主导，增加投入，实现和保障广大人民群众的基本文化权益；发展经营性文化产业的基本思路是面向市场，满足人民群众多方面、多层次、多样性的精神文化需求。

建立公共服务频率和频道是当今需要解决的制度建构问题。公共服务广播电视频率频道注重节目的质量、品位，以普适性、满意度、均等化为主要衡量标准，而不过分注重收视率。政府对于公共服务性质的频道运营和覆盖实行财政资助和必须传输原则，并在节目制作、人员管理、频道经营、经费使用、设备管理、节目传送、后勤保障等方面全面引进市场竞争机制，以提高公共财政的使用效率，消除政府失灵。

关于农村广播电视公共服务的体制建构，国家目前的政策是"政府主导、财政保障、国资控制、多元参与、社会服务"。首先，明确了政府是构建农村广播电视公共服务体系的责任主体。其次，转换政府角色，逐步实现生产供给主体多元化，通过市场配置资源，各级政府从提供者转变为保障者和监督者，鼓励、吸引社会多种力量参与广播电视公共服务的生产和供给。再次，理顺各级政府在提供广播电视公共服务中的职责，根据财权和事权相对称的原则，明确省、市、县三级政府在广播电视公共服务发展规划、网络建设、政策宣传、技术支持和维修服务等方面承担的相应责任。

四、广播电视公共服务的评估监管体系

完整、科学、合理的广播电视公共服务监管评估体系，对于广播电视公共服务的良性发展和长效机制具有重要意义。西方通过受众投诉、理事会监督、专业评估和行业自律等多种方式进行监督，而我国广播电视公共服务内容供给的社会评估缺乏，盲目崇拜收视率，导致市场失灵。同时由于资金缺乏，无线覆盖也出现了"返盲"现象。所以需要建立一套科学系统的监管评价体系，确立评估主体、评估方式、评估内容、评估指标和评估模型。

在评估组织上，可成立公共服务广播电视监管评估委员会，由政府、专业人士、公众代表等共同组成，避免因为行政权力的隶属关系或者利益的相关性

而影响客观评价。广播电视公共服务监管评估委员会确定评估组织、评估方式、评估内容、评估指标和评估模型，制定评估体系，并组织有效实施。

在评估方式上，可以采用社会调查、公示制度、听证制度、表决制度和受众论坛等方式，对广播电视公共服务的组织机构、内容提供、运营机制、服务绩效、群众满意度等指标进行考评。

在评估内容上，应包括广播电视公共服务的基础建设、发展规模、资金投入与使用状况、运行机制的效率和效益，以及公众对服务效果的满意度等指标，进行成本核算和绩效管理，并及时发布评估报告，接受社会广泛的监督。

在评估指标上，应该建立合理科学的体系，确立一级指标、二级指标和三级指标，对每个不同的指标确立不同的权重，设置不同的量值或不同分值，在此基础上建立评估的数学模型，形成软件包，实现计算机操作，并在实践中加以检验。对公共服务广播电视的绩效评估和衡量有别于商业广播电视，公共服务的评估指标主要包括以下内容：公平指标、效率指标、内容指标、渠道覆盖指标和影响力指标等。

五、广播电视公共服务的法规保障体系

广播电视公共服务的保障，最重要的是法律保障、资金保障和制度保障。

法律保障。我国广播电视管理目前主要依靠行政法规、地方法规和部门规章，法律层次比较低，缺乏对广播电视公共服务义务的规制，对不履行义务的相关主体无法追究责任。因此，需要就广播电视公共服务做更详细的规制，如制定公共服务法或公共文化服务法，依法建设和监管公共文化服务，保证农村公共文化服务体系的顺利推进。此外，对现行的广播电视相关法规进行修改完善，在完善《广播电视设施保护条例》的基础上，制定《广播电视传输保障法》，将农村广播电视传输覆盖网络建设纳入《广播电视传输保障法》，明确农村广播电视传输覆盖网络是文化建设和国家信息化建设的基础设施，其建设、运营、维护由公共财政支持或给予优惠政策扶持。在修改完善《广播电视管理条例》的基础上，制定《广播电视法》，将广播电视公共服务纳入《广播电视法》，明确规定广播电视公共服务的宗旨、组织形式、财政来源、节目构成和标准、审查制度和保障机制，特别是对广播电视公共服务的体制机制做出详细的规定，建立长效机制。

资金保障。我国广播电视公共服务内容建设的资金来源，应根据国情，设立相应的广播电视公共服务基金，基金的主要来源可以考虑为：国家财政补贴、商业性频道利润补贴，广告费、有线电视收视费、广播电视节目版权税，

社会资金赞助或捐助。基金吸纳、审核、统筹支出，由各级广播电视公共服务监督管理委员会统一监管。资金投入尽可能多样化，以公共财政为投资主渠道，综合运用多种投融资手段和多种形式的财税优惠政策，引导更多的企业和社会组织对广播电视公共服务进行社会捐助、赞助。

现阶段，我国公共服务的事权和财权的配置存在不合理、不匹配的倾向，承担责任多的低级别政府财政有限，加上部门和地方双重的利益取向，涉及公众利益的公共产品让位于具有功利目的的政绩式公共产品的供给，公共产品供给的范围、顺序和水准出现了一定程度的人为扭曲。对于农村广播电视公共服务的硬件建设，要建立专项保障发展基金，省、市两级重点负责解决广播电视转播发射台和有线电视干线网络的建设与维护问题，以及乡镇有线电视网络建设维护补贴、自然灾害救助等，县级作为直接对农村农户服务的平台，重点是解决分配网络的建设维护。对老、少、边、远、穷等困难地区，要重点给予帮扶救济，使其享有基本的公共视听服务。

制度保障。建立广播电视公共服务的长效机制需要制度保障，不仅需要党委的统一领导、各级政府的支持，而且需要广播电视行政部门具体实施和其他部门的配合，建立健全一套稳定的领导体制和工作机制。具体来说，要把广播电视公共服务建设纳入各级党委、政府工作的重要议事日程，纳入和谐社会和新农村建设的总体规划，纳入地方经济社会发展的部署，纳入公共财政支出预算，纳入扶贫攻坚计划和干部考核的内容，形成制度保障和长效机制。

总之，广播电视公共服务是建设公共服务型政府的重要方面，是文化公共服务的重要内容，是一个国家文明程度和和谐发展的重要标志。广播电视公共服务作为一项复杂的系统工程，要保证其真正的实现就必须建立长效机制，并充分认识到：渠道覆盖是满足公众公共服务需求的前提，均等化、普适性的内容供给是公共服务的核心，建立公正、合理的评估机制是衡量公共服务的重要举措，最终要在法律法规、资金保障和制度建设的框架下保障公共服务的可持续发展。

第二章

广播电视公共服务发展：历史

广播电视公共服务作为政府和公共事业部门职能转型的目标与任务，并不是凭空提出的，它有其深刻的社会基础和媒介渊源。诞生于 20 世纪 20 年代的公共广播（public radio），其全称应是"公共服务广播"（public service broadcasting，简称 PSB），包括公共电视和公共电台的广播。公共服务广播的服务模式是，通过一定的制度设计，以公共视听费或社会赞助为主，消除对商业利润的追求，服务于公众利益的目标，是一种兼容各类服务内容的传播体系，也是一种民主自由的理想媒介。广播电视公共服务与公共服务广播电视在理论来源、服务主体和服务宗旨上有较高的重合度，因此，广播电视公共服务的发展在一定程度上延续了公共服务广播电视的历史，或者说，公共服务广播电视可以与广播电视公共服务的发展历史产生对接。

第一节　公共服务广播电视的起源

公共电视的两大源头分别是欧洲和美国，英国由政府建立统一的独占式公共广播，美国由商业广播中分离出公共广播，它们代表了西方公共广播电视建立的两种模式。

一、英国公共广播电视的首创

英国政府早在 1927 年就确立了以 BBC（英国广播公司）为代表的、世界上最早的公共广播制度，即在法律基础上建立一个统一的独占式公共广播体制，代表国家从事全国性的普遍公共服务广播。从此，公共广播电视制度成为欧洲的主要传播制度。

欧洲公共广播电视从一开始就确立了两个基本的原则：非政府和非商业，

它是一个独立追求文化目标的社会公器。① 但从目前来看，这两个原则正在受到不同程度的冲击，"非政府"原则在欧洲公共广播中从未也不可能真正实现。

在英国，公共广播电视服务主要由其国家公共广播电视机构英国广播公司及第四频道提供。英国通信委员会（Office of Communications, Ofcom）是法定的独立管制机构，也是英国通讯业的竞争管制部门。Ofcom 曾于 2005 年发表有关公共广播电视服务的报告，该报告指出，公共广播电视服务的目的就是为英国公民提供信息，加深他们对世界的认识；激发他们对艺术、科学、人文等领域的兴趣，增进知识，借以反映和强化文化认同；使人们知悉不同的文化和较另类的观点。公共广播电视服务内容的特色是高品质、原创、革新、富挑战性、有吸引力和广泛供应。这是培育民主社会负责任的公民必要的文化目标，也是追求数量、利润和"最大公约数"的市场无法或者不愿提供的。

英国广播公司于 20 世纪 20 年代初成立，1927 年开始提供公共服务，英国的公共广播即同时展开。其发展大致可分为三个时期：②

"公共"时期：1927 - 1954。以 1927 年 1 月 1 日成立的新的英国广播公司（British Broadcasting Corporation）为标志，一个新的公营的公共团体替代了原来商业性质的 BBC（British Broadcasting Company）。这个时期是公共电视一花独放，媒体形式比较单纯，只有公共广播服务存在。随着以后德国公共广播制度的确立，以国际垄断性质为主的公共管理体制，成为欧洲各国在 20 世纪 40 ～ 50 年代主要的媒介制度。

"并存"时期：1954 - 1990。1954 年 6 月 30 日，英国议会投票通过了允许建立商业广播电视机构的《1954 年电视法案》（Television Act of 1954）。1955 年 9 月 22 日，商业性的英国独立电视台（ITV）开播节目。从此，宣告以公共广播电视制度垄断英国广播电视时代的结束，开启了英国广播公司和独立电视台并存的体制。这表明，媒介的商业性质开始了对欧洲广播电视制度的渗透。

"商业化"时期：1990 至今。自 20 世纪 80 年代开始，世界传媒的商业化浪潮迅速蔓延，致使欧洲公共广播电视受到商业化媒介的巨大挑战。在法国，新上台不久的密特朗总统，于 1982 年就以"视听传播自由"的宣言为开端，

---

① 郭镇之：《欧洲公共广播电视的历史遗产及当代解释》，《国际新闻界》1998 年第 3 期。
② "三个时期"的分法参考了 BBC 主席马尔马杜克·胡赛（Marmaduke Hussey）的意见。

制定出一些新的广播法，实行传媒政策的全面开放。1988 年 11 月，英国政府公布了关于广播电视的白皮书《90 年代的广播电视：竞争、选择与节目质量》（Broadcasting in the 1990s：Competition，Choice and Quality），意欲"打开门户，使每个人能够根据自己的爱好，从更加精彩的广播节目样式中进行选择"。《1990 年电视法案》（Television Act of 1990）的颁布，标志着"商业化"时期的正式到来。随后，1991 年 11 月，北欧的瑞典政府批准了 TV4 首家商业电视台。1992 年 11 月，波兰关于承认私营广播电视的新的广播电视法获得通过，这些都对公共电视制度形成了一定的冲击。尽管如此，欧洲公共广播电视从总体来看，仍然在继续发展。

从传播范围来看，英国公共电视不但覆盖了英国全境，而且 BBC World Service（BBC 世界频道）的信号传遍了全世界。在商业电视出现之后公布的《1963 年电视法案》（Television Act of 1963）重新强调了公共广播服务的原则，并在 BBC 管理下建立了第三台，这意味着那个时期公共服务依然是英国广播的关注焦点，英国人也一直坚持公共广播要为公众利益做出贡献的观点。但是到了 20 世纪 70 年代末情况出现了变化，政府报告和各类委员会开始建议其它的广播模式，这些模式更倾向于由市场力量来左右广播。在这种理念影响下的第四台 1982 年诞生，这个频道通常被称为"出版商"频道，因为它不像 BBC 和 ITV 那样自己制作节目，其节目来源于独立制片人和制作公司。第四台的出现有深刻的政治背景，它反映了以撒切尔首相为代表的保守党在自由市场媒体经济体系下鼓励独立制作的意图。第四台创立之后播放了一系列创新性的节目，比如以女性视角讨论问题的时事节目《猛烈抨击》（Broadside），以及各类电影工作室制作的节目，虽然后来这些节目大都消失了，但第四台依然保持着公共的本色。

世界反法西斯战争胜利之后，以 BBC 为代表的公共广播模式在欧洲大陆遍地开花。因为欧洲国家之间密切的联系使广播电视体制和政策相互影响，趋向一致。

英国广播公司的事务受《皇家特许宪章》及该公司与文化、媒体及体育部大臣签订的架构协议（Framework Agreement）管制。同时该协议亦赋予英国电信委员会（Ofcom）对 BBC 的若干管制职能。Ofcom 有责任确保 BBC 提供的各种电视和电台服务的高品质，并能吸引广大受众，维持多元化的广播服务。

英国广播公司运营 8 个电视频道，包括 BBC 第一台、BBC 第二台、BBC

第三台、BBC 第四台、BBC 24 小时新闻频道、BBC 国会频道及 CBBC 和 CBeebies（针对学前儿童）两个儿童频道。该公司也运营 5 个以模拟技术接收的电台、5 个纯以数字技术接收的电台及 BBC 国际广播（BBC World Service）。

公司设立商营附属机构，从事各项商业活动，包括国际节目发行、电视频道、书刊、录影带、影碟、经特许授权的产品、只读光盘、用作教育及培训之用的英语教学录像、展览及直播节目等。所赚取的利润，用作再投资于该公司公共广播电视服务。

英国广播公司的公共服务权限，是依据《皇家特许宪章》，以及英国广播公司与英国政府签订的架构协议中的多项条文而界定。架构协议详述了英国广播公司必须提供的公共服务及履行的责任内容，并规定英国广播公司应尽力确保其服务符合以下准则：

提供恰当均衡的服务，涵盖各类议题；

照顾不同受众的品位和需要；

准确并不偏不倚地处理具争议性的议题；

不得以带有侮辱成分的手法处理宗教意见；

有关内容不得品味低俗或不雅，不得鼓吹/煽动犯罪或导致社会秩序被扰乱；

不得令公众反感。

协议规定英国广播公司 BBC 须遵守高水准的总体标准，并按照协议所列明的各项要求拟定守则，就如何提供服务提出指导方针，特别是如何不偏不倚地处理具争议性的议题。就此，BBC 出版了编辑准则（Editorial Guidelines），列明各项价值观和标准，将参与制作 BBC 所有内容的人士须符合的良好作业模式编成指引。

英国广播公司的经费主要来自拥有电视机的家庭所缴付的视听执照费，金额由文化部拟定，再经英国国会批准。2005～2006 年度，执照费占英国广播公司总收入的 77%，其次为商业收入（16%），另有 7% 来自英国外交及联邦事务部辅助拨款，以提供 BBC 国际广播部（BBC World Service）所需的经费。外交及联邦事务部可与 World Service 讨论节目播出时间、以什么形式播出，但不会讨论播出的内容。在决定节目内容时，World Service 须考虑英国的公共外交政策，以促进国家的利益。

二、美国公共广播电视的分立

美国公共广播电视发展的主要动机在于匡正商业电视机构对经济利益的过分追求和对社会弱势群体的关照不足。[①] 因此与欧洲公共电视对"公共领域"的关注相比，"市场失灵"（market failure）理论是美国公共电视诞生的法理基础。

不同于英国和大多数欧洲国家的选择，美国对"公众信托者"的概念有不同的理解与操作，它认为商业经营也是一种普遍的服务方式。1922 年第一次华盛顿无线电会议对广播确立了三个基本的信条，其中之一是，私人所有的电台也可以为公众利益广播，它们应该而且必须提供公共服务。这便是《1927 年无线电法》及此后所有美国广播电视法规所根据的美国"信托制"模式的来源。

美国广播体制的法制基础是 1934 年美国国会通过的《1934 年通讯法案》及其后修订的《1996 年电讯法案》，其中都规定了"公众的利益、便利和必需"的准则。尽管美国法律对商营广播服务于公众利益的可能性有着种种美好的设想，但在实践中，情况却是另外一样。对于使用公共频道资源"为公众利益服务"的广播者来说，广播执照实际上是一种经济和技术特权，而不是一种人人皆可享有的权利。执照制度确立并保护着电台、电视台私人所有者的产权，但对广播电视网的运作方式和节目内容，法规监督却极其有限。因此，私人所有的美国商营广播电视业实际上是由少数人支配着公众权利。

美国广播电视的历史主要是商营传媒的历史。但是，在普遍认为纯商业化的美国广播电视领域，还存在一个不可忽视的部分，那就是公共广播电视。从广播初期便出现的高等院校的教育广播具有体制上的延续性，在对商营电视的批评中，教育电视的反衬作用相当明显。但大多数教育广播电台却因为经费问题无法申请电视执照。此时，福特基金会伸出援手。1952 年，福特基金会成立了全国教育电视和广播中心，以开发广播电视教育节目。

首先，福特基金会资助了一系列对电视与学校教育有关的研究，这些研究后来产生了儿童电视制作公司和《芝麻街》节目。其次，在美国联邦通讯委员会（FCC）解除对电视的"冻结"政策时，福特基金会游说 FCC 通过了一项有利于教育电视的政策——为非商用电视保留了 242 个教育电视频道。这一

---

① 陆地：《世界电视产业市场概论》，中国人民大学出版社 2001 年版，第 11 页。

举措预示着非商营电视在美国电视领域获得了一席之地和发展机会。此外，福特基金会资助了一些教育电视台成立，促成了全国教育电视台（NET）的诞生。

另一个以纽约为基地、在教育和广播政策制定方面颇具影响力的私人基金会是卡内基基金会。1967年，卡内基教育电视委员会发表报告——《公共电视：行动纲领》，将福特基金会支持的"教育电视"的含义推广开来，成为"公共电视"的意义，并流行起来。《公共电视：行动纲领》为美国公共电视的立法和建构体系绘出了蓝图。报告指出，电视作为公共启蒙和社会教化的工具具有许多潜在的功能，一是超越传统教育的范围，弥补美国教育制度的不足；二是在更普遍的意义上，用公共事务节目帮助美国人了解他们生活的时代，使他们成为更好的世界公民；三是有助于戏剧、音乐、电影和其他艺术形式的试验，使先锋派的美国艺术家获得承认。公共电视的远大目标被确定为加强一个"以开放和多元为骄傲"的社会，它将成为"未被听到的声音"的讲坛，成为"辩论和争论"的讲坛，成为"美国多样化的清晰体现"。卡内基教育电视委员会的活动最终催生了《1967年公共广播（电视）法案》。

1967年11月，约翰逊总统签署了公共广播法案。在法案的基础上，诞生了一个非政府机构、非盈利组织的实体——公共广播电视公司（CPB）。CPB被设计为公共广播电视与政府之间的政治绝缘体，它为广播电台和电视台支付资金，以免媒体因接受政府资助而受到政治控制。法律禁止CPB制作和发行节目，以及经营联网体系，而是建立了分离的节目机构——美国公共广播公司（PBS）和全国公共电台（NPR）。与商业广播网不同，所有的电台和电视台与NPR、PBS之间无任何所有权、经营权关系，这些电台与电视台为非营利社区组织、大学、地方政府所拥有，独立运营，与PBS、NPR的关系仅是节目发行领域的合作。NPR和PBS作为整个体系的分中心，尽管还有许多问题，但非营利的、非政府的公共广播电视网为多元化的不同意见打开了大门。

按照《1967年公共广播法案》，美国公共广播的公共服务权限是，鼓励制作高品质、多元化、富创意、卓越及创新的节目。公共广播按以下程序对国会负责：向国会递交年度服务表现报告，陈述如何致力提供高品质、具创意的卓越节目，并确保所有节目或具争议性的节目系列，恪守客观持平的原则，以及专门就为未成年受众提供的公共广播电视服务提交年度报告；须就联邦拨款接受由审计总署进行的审计；对公众负责，收集公众对全国公共广播电视节目的质量、客观性及平衡性的意见，并就其节目及拨款政策进行咨询和定期监审。

第二节　公共服务广播电视的模式

通过对英国和美国现行的公共广播电视各方面的情况进行归纳和比较，可以大体总结出公共服务广播电视的一般规律和模式。

一、公共服务广播电视的传统体制模式

（一）根据公共服务广播电视体制的所有权与经营方式，公共广播电视体制基本可以分为四种类型：国有公营型、国会主导型、社会公营型和政府主导型。

1. 国有社会公营广播电视体制：是以资产国家所有和经营活动在社会参与下自主进行为基本特点。从广义上讲，国有社会公营广播电视体制包括国有政府主导型、国有国会主导型和社会联合公营型等诸多形态。20世纪80年代以来，所有这些公共广播电视体制类型的最高层的人事构成和总体财政状况皆是由社会各基本政治力量共同决定，而电台电视台基本上是依法自主经营，政府一般专事间接调控。从狭义上讲，国有社会公营广播电视体制，与政府或国会主导之下的公共广播电视体制的最大区别在于政府和国会不能主导国有公营型广播电视公司最高管理机构的人选。

2. 国会主导之下的国有公营广播电视体制：国会是决定全国性公共广播电视的中心力量，在机构组建，尤其是领导人选，或行业日常行政监管方面国会发挥着主导作用。由于各国政治文化传统、国会组织结构和有关公共广播电视法规体系差异很大，所以国会主导下的国有公营广播电视体制呈现出不同的政治特色，有的党派特征明显，如意大利；有的则相反，如丹麦；有的社会代表性较大，有的则不然。

国会主导并不一定是国会垄断，其实质是国会主导与政府、法院、社会的广泛参与相结合，同时有众多社会利益集团通过国会影响公共广播电视。与国有公营和社会联合公营的广播电视体制一样，国会主导下的国有公营广播电视体制一方面调动社会众多政治势力参与公共广播电视事业，另一方面确保公共广播电视经营机构依法自主经营。

3. 社会联合公营广播电视体制：以各方政治力量共同认可的公共广播电视组织结构、领导人选和大政方针为核心特征。与国有社会公营广播电视体制相比，该体制的特殊之处在于：其一是公有制形态多样，主要有国家所有、地方所有、公众团体所有和社区所有等；其二是经费来源更加多元，除了视听

费、国家财政补贴和广告收入之外，还有公司、社团、个人捐资等；其三是各方政治力量共同发挥着主导性的政治调控作用，这是此类广播电视体制的突出特点。在国有社会公营广播电视体制中，中央政府在众多政治力量的互相制衡关系中具有举足轻重的地位，而在社会联合公营广播电视体制中，党派、社会团体、区域势力（地方与社区）的竞争和合作最终决定了广播电视经营机构的传播活动与最高层的人事安排，中央政府广播电视主管部门一般不能干涉和直接影响社会联合公营广播电视经营机构的人事安排和节目内容，只能依法进行很有限的宏观调控。

4. 政府主导下的国有公共体制：是以中央政府为主要角色对公共广播电视进行领导，并最终向国会负责为基本特征。在此类公共广播体制中，经营机构虽然原则上具有独立公益法人地位，但是中央政府首脑以及相关职能部门可以、也习惯于对公共广播电视经营机构在宏观上进行政策引导，在微观上以行政手段主导其经营方式、财政收支、人员调动，甚至节目安排及其内容。

在政府主导下的国有公共广播电视体制内，政府不但能够左右其经营机构，而且还深刻影响独立的国家广播电视行业的政策取向和日常行政行为。而在其他西方广播电视体制中，政府一般不能左右其依法开展自主经营活动，只能发挥宏观行政调控功能，并且还深受其他政治势力的制约。

（二）根据公共服务广播电视体制的实行方式，公共服务广播电视在各国的生存与发展现状有如下几种：

一是垄断地位的公共广播电视，即公共广播体制在一个国家的广播电视体制中占垄断地位，这些国家一般不允许商业广播的出现。如奥地利《1974 年广播法》，将广播电视定义为公共事业，其中包括地面和有线两种传输方式，并规定广播电视的报道必须客观、公正，观点要多样性，确保从事广播电视事业的机构和个人享有独立权。广播法虽然没有指定奥地利广播公司为奥地利唯一合法的广播电视经营者，但是，联邦政府只向奥地利广播公司颁发经营执照的事实则确立了奥地利广播公司在奥地利境内对广播电视业事实上的垄断地位。

进入 20 世纪 90 年代以来，尤其是奥地利加入欧盟之后，要求奥地利广播公司结束独家垄断，开放广播电视业的呼声很高。1993 年，奥地利 5 家私营公司在申请经营广播电台未获批准的情况下，诉诸欧洲人权法庭，法庭判决奥地利广播公司独家垄断经营广播电视违反《欧洲人权公约》，奥地利广播法也被视为不符合欧盟有关法规。这一年，奥地利最终通过了《商业广播电台法》，规定9个州可以分别设立地区性商业广播电台各两家。1995年9月，第一家商业电台"施泰尔马克天线"电台开播。但是迄今为止，奥地利仍然没有开设商业电视台，这意味着奥地利广播公司仍可以继续维护其独家垄断。

二是双轨并行的公共广播电视。如今，大多数西方国家一般都有一个强有力的公营广播电视机构来垄断和控制本国的广播电视业，同时又存在商业电视（私营电视），即采用的是双轨制的广播电视制度。如英国采用"BBC（英国广播公司）+本国的商业广播电视台"模式，日本采用"NHK（日本放送协会）+本国的商业广播电视台"模式，加拿大采用"CBC（加拿大广播公司）+本国的商业广播电视台"模式，澳大利亚采用"ABC（澳大利亚广播公司）+本国的商业广播电视台"模式。

在德国，采用的广播电视体制是非营利性公共广播电视和完全依赖广告收入的商业性广播电视机构双轨并存。德国广播电视实行双轨并行体制是经过各方的广泛论辩和立法而确立的。联邦宪法法院认为，由于广播电视在生活的任何领域都有很大影响，所以必须确保广播电视不受政府干预，以保障舆论和观点自由形成；但同时，也不能允许广播电视放任自流，任凭市场势力摆布。因此，必须首先保证公共广播电视不必为收视率和广告商的喜好所左右。20世纪80年代，随着市场竞争力的提高，德国政府对私营电视的管制也随之有所放松，私营电视的经营范围从原来的有线输送扩大到地面电视传输，其市场份额也得到急剧的提升。到2003年底，德国的私营电视已经占据了近60%以上的市场份额（或电视观众人数）。虽然公共电视与私营电视的市场占有比例发生了巨大的变化，然而，私营电视并没有从根本上控制德国的电视市场。其原因在于，德国的广播管制权力属于各州的权力机构（也就是州广播机构），它们创立了其州内的各种公共广播电视，并对其加以扶持。这种政策上的倾向性在一定程度上维护了公共广播机构的市场地位。此外，各州广播管制机构与毗邻州之间通过签订州际条约的形式加强合作，以此共同保护公共电视台，使其免受私营电视台与外来媒体集团的冲击。于是，德国的公共广播电视就在各州的支持下形成了一个全国性的网络。

三是补充关系的公共广播电视。1920年，美国威斯汀考斯电器公司在匹兹堡设立了呼号为KDKA的美国第一家广播电台，1927年美国国会通过《无线电法》，确定了广播空间为公共财产，而广播电台为私人所有，因此其广播所有制一开始就烙上了鲜明的私有制和商业化印记。美国电视体制的特点之一是商业电视占主体地位。商业电视中，传统的三大广播公司居于支配地位。另外，福克斯电视公司（Fox）、华纳兄弟电视公司（WB）和有线电视新闻网（CNN）等众多无线和有线网日益壮大，共同构成了美国商业电视体系的主体。

除了占主体地位的商业电视，美国还有少量的公共和非商业电视台。它们一般发射功率比较小，服务于特定地区或特定受众，如宗教以及不同种族的电视台。它们多为社区性质的小型电视台，经费多来自各种机构的捐赠。1969年成立的公共电视台（PBS）在全国各地都有自己的附属台，并向附属台提供教育、文化等节目。它们为非营利电视台，由各种基金会捐赠、企业资助（非广告方式）。公共电视台的节目多为教育性节目，如各种纪录片（包括科学、风俗、文化、社会等内容）、严肃音乐、儿童教育节目等。

在美国，公共及非商业电视始终面临着商业电视的巨大冲击。它们在受众、市场等方面都处于劣势。商业电视以其灵活、多变、通俗、接近受众的内容占据了主要市场。由于商业电视在美国广播电视发展中占主导地位，因此美国的公共广播制度不过是作为商业广播的补充而出现的，它给观众提供商业广播节目以外的另一种选择。

二、公共服务广播电视的内容提供模式

对公众而言，公共广播电视的特性和优点最终体现在内容上。那么，公共广播电视应该提供什么节目？它提供的节目与商业广播电视有什么区别？

（一）无偏见的、启发民智的信息

由于公共广播电视受公众资助，并用来服务公众，所以对公共广播电视所提供的信息的期望值和要求相对较高。公共广播电视机构提供的信息必须能让听众对所报道的事件形成可能达到的最为公平的见解。这样的信息允许不同意见的表达，并促使公众没有偏见地洞察时事。在国家广播电视中频繁出现的宣传与一些商业广播电视台经常出现的不必要的辩论之间，公共广播电视必须诉诸受众的智力和理解力。公共广播电视机构处理其传播的信息时，必须着重深入地解释和分析，以使公民们明白当前的社会问题。正是公共广播电视经常在信息领域担当参考者角色的这种能力，使公众意识到公共广播电视的功能与重要性，并进而使公众对公共广播电视产生认同。

（二）多数人感兴趣的节目和服务节目

对公共广播电视而言，信息不仅限于新闻节目和公共事务节目，还可以是能够使公民意识到他们自身之外的其他利益主体的所有节目，是所有被称为"服务节目"或"多数人感兴趣的节目'。如关注消费或法律问题，给受众提供实用的建议，探讨健康话题，宣扬社区服务等。正是通过这样的节目，公共广播电视机构与人们特定的需求日趋接近。公共广播电视必须依据公众的需求，通过更多样的方式提供这种实用信息。在许多发展中国家的乡村电台广播和社区电台广播就有部分节目提供这种信息。

（三）影响深远的节目

电台和电视台必须推广艺术与文化，播出已有的好节目和文化节目，支持创作全新的节目：戏剧、音乐会、轻音乐或综艺节目。公共广播电视也要为广大的公众提供娱乐节目，但其娱乐节目必须做得有新意，要将公共广播电视与商业媒体区别开来。我们可以期待公共广播电视机构的节目将带来深远的影响：益智节目完全可能既有信息量又能愉悦身心；广播剧和电视剧即便预算低，也能给人们提供看到他们当下感兴趣的事情的机会；如果是历史剧，则能用来告知人们过去发生的事情，因此可以让人对当下更了然于心。

（四）自己制作节目

公共电视不能只是个播出平台。公共广播电视特殊的伦理规范要求其节目必须进行精雕细琢的构思和生产。这个要求就意味着公共广播电视机构还要涉足视听产品的制作领域。尽管公共广播电视机构可以购买节目或者委托其他机构制作，然而，自己制作不仅能够保障节目充分体现广播电视机构自身的意图，而且也能确保公共广播电视机构常年保有其特需的专门人才。对新的公共广播电视机构来说更是如此，它们必须形成自己的特性，拥有自己的"标签"，以区别于其他电台或电视台。

公共广播电视可以为公共广播电视机构必须保持的节目品质设立标准，从而引导其他广播机构。就公共广播电视的特质来说，无论提供什么节目，无论哪种类型，都必须是那一类中最好的，都是其所能达到的最优的品质。很多公共广播电视机构制定了内部方针，详细说明信息和节目制作的标准。即便是委托别的机构制作节目，也要保证能符合相同的品质标准。

（五）本土的内容

公共广播电视机构播出的内容必须是本土的，并非要把外来的节目排除在外，而是是要发挥公共广播电视公共论坛的功能，首先要表达其所在的社会当下的想法和价值观。就此而言，公共广播电视机构就必须优先考虑本土节目。

关于本土内容，电视台比电台更需要关注。因为除了音乐以外，大部分的电台节目都是本土制作的。电视则不然，电视节目的国际市场要发达得多，直接购买国外的某些特定的节目（如科幻电视剧）要比自己制作的成本更低。然而，公共广播电视机构必须注意，这些购自国际市场的补充电视节目必须与公共广播电视的使命一致。

（六）少数族群节目

广播电视公共服务的另一重要任务是对民族和宗教等少数群体进行广播。在多数国家，私有广播机构对这些社群进行广播并无商业利益可图，尤其是当这些社群的大部分还处于社会经济地位较低的层级。在一些国家有专门的种族或宗教频道，而在另一些国家则是在全国或地方性的公共服务频道中，播出"窗口展示"风格的节目。

英国 BBC 的亚洲网（Asian Network），就是以伯明翰为基地的全国电台，主要针对在英国逐渐庞大的南亚社群，采用谈话和音乐节目向第二和第三代亚裔广播。在日间和周末用英语广播，夜间用印度方言广播。

在爱沙尼亚，政府将媒介视为对说俄语的群体和其他少数族裔进行社会交流的重要工具。政府实施的计划包括培训说俄语的记者，用少数族裔语言进行电台广播等。公共电视播出的一档双语（爱沙尼亚语和俄语）节目"无眠"是近年最受欢迎的脱口秀之一，节目探讨当下最富争议的社会和政治议题，编辑邀请不同种族和公民身份的嘉宾，与两位特定领域的专家探讨热门议题，曾创下该节目的最高收视率。

在新西兰专门开办了针对毛利人服务的电视频道。毛利人是新西兰的土著，占其人口的20%，2004年在政府资助下成立了第一个毛利人的公共电视频道。该频道的一个主要目的是教育、介绍毛利文化和历史。最受欢迎的是关于毛利建筑、食物和语言的节目。

（七）儿童节目

早期的儿童电视节目只是大型节目制作公司的一个市场分支，很少包含教育成分。公共广播电视在发展儿童节目方面起了重要作用。美国 1969 年开播至今的《芝麻街》就是个很好的例子，此外，澳大利亚的《幼儿园》和 BBC 的各种受欢迎的儿童节目在教育和娱乐儿童方面也起到了引导作用。

澳大利亚的《幼儿园》是由澳大利亚广播公司 1966 年开始制作，每天上午下午各播出一集，至今已是澳洲荧屏播出时间最长的节目。节目声明的原则是"去好奇，去思考，去感觉，去想象"。从节目开播之始，制作人就努力向观众们推广高质又好玩的教育，以及对学习的热爱。两位主持人常常是男女搭档，对小观众们讲故事，教他们唱歌和各种活动，这些都成了澳洲儿童文化的一部分。

（八）教育广播

不论过去还是现在，公共广播电视在很多国家的远程成人教育方面都起到重要作用。最成功的例子要数亚洲地区的公共广播电视频道的对农广播，尤其在 20 世纪 70 年代，在绿色革命中起了重要作用。在发达国家也如此，近几十年，公共电台和电视已经成了成人教育的重要组成部分。

如印度的"全国教室"。1984 年，印度的大学教育资助委员会（UGC）联合全国公共广播电视机构全国电视网（Doordarshan），发起了一个名为"全国教室"的传播项目。一开始透过后者的全国电视网络在每个工作日播出一小时，到 1999 年，每周播出达 20 小时。现在 UGC 已经在印度建立了以大学为基地的制作公司组成的节目制作网络，并成立专门机构协调节目的传输。该项目由 UGC 全额资助，资金来自印度人力资源发展部。

日本 NHK 的教育公司，也以其出色的儿童节目而著称，并制作初中、高中课程节目。此外，在日本成人教育方面也起到重要作用。他们与日本优秀的大学教师合作放送大学制作节目，这些节目通过电台和电视台播出，作为日本教育部批准的函授课程，让人们在家就能获得大学学分。另外，NHK 的初级英语和商务英语也很受成年人欢迎。而许多在日本的外国居民则通过"日常日语"节目学说日语。

许多国家通过公共广播电视传播，期望建立国族认同。可以说公共广播电视在保护国家文化方面发挥了关键作用。如果引导得当，在建立文化认同方面也能发挥同样作用。有些人批评这么做是在宣扬种族和文化的沙文主义，有些人则称赞这么做是抵御外国文化渗透和文化帝国主义的屏障。

在一次国际会议上，新西兰前广播部长史蒂夫·马哈瑞重申，在发展新西兰的国族认同上，公共广播电视作为推动力的一部分，非常重要。加拿大广播公司（CBC）前主席卡洛尔·泰勒，在渥太华加拿大俱乐部的一次演讲中，也将 CBC 描述成"加拿大声音的平台"。她说，它们是加拿大的声音……不仅在国内，而且在全世界，这些声音都应该被听到，被赞美。

从 2003 年开始，新加坡媒体发展局也发起了"本地内容委任计划"，用来鼓励为当地人生产新加坡制造的高品质电视内容。制作提案一旦被媒体发展局接受，后者就会出资。这个计划通常委托当地的独立制作公司制作反映并促进新加坡身份和文化的高品质节目。因此，加强本土制作力量，在内容和制作团队中体现出文化多样性，是通过公共广播电视建立国族认同的诀窍。

三、公共服务广播电视的资金来源模式

自公共服务广播电视诞生以来，其经费来源就成为许多学者、国会议员和政府官员关注的话题。学者麦金西（McKinsey）曾经以收入来源为标准，对公共广播模式进行划分。他认为"公共广播机构的收入来源主要有视听费（最重要的非政府收入）、政府资助（最重要的政府性收入）、广告收入（最重要的商业收入）和其他（捐助、赞助）四种"。① 也有学者将公共电视的收入来源划分为三种："执照费、政府资助和美国的联播网"，并把这三种收入来源归纳为三种公共广播模式：执照费模式、政府资助模式和美国模式。下面将从收视费、政府拨款体制和社会捐助体制三方面探讨公共电视的资金来源。

（一）收视费模式

"收视许可费是征收此项费用的国家依照专门的立法向电视接收设备的购买者、拥有者或者电视节目的受众征收的一项费用，在有的国家它也被理解为电视税。"② 收视费体制就是以收视费的征收为公共电视机构主要经济来源的收入制度。

一方面，公共广播电视为避免一味追逐收视率而迎合市场，也不以商业广告作为其主要收入来源。另一方面，公共广播电视要独立于政府，又不能完全依赖政府拨款。只有收视费直接取自于民众，才能更好地实现其公共职责。因此，以收视费为主是大多数国家公共广播电视所采取的收入制度。目前采用这一制度的国家主要有日本、英国、法国、挪威、瑞典、澳大利亚。这些国家公共广播电视的收入主要依靠收视费，也会辅以其他的经费来源，如政府拨款、广告收入、社会捐助等，只是各种类型的辅款所占比例有所不同。由于商业收入是与收视费性质迥异的两种收入方式，因此依据商业收入在总收入中所占比重的不同，又可将收视费体制分为完全排除商业收入和辅助部分商业收入两类。

完全排除商业收入的如日本广播协会（又称日本放送协会，Nippon Hoso Kyokai，简称NHK），是这类体制的典型代表。其总收入的绝大部分是收视费，基本上没有商业收入。

---

① 转引自［德］Manfred Kops. 何勇编译：《公共广播电视及其经济来源分析》，《媒介研究》2004年第1期。

② 梁宁：《英、日、法三国公共电视财税体制及相关问题研究》，《中国广播电视学刊》2004年第3期。

日本 NHK 于 1925 年开播，是日本唯一的公共广播电视台。它在世界上有着规模最大的广播电视系统，与世界 47 个国家和地区、79 家电视台和新闻机构有合作关系。它的广播以公共福利为目的，以表现自由和不偏不倚、非党派性为原则。作为一家非盈利性的公共广播事业机构，其经营资金来自观众直接负担的收视费。1950 年 6 月，日本相继制定了"电波三法"（即《电波法》、《广播法》、《电波监理委员会设置法》）。这三部法律的制定在很大意义上规范了广播事业，同时对 NHK 的体制也作出了明确规定：NHK 是公共广播机构，是以收视费为事业运营财源的"特殊法人"（日本《广播法》第 7 条）。

NHK 的收入来源中收视许可费通常都在 95% 以上，只有极少部分是来自其他事业收入或财政拨款等非营利性所得。如此高比例的收视费收入在世界各国的公共电视中是绝无仅有的。这种收视费收入每年相差无几，这就保证了NHK 节目可以不受商业电视广告来源的影响。正因如此，NHK 以公共服务为宗旨的经营目标较之其他国家的公共电视机构显得更为鲜明。另外，"取之于民，用之于民"的 NHK 经营理念和"大众的 NHK"思想使 NHK 的公共形象非常鲜明。同时，NHK 还组织很多公益活动，使民众更加了解它。利用宣传契机，鼓励尚未交付 NHK 收视费的家庭或个人加入到 NHK 节目收视费缴纳者的行列。

辅助部分商业收入的收视费体制，主要是指以收视许可费为主，另外还可以辅助从事一定的商业性服务获取商业回报，从而满足公共电视整体运营的需要。采取这种财政体制的媒体主要有英国 BBC、芬兰 YLE 等，其中以英国BBC 最具代表性。

成立于 1927 年的英国广播公司（British Broadcasting Corporation，简称BBC），是在原私营的英国广播公司（1922 年开播）的基础上发展起来的公共广播电视机构。BBC 内部是公共电视和商业电视并存，财政体制上是公共收入与商业收入并存，但是 BBC 的公共与商业部分各司其职，分别执行相应的服务。

公司的服务主要由公共广播服务集团（UK Public Service Broadcasting Group）、BBC 全球服务（BBC World Service）和商业运作（Commercial Businesses）三部分组成。其中，公共广播服务集团，通常被称为国内服务，包括公共广播服务公司和其下属公司，主要负责公共服务。BBC 全球服务和商业运作部分负责完成整个机构的商业服务。其中，BBC 全球服务负责其国外广播电视传播和媒体的监督等活动，是商业性质的传媒机构；商业运作部分通过进一步开发 BBC 的节目、其他的资产和技术设备的出租等，负责公司在国内外的商业活动。

从收入的具体来源看，BBC 整个公司的收入包括电视执照费、联邦政府的补助金、向顾客提供机器设备和服务所得的收入、节目销售与频道收入等等。其中，执照费是英国建立 BBC 时开创的公共电视的传统投资方法。执照费收取标准由政府决定，并由政府征收。一般情况下，执照费收取形式是以一台电视接收机或一个电视用户为单位，每年缴纳一定数额的资金。BBC 收取的电视执照费不得超过当年议会审议通过的总量。另外，英国政府为了支持BBC 在全球扩张国际电视业务，以扩大英国在世界上的影响，特别在 1994 年的白皮书中提出了大力发展国际电视业的新政策。为了确立英国在世界媒介发展中的领先地位，英国政府每年以"特别资助金"的方式对 BBC 全球服务的国外广播服务进行专项资助。近年来，BBC 还在确保公共服务的基础上，积极开展商业活动，以商业收入补助节目制作。这三种渠道构成了 BBC 资金的总收入，商业部分的收入约占总收入的 20% ~ 25%。

（二）国家拨款模式

国家拨款体制，顾名思义是指国家以各种形式的款项资助作为公共电视机构主要资金来源的体制。目前实行这一体制的国家有澳大利亚广播公司、俄罗斯全俄国家电视广播公司、加拿大广播公司（CBC）、新西兰（TVNZ）、葡萄牙（RTP）、西班牙（RTVE）等。

1932 年，澳大利亚成立了由 12 家电台组成的公营的澳大利亚广播委员会（Australian Broadcasting Commission，简称 ABC），负责运营并管理公共电台。1983 年根据《澳大利亚广播公司法》，澳大利亚广播委员会改名为澳大利亚广播公司（Australian Broadcasting Company，简称 ABC），这是澳大利亚联邦政府的官办广播公司，几十年来一直充当澳大利亚的广播主体。它是澳大利亚现有的 3 个广播电视管理机构之一，拥有 4 个电台网，通过州和地区首府的制作传送设备向全国播放非商业性广播和电视节目，并为边远地区提供卫星服务，节目内容不受政府控制。由于澳大利亚地广人稀，民族众多，发展也不均衡，执照费制度饱受非议，1974 年澳大利亚废除了执照费制度，运营资金大部分来自联邦议会拨款。

这种资金来源体制一般只需要通过议会及政府相关部门即可获取资金，因此，它的执行与管理相对简单。执行拨款的关键是年度的拨款水平如何变化，才能适应当年经济环境下的公共电视机构的需求。不过，国家直接拨款的收入方式可能会妨碍公共电视机构的独立姿态。

（三）社会捐助模式

社会捐助体制，是以社会团体、个人的捐赠为主要资金来源的电视收入体制。这种捐助可以是资金，有时还体现为人力物力。与前两种收入体制相比较，社会捐助没有长期固定的捐助者，因而远不如前两种收入方式稳定，同时还有可能出现社会捐助团体对其产生牵制作用的情况，但是相比政府拨款体制下的公共电视事业具有更鲜明的独立于政府的姿态。

这种收入类型中比较典型的有美国的公共电视机构和台湾地区的公共电视台等。在美国，《1975 年公共广播资助法案》确立了美国公共广播以筹款为主，以联邦政府拨款为辅的运营模式。其收入构成如下：各类社会捐助，包括州立大学资助、各种基金会、地方政府，私立大学等（33.8%）；会员费，即 PBS 从会员电视台收取的费用（25.2%）；联邦政府拨款，首先由国会拨款给 CPB，然后再分给 PBS（16.9%）；商业收入（16.4%）；其他（7.7%）。由此可见，美国公共广播的资金以社会捐助为主，来源较分散，缺少一个相对主要而稳定的资金来源渠道以维系其整个系统的运转。

在我国台湾，开播于 1998 年 7 月 1 日的台湾公共电视台（Public Television Service，PTS），以财团法人公共电视文化事业基金会为核心。其经费来源原本由台湾当局依 1997 年制定的"公共电视法"拨款给公共电视基金会，台湾当局提供的金额逐年递减 10%，直至第三个会计年度。从 2002 年起，每年维持 9 亿元新台币。以 2005 年度收入为例，总收入为新台币 15.38 亿元，其中台湾当局提供 9 亿元，占总收入的 58.52%；自筹款 5.48 亿元，占总收入的 35.63%；有线广播电视发展基金捐赠 0.90 亿元，占总收入的 5.85%。虽然台湾当局拨款仍占多数，但是自筹款比例却在逐年增大，有向社会捐助体制发展的趋势。

第三节　我国广播电视公共服务的发展

一、中国广播电视的"公共性"

中国广播电视自诞生以来，虽没有实行欧美式的公共电视制度，但从电视媒体的性质、功能、节目构成以及初期建设的资金来源情况看，仍然具备了一些公共广播电视的特质。以电视为例，通过简要回顾中国电视的发展历程，我们发现中国电视具备了实行公共电视的环境和基础。中国电视的发展可以大致

划分为四个时期：①

　　艰苦创业时期：1958 年 5 月 – 1966 年 4 月

　　遭受挫折时期：1966 年 5 月 – 1978 年 4 月

　　迅速发展时期：1978 年 5 月 – 1992 年 9 月

　　迈向世界时期：1992 年 10 月至今

　　从世界范围看，电视在二战期间被迫停顿，50 年代初欧美一些主要国家先后恢复和开办电视。中国的近邻日本奋起直追，于 1953 年建立了电视台。随后，菲律宾、泰国等国家的电视台先后开播，电视逐渐成为最具活力的新兴传播媒介。处于这种电视蓬勃发展的国际背景下，刚刚完成国民经济恢复任务的新中国也开始酝酿创办自己的电视事业，经过一系列紧张的准备工作，1958 年 5 月 1 日 19 时整，首都北京上空出现了中国电视节目信号，中国第一座电视台、中央电视台前身——北京电视台诞生。这个时期北京电视台由初具形态的新闻节目、社教节目和文艺节目三类节目组成。

　　新闻节目主要是《图片报道》、《简明新闻》和后来的《电视新闻》以及和社会主义阵营国家交换的国际节目等，这一时期的电视新闻大部分还停留在播音员读图和解说时代，稿件主要依靠新华社和中央人民广播电台支持。此后建台不久的北京电视台还对不少体育赛事也进行了实况转播。

　　初期的电视社教类节目题材内容十分广泛，社会、政治、军事、文化、历史、艺术、科技、教育、卫生无所不包，以教育性和知识性为主，兼有欣赏性和服务性，表现出浓厚的"公共性"色彩。电视栏目的对象性很强，除了一些讲话类节目，还有《生活知识》、《文化生活》、《科学知识》、《医学顾问》、《国际知识》、《摄影爱好者》等。1958 年 9 月起北京电视台还设置了《少年儿童》专栏，这是电视台推出最早、持续时间最长的一个对象性栏目，先后开辟了《小小俱乐部》和《少先队号角》两个子栏目，节目方针是"为了满足小朋友的愿望，给小朋友们看适合于小朋友看的节目"，使之"成为小朋友的好朋友"。早期的社教节目还特别重视教学节目，其标志性事件是北京电视大学的创办。鉴于我国当时的教育状况，北京电视台于 1959 年曾开办了一个教汉语拼音字母的电视讲座，这是我国最早的电视教育节目，人们从中看到了电视在普及教育、推广知识中所起到的巨大作用。北京电视大学首期招收学员6933 人，北京大学、北京师范大学名教授王力、季镇淮、王瑶等担任系主任

---

　　① 杨伟光主编：《中央电视台发展史》，北京出版社 1998 年版。

或主讲；1962 年北京电视台又开设了第二个频道专门用于北京电视大学传送教学课程。到 1965 年，北京电视大学已经开设了数学、物理、化学、中文、英语五个专业和部分中专课程，先后开设了 30 多门课程，注册学生达到了 23000 多人，此外还有很多人不定期地收看电大课程。北京电大共开办了 6 年，因为"文革"停课，之后解散，先后共有三届毕业生 8000 人，单科结业生 5 万多人，在国际上也造成了不小的影响，先后有英国、日本、东德、法国、苏联等十多个国家的记者和友人前来访问。在亚洲，北京电视台应属于电视教育的先驱。

从上述节目构成和内容表达看，这个时期的北京电视台（前中央电视台）可以说基本具备了公共电视的某些属性。教育节目和电视大学的开办关注的是社会教育，给那些缺乏受教育的社会相对的弱势群体提供了一次宝贵的学习机会；而纪录片的拍摄和播放是从历史和现实的角度，赞美祖国大好河山，反映时代先进人物精神风貌，传承中华民族的悠远文明；电视新闻也抓住大众关心的话题，同时对许多群众喜闻乐见的体育节目进行了报道和转播；电视文艺为丰富群众生活、繁荣艺术创作做出了贡献。这个时期北京电视台虽然也承担了一定的宣传任务，但仍不影响其鲜明的"公共性"，它较为明显地体现了公共电视所要承担的责任。

在经历了"文革"的蹂躏之后，1978 年中国电视开始重见天日并迅速发展，《新闻联播》和第一个评论性栏目《观察与思考》的开办使电视新闻成为人们获取信息的重要渠道。体育现场直播的发展和大型赛事的报道让体育节目的规模和影响不断扩大。《经济半小时》的出台表明经济节目不断成熟。《动物世界》、《世界各地》等节目的上马使社教节目向栏目化、多样化发展。国产动画片的起步、中学生知识竞赛以及《十二演播室》等促进了青少年节目的兴盛。电视剧也从这个阶段开始实现了复苏、成长和崛起，电视剧的品种样式日益丰富。中国电视发展的第四个时期延续了第三个时期的发展脉络，同时在新闻报道和对外报道上加大了力度。随着香港回归、澳门回归、奥运会等成功报道的积累和中文国际频道的崛起、英文国际频道以及西法频道的开播，中国电视开始了走向世界的历程。

中国电视作为事业单位，其资金一直由政府部门提供。发生重大转变的是 1979 年，当年的 1 月 28 日上海电视台播放了中国大陆第一条电视商业广告。4 月，广东电视台开始推出商业广告。11 月，中宣部发出《关于报刊、广播、电视台刊播外国商品广告的通知》，对大众传媒播发商业广告的行为予以认可。文件下发一个月后，中央电视台同时在第一和第二套节目中推出了商业广告。1980 年 1 月，中央电视台开办《广告》节目，随后各地电视台、电台纷纷仿效，广告业务迅速在全国大众媒介中推广开来。广告业务的恢复和开办，使长期以来全部依赖国家拨款的广播电视事业有了另一条经费来源渠道，随之中国电视原本鲜明的公共属性却在大量广告的播发和收视率竞争影响下逐渐消解。

由此，中国电视的发展也处于一种尴尬的状态：作为党和政府的喉舌，它必须把社会效益、精神和道德追求放在第一位；作为一个没有财政补贴的商业主体，它又不得不遵循市场经济的规律，看重广告创收和经济效益。于是中国电视在新闻节目中，它像一个严肃的"教师"，义正词严地给普通公民宣讲党的方针政策或精神文明；在广告时间里，它摇身一变像一个"商人"，肆无忌惮地给普通消费者（包括少年儿童）展示着金钱、美女、各种商品、以及豪华的生活方式。①

在这种双重性格的主宰下，我国电视的公共性大打折扣，在五彩斑斓的商业广告背后，电视引导消费的形象越来越明显，越来越偏离大众的主题。电视媒体这种双重角色使少数人受益，造成的伤害却是大面积和深远的。

二、公共广播电视的中国生存

在我国广播电视产业化进程中，广播电视市场化、商业化引发了诸多问题，因此对公共广播电视的呼声日渐高涨，报刊杂志上"公共广播电视的缺席"、"公益性广播电视"等字眼频频出现。关于"公共广播电视的中国生存"这个命题，应该从两个层面来理解：一是社会发展的层面，在我国社会转型的大环境下，社会阶层发生了分化，多种声音需要代言，其结果既产生了对公共广播电视的迫切需求，又为公共广播电视的诞生提供了现实的土壤；二是广播电视业改革的层面，在产业化后，我国广播电视又陷入结构单一、功能混乱的局面，原有的广播电视从功能上讲已经不能满足公共服务的需求，对广播电视进行功能分离，公共化是必然的选择之一。②

首先从中国国情和社会阶层来看，社会阶层的分化和弱势群体的表达需要公共广播电视。随着我国社会阶层的分化，原有的对媒介资源的控制和使用权利的分配模式也发生了变化。有学者根据与媒介资源的关系和权利，把国人分

---

① 贾保华：《中央台该不该做广告》，《中国经济时报》2002 年 6 月 1 日。
② 陆地、高宝霖：《中国是否需要建立公共广播电视》，《声屏世界》2005 年第 8 期。

40

为三个阶层：强势阶层拥有媒介的控制权和话语权，引领媒介发展潮流，决定社会舆论导向；中间阶层拥有媒介的使用条件与能力，善于利用媒介满足自己的需要，随着人数的不断增加，在社会舆论的形成、发展并作用于社会方面所发挥的作用将越来越大，自然就成为社会上层赖以存在和发展的最重要的社会基础；弱势阶层缺乏使用媒介的基本条件和能力，基本被排除在媒介表现内容之外。① 还有的学者指出："由于一些政治结构的原因，使得人们接触大众传媒的机会不平等，特别是那些生活在发展中国家边远地区的人们，这样便造成了农村中的贫困阶层由于得不到应有的机会而越来越穷，而那些较富裕的人由于有大众媒体的帮助使他们如虎添翼，这样使贫富差别越来越大"。②

当弱势群体的正当权益和公正待遇受到侵害时，他们必然会通过某种方式表达出来，正如《中国农民调查》所描述的，在涉及与公共权力的矛盾时，农民所采取的直接的表达方式就是上访和告状，如果这种表达得不到及时关注，就会带来社会的不稳定。如何调和矛盾，平衡落差，除了政府职能部门的政策调节，完善社会管理保障体系外，电视媒体在这当中能够承载着很独特而积极的作用，公共广播电视就是一个很好的途径。

作为"公共领域"的内容和构建手段之一，公共广播电视可以将弱势群体的真实呼声和利益诉求进行提炼、融合，化无数个微弱、含糊的声音为清晰有力、掷地有声的合法要求，从而在国家法律法规和政策的框架下予以解决。换言之，公共广播电视可以在弱势群体与政府间、弱势群体与社会不同利益阶层间构筑信息交流与反馈的中观信息平台，改变他们之间的"信息逆差"现象，从而疏导或缓解社会矛盾，也正因为如此，有的学者认为，公共广播电视类似"市民会议"的功能，可以为社会各种声音提供表达和交流的渠道，可以加强人际和群体的沟通、交流，克服现代社会日益增强的疏离感，从而有效地建立社会和社群的整体感和凝聚性。③ 在目前我国社会急剧变革的转型期，各种现实或潜在的不稳定因素很多，发挥公共广播电视"公共空间"、"公共辩论"的作用，无疑极具现实意义，至少能够为化解社会矛盾起到"安全阀"的作用。就此而言，弱势群体庞大、社会各种矛盾交织、以构建社会主义和谐社会为目标的中国目前比世界上任何一个国家都需要公共电视的存在和服务。

---

① 段京肃：《社会发展中的阶层分化与媒介的控制权和使用权》，《厦门大学学报（哲学社会科学版）》2004年第1期。

② 王德海主编：《发展传播学》，中国农业科学技术出版社2003年版，第290页。

③ 郭镇之：《欧洲公共广播电视的历史遗产及当代解释》，《国际新闻界》1998年第3期。

其次，电视改革与和谐社会建设同样呼唤公共广播电视出台。社会结构的转型、社会阶层的变迁、利益主体的分化、受众需求的分化与多元化，加之消费时代受众对传媒的心理期待升值，都对广播电视的发展形成了无形的压力，广播电视必须自觉或不自觉地成为社会政治体系中的一部分，同时努力对自身做出调整，以适应社会的飞速变化。

在我国，公共性应该是广播电视媒体的社会属性。中国广播电视长期以来都是作为宣传各级党委和政府意志的意识形态机构而存在的。改革开放以后，西方商业广播电视的经营理念逐渐为我国广播电视业所借鉴。加入 WTO 后，广播电视业如何做大做强成了业界、学界和政府关注的热点，广播电视集团化一度被视为灵丹妙药，但是，如果过分强调广播电视产业的商业化、市场化，迷信市场的魔力，很可能会犯下西方商业广播电视一度犯下的错误——走进市场的专制。① 事实上，中国目前的广播电视产业在遭遇集团化的挫折以后，从主管部门到经营者，正在变得无所适从，广播电视机构的传播理念、社会角色、市场功能等都在嬗变中显现出种种混乱。这些都敦促我们尽快探寻一种适合我国广播电视产业健康良性发展的改革之路。

公共广播电视作为选项之一，它可以匡正商业电视之弊。商业电视机构是以利益最大化为经营原则的，对市场的依赖性强，受市场规律的调节。它们围绕广告抢夺受众，围绕受众制作和抢夺节目，围绕节目抢夺资本和人才。这种生存方式往往使得它们把商业利益置于社会利益之上，把受众、社会、广播电视等等都当作获取赢利的商品或工具来经营。"在纯商业机制下，媒介在决定报道方针时，常处于这样的选择之中：一旦自身选择了恪守道德，而其他传媒不顾道德，做不计社会影响的报道，那么在激烈的竞争中，它势必将承受不利的经济后果；反之，它就能在众多媒体中脱颖而出，实现较高的经济效益。因此，在这样的选择机制下，绝大多数新闻传媒会不顾社会利益，不择手段的报道方式成为商业竞争中最有可能发生的结果。"② 当然，西方的商业广播电视朝利润狂奔的路径和方式也不是随心所欲的，严密的"法眼"无时不在关照着他们。一旦违规，商业广播电视将受到严厉的处罚。改革中的中国广播电视目前正处在向市场化和商业化过渡的进程之中，在这个阶段，和西方商业广播

---

① Soros George, The Crisis of Global Capitalism: Open Society Engendered, New York: Public Affairs, 1998.

② 赵民：《从白晓燕案看新闻职业道德的自律》，《中国记者》1997 年第 11 期。

电视一样，我国一些广播电视机构也出现了忽视公众文化教育、片面追求收视率的倾向，广播电视节目的猎奇化和庸俗化日益加剧，这种广播电视商业化的弊端已经引起了社会的不满。

但是，我们也应当看到，商业广播电视的上述弊端是与生俱来的"缺陷"，只能减轻，不能根除，唯一的解决办法不是取缔商业广播电视，而是在加强法制管理的同时，给观众提供另外一种选择，那就是开办公共广播电视，在媒介生态结构上进行平衡。欧洲广播联盟主席阿尔内·韦斯贝里在2001年6月的一次关于世界公共广播电视的未来的会议上说，"必须加强现在的公共广播电视，以保证在数字时代社会的民主和多元化。公共广播电视在信息社会中的任务是培养文化多元性和平等性，培养社会凝聚力，保证为全体欧洲公民提供全面的服务。这要求公共广播电视必须有明确的管理框架和充足、稳定的财政来源，在这种状况下，对区域型社会提供综合服务的义务是为了保证公民的基本权利。"① 所以，虽然在一些国家围绕公共广播电视产生了一些争论，但各国政府基本上还是认同公共广播电视是传达公众声音和提供高品位文化内容的重要渠道。西方发达国家政府对公共广播电视机构的认知和支持，还是值得我国借鉴的。毕竟，构建和谐社会，不但是政府的目标，也是广播电视机构的责任，特别是公共广播电视机构的责任。因此，对于目前的中国来说，不是需不需要建立公共广播电视的问题，而是如何建立公共广播电视的问题。

---

① 袁侃、周怡：《西方公共广播电视体制变迁研究——以BBC为例》，《青年记者》2005年第11期。

第三章

广播电视公共服务基础：传输覆盖

公共服务的本质内涵是政府为满足社会公共需要而提供的产品与服务，而这也是政府为满足公民平等享受社会产品的基本公共服务。广播电视的基本公共服务是政府公共服务职能转型的重要组成部分，是政府依照法规，为保障社会全体成员基本社会权利、基础性的福利水平，必须向全体公民均等地提供的基础性公共服务。

广播电视基础性公共服务是构成覆盖全社会的公共文化服务体系的重要一环，其目标是遵循公共服务均等化的原则，构建覆盖全国城乡的广播电视公共服务基础体系。

事实上，广播电视覆盖工程作为广播电视事业建设的核心，在20世纪80年代初就形成了初步高潮，当时在"中央四级办广播、四级办电视、四级混合覆盖"的方针指引下，各级政府办广播电视的主动积极性被充分调动起来，让广大人民群众"听到"、"看到"广播与电视成为"四级"政府的基本目标。

自2006年我国"十一五"规划起步之年，构建和完善中国公共文化服务体系被提上议事日程，当年中央强力推进的"村村通"广播电视和"西新工程"等重点工程，加快了我国广播电视公共服务覆盖面扩大的步伐，这些基础工程体系也开始上升到构建公共文化服务体系的战略高度。

第一节　广播电视基本公共服务覆盖状况

新中国成立以来，特别是改革开放以来，我国广播电视事业得到了较快的发展，在各级党委政府的支持和各级广电部门职工的努力下，已初步建立了广播、电视并重，中央与地方、城市与农村、对内与对外并举，无线、有线、卫星、互联网等多种技术手段并用，模拟与数字并存的多层次、现代化的广播电视综合覆盖网。①

一、无线传输覆盖

无线传输覆盖广，对于地域广阔、人口居住分散的地区，以及使用移动、便携等非固定形式接收的用户是十分有效的覆盖手段。无线传输覆盖接收方式简便，不受时间、地点的限制，接收成本较低，在覆盖范围内新增用户不需要增加额外的成本。

无线传输覆盖具有其他传输方式不可替代的作用，世界上很多国家仍把无线覆盖作为政府提供广播电视公共服务的主要方式。如美国、日本等国都以无线方式提供广播电视公共服务。日本把无线方式看作是紧急状态下的一种应急工具，针对该国地震频发的情况，收音机都安装有强制开机的装置，只要国家电台发出紧急信息，处于关闭状态的收音机就会自动开机，向公民播出紧急通知。

在我国，随着 2009 年国家广电总局开展的中央广播电视节目无线覆盖验收工作的结束，标志着"十一五"中央广播电视节目无线覆盖目标的提前完成。到 2010 年底，全国共有广播电视媒体单位 2638 个，其中广播电台 227 个，电视台 247 个，广播电视台 2120 个，教育电视台 44 个。全国广播人口综合覆盖率达 96.78%，全国电视人口综合覆盖率达 97.62%。其中，中央第一套、第七套电视节目的人口覆盖率超过 82% 和 68%，中央第一套广播的人口覆盖率超过 84%。

据 2009 年 CSM 媒介研究全国收听收视调查网基础情况显示，家庭电视机拥有率达 98.2%，拥有 2 台及以上电视机家庭的比例已达 29.4%，平均百户电视机拥有量为 132 台，其中城市家庭的电视机拥有率为 98.1%，农村家庭的电视机拥有率为 98.3%。拥有二台及以上电视机家庭的比例在城市为 31.6%，农村为 28.3%。

2009 年，随着"村村通工程"和"西新工程"的进一步推进，以及有线电视数字化建设全面展开，也使城乡居民家庭能够收看的电视频道数量增加。CSM 媒介研究 2009 年全国收视调查网基础研究结果表明，全国平均每户可以接收 39.1 个电视频道，其中城市居民家庭平均可以接收 50.2 个频道，农村居民家庭平均可以接收 33.2 个频道。

---

① 国家广电总局发展研究中心课题组著：《中国农村广播影视公共服务》，中国广播电视出版社 2008 年版，第 129 页。

全国拥有正在使用广播收听设备的家庭比例则为 27.6%。收听设备的百户拥有量达到 35 台，在城域拥有正在使用收听设备的家庭比例为 40.6%，在乡域这个比例是 20.5%。在拥有收听设备的家庭中，绝大多数家庭只拥有 1 台收听设备，拥有 2 台以上收听设备的家庭比重非常小，全国平均只有 5.1%。

据 CSM 媒介研究 2009 年全国 147 个样本市县基础调查数据显示，在全国七大行政区中，华北、东北、华东的广播收听设备拥有量较高，其中华北地区百户收听设备拥有量最高，为 98 台；而西南地区是七大行政区中收听设备拥有量最低的地区，百户拥有收听设备 43 台。各大行政区的 2 台以上收听设备家庭比重比上一年有很大的提高。

因为全国 147 个样本市县基础调查数据基本上来自经济相对发达的地区，因此，收听设备的拥有情况相对于全国较好，拥有正在使用收听设备的家庭比例为 49.1%，而在全国这一比例为 27.6%。①

继中央广播电视节目无线覆盖工程实施后，各省市本级广播电视节目无线覆盖工程相继展开。从总体上看，中央电视台继续保持其覆盖优势，省级卫视在本地区的覆盖优势也逐渐显示出来。

中央电视台频道依靠其强大的资源优势和作为国家级频道的特殊地位，在覆盖率方面仍然保持了绝对的优势。CSM 媒介研究 2009 年全国电视收视调查网基础研究数据显示，全国覆盖率排名前 5 位的频道全部是中央级频道，而进入覆盖率排名前 20 位的频道中，中央电视台频道有 13 个，其中中央电视台综合频道排第 1 位，覆盖率达 96%，中央电视台第七套排名第 2 位，覆盖率大幅跃升到 86.5%。在省级卫视频道中，湖南卫视覆盖率的排名在最前面，由 2008 年的第 8 位上升至第 6 位，山东、浙江、江苏、上海和四川这 5 个省级卫视频道排在前面，分别排名第 8、9、11、13 和 14 位。2009 年排名前 20 名频道的覆盖率都在 64% 以上，超过 2008 年的 59%。见表 3.1。

① 《2010 中国广播电视年鉴》，中国广播电视年鉴社 2010 年版，第 274、288 页。

表 3.1 2009 年全国卫视频道覆盖率排名前 20 位

排名	频道	覆盖率（%）	排名	频道	覆盖率（%）
1	中央电视台综合频道	96.0	11	中央台四套	70.3
2	中央台七套	86.5	12	江苏卫视	70.3
3	中央台二套	81.7	13	上海东方卫视	70.0
4	中央电视台少儿频道	80.1	14	四川卫视	69.8
5	中央台十套	78.3	15	中央台十二套	66.3
6	湖南电视台卫星频道	77.9	16	中央台三套	64.8
7	中央台十一套	74.9	17	中央台六套	64.5
8	山东卫视	74.8	18	中央台五套	64.3
9	浙江卫视	74.1	19	中央台八套	64.3
10	中央电视台新闻频道	72.8	20	中国教育台一套	64.1

数据来源：CSM 媒介研究 2009 年全国收视调查网基础研究

2009 年农村地区卫视频道覆盖率整体上比城市要低。从覆盖率排名前 20 位的频道来看，在农村地区，2009 年排名第 20 位频道的覆盖率是 56%，而城市地区已经达到 76%。与城市地区相比，中央电视台频道的强势地位更加明显，覆盖排名前 10 位的频道里，中央电视台频道有 7 个。其中，中央电视台少儿频道在农村地区的覆盖率大幅增加，由 2008 年的 66.2% 增长到 2009 年的 76.7%，排名也由 2008 年的第 9 位提升到 2009 年的第 4 位。湖南卫视、山东卫视和浙江卫视在农村地区的覆盖率进入前 10 位，而上海卫视、江苏卫视和四川卫视也进入了排名的前 20 位。与 2008 年相比，2009 年农村地区卫视频道的覆盖率整体上获得大幅提高，排名前 20 位的频道覆盖率都在 56% 以上。①

比较上述无线传输覆盖数据，虽然混合覆盖率较高，基本保证了广播电视公共服务的需求，但从基本公共服务覆盖面来看，还存在发展不平衡的问题。首先是广播电视基本公共服务的区域不平衡：在农村地区，卫视频道的覆盖率为 56%，而城市地区则达到了 76%，比农村高 20 个百分点。全国城市居民家庭平均可接收 50.2 个频道，而农村居民家庭平均可接收 32.2 个频道。其次是广播与电视媒体的基本公共服务到达率不平衡：全国家庭电视机构拥有率达 98.2%，而使用收听设备的家庭只有 27.6%，相差约 70 个百分点。第三是地

① 《2010 中国广播电视年鉴》，中国广播电视年鉴社 2010 年版，第 288～289 页。

方媒体与中央级媒体覆盖率存在不平衡：以电视媒体为例，中央电视台综合频道覆盖率最高，为96.0%，而进入全国卫视频道覆盖率排名前20位的省级卫视中，排名第14位的四川卫视覆盖只有69.8%。广播电视公共服务的基本特点是受众均等地享受公共资源与公共产品服务，按照这个目标，广播电视传输覆盖还有较大的发展空间。

二、有线传输覆盖

有线传输广播电视的特点是网络覆盖容量大、传输质量高、传输速度快、受众可以获得较好的图像和声音效果。同时，由于其频带宽、频率利用率高、网络损失低、抗电磁干扰能力强、传输信号相对稳定，光缆和电缆混合的HFC有线电视网是目前城市的主要覆盖方式，经双向改造后还可以提供互联网接入服务，以及开展各项数据增值业务，具有巨大的发展潜力。

全国有线电视网络建设，以1991年湖北原沙市有线电视台开播为标志，迅速在全国发展，至今整整20年了。特别是近年来，国家广电总局大力推动有线网络尽快实现由小网变大网、模拟变数字、单向变双向、看电视变成用电视，大大推动了有线电视的覆盖率。2010年，全国有线广播电视用户达18730万户，其中数字电视用户数8798万户，已接近全国有线电视用户的一半。

为贯彻实施国家广电总局《关于加快广播电视有线网络发展的若干意见》，各地围绕一省一网的目标，强力推进有线电视网络整合，目前，江苏、海南、宁夏、广西等13个省区市已经完成。全国已有160多个地市、460多个县市完成了数字化整体转换。另有102个地市和600多个县启动了整体转换工作。根据国家广电总局意见，各省应于2010年底前基本完成网络整合。

我国有线广播网从1952年开始建立，到1973全国基本普及有线广播网，全国95%的生产大队和91.4%的生产队通了广播，共有喇叭9900万只。进入20世纪90年代后，由于种种原因，全国农村有线广播网络滑坡现象严重，目前基本上已经瘫痪。进入21世纪，部分发达地区又开始重视农村有线广播，并开始了"村村响"的广播工程建设。

2008年是农村有线广播"村村响"工程建设的起始之年，目前农村有线广播"村村响"工程正有序开展。像浙江省湖州市农村有线广播"村村响"工程在2009年就已建立起村广播室200个。有线广播联网率已达100%，收听覆盖率接近70%。绍兴市2009年利用有线广播电视共缆传输技术，建立能传送中央、省、市第一套广播重点新闻和对农栏目、节目，并通过室外专用音箱收听市、镇、行政村共用的有线广播系统，实现全市有线广播"村村响"。厦门"村村响"系统在翔安区设广播中心，各镇（街）设立广播站，村（居）设置广播室，实现区、镇（街）、村（居）三级联网，依托有线电视网络传输。在台风季节，一旦出现紧急情况，区广播中心和镇广播站就可利用紧急呼叫主机呼叫各村，既能呼叫单个自然村，也可以全部呼叫，发布台风信息和警报。2011 年，福建省将"农村有线广播村村响"作为全年为民办实事的重要项目，力争在年内全面完成全省 15016 个行政村农村有线广播系统的建立，并与省防汛抗旱指挥部联合下发《关于利用全省农村有线广播村村响工程实现山洪灾害防治村级预警广播功能的通知》，正式将该项工程的预警功能纳入全省应急预警指挥平台。

通过有线方式实现农村地区广播"村村响"是建立覆盖全社会公共文化服务体系的重要内容和组成部分，也是推进基本公共服务均等化的民生工程。有评论说，长期以来，政府投入的城市文化基础设施建设一直优先于农村，这也是造成农村文化贫瘠的原因之一。"村村通"和"村村响"工程有力地改变了这一进程，把千家万户的文化生活作为重要的民生工程、作为新农村建设的重要举措，这符合广大农民的利益。"村村响"工程的终端是农村，形象地说，就像是公共财政的触角延伸到了千村万户，公共财政的阳光洒遍了每一个角落。

第二节　广播电视重点工程建设

广播电视公共服务体系最基本的体系是无线传输覆盖体系，它是保障公众基本文化需求的基础。为解决边远地区收听、收看广播电视难的问题，从 1998 年开始，国家开展了"村村通工程"和"西新工程"。

一、广播电视村村通工程

村村通工程主要是解决一些边远贫困地区广播电视覆盖"盲区"的问题。按照当时的统计，到 1997 年底，全国共有 72.3 万个行政村、535.8 万个自然村，其中已通电的 11.7 万个行政村和 56.3 万个自然村属于广播电视无线覆盖盲区，约有 1.48 亿人口听不到广播、看不到电视。针对这一情况，1998 年，原广播电影电视部党组指出：广播电视事业发展的重点是扩大有效覆盖，覆盖的重点是农村，争取到 20 世纪末，基本消灭广播电视的覆盖盲点，基本实现村村通广播电视（简称村村通）。当年 9 月国家广电总局在贵州省召开了全国村村通现场会，推广大力建设地面卫星收转站、扩大农村广播电视有效覆盖的经验。

村村通工程建设从 1998 年开始启动，至今大致经历了三个发展阶段：

第一阶段：1998～2003 年，重点解决行政村的"盲点"。

1998 年广电总局党组明确提出了这一阶段的建设目标：要把事业发展的重点放在扩大覆盖上，把覆盖的重点放在农村，争取到本世纪末，基本消灭广播电视收听收看盲点，基本实现"村村通"广播电视。要积极采取有线接入、微波传送、无线差转等各种手段，加快地面接入网，加强转播工作，扩大广播电视有效覆盖，争取 1998 年至少有三分之一以上的省（区、市）基本消灭收听收视盲点，基本实现"村村通"广播电视。

1999 年国家计委、国家广电总局共同印发了《关于进一步加强农村广播电视覆盖工作的通知》，这标志着村村通已作为一项重点工作列入了国家发展计划。通知要求：各地要将村村通列入当地经济与社会发展计划，安排专项资金，要在 2000 年底解决全国 10 万个广播电视盲乡盲村的覆盖工作，解决 7000 万以上人口收听收看广播电视的问题，并要求每个盲点能够收看到两套电视节目（中央一套、省一套）和收听到一套中央广播节目。

在各地广播电视部门和有关部门的共同努力下，1998 年至 2000 年全国共投入 16.2 亿元资金（其中经国务院批准国家计委安排的村村通国债资金 1.7 亿元、安排中央预算内投资 5000 万元，国家广电总局安排配套资金 1.2 亿元）。到 2000 年底，全国就已建成广播电视接收设施 105499 个，全国有村村通任务的 30 个省区市，全部完成了预期建设任务，基本上解决了全国 11.7 万个已通电行政村村村通的任务，解决了 7000 多万农民群众收听收看广播电视难的问题，使我国广播电视人口综合覆盖率显著提高。截止 2003 年，我国广播、电视人口综合覆盖率，已达到 92.93% 和 94.97%，超额完成了国家"九五"计划确定的目标。

第二阶段：2004～2005 年，重点解决自然村的"盲点"。

广播电视传输覆盖主要通过无线和有线技术设施实现，要保证基本公共服务的持久性和稳定性，还必须经常使用和维护公共服务基础设施，否则会出现新的"返盲"问题。

2004 年，针对一些地方农村出现的广播电视"返盲"现象，国务院办公厅转发了国家广电总局、国家发改委、财政部《关于巩固和推进村村通广播电视工作的意见》，明确提出，在巩固行政村村村通的同时，从 2004 年 7 月起，正式启动自然村的村村通工程，要求 2004 年和 2005 年，要重点解决新通电行政村和 50 户以上已通电自然村的村村通。

2004 至 2005 年，中央财政投入建设资金 7.5 亿元（其中国家发改委补助 7 亿元，国家广电总局补助 0.5 亿元），对中部 11 省国家扶贫开发工作重点县和西部 12 省（区、市）给予补助，地方配套资金 8.9 亿元，共完成 8.6 万个 50 户以上自然村和新通电行政村村村通工程建设任务，并修复了 1.2 万个"返盲"行政村村村通工程，使 2700 万农村群众可以收看到中央第一套、本省第一套广播电视节目。到 2005 年底，全国广播和电视人口综合覆盖率分别达到 94.48%、95.81%。

第三阶段：2006 年至今，村村通工程的重要突破。

自 2006 年开始，村村通工程以超强的力度、超常的措施，强力推进新一轮村村通工程。新一轮村村通的工作重点在于：从重点解决 50 户以上转向 20 户以上已通电自然村通广播电视问题；从一般解决村村通转向收听收看节目的数量和质量，要求广大农村地区能收听收看 4 套以上节目，并建立长效机制，确保长期通广播电视。

由于广播电视在社会主义新农村建设中的重要作用日益突出，2006 年村村通工程作为农村公共文化服务体系的重要组成部分、农村文化建设的一号工程，被列入国家"十一五"规划，上升为国家行为。自此，广播电视公共服务进入推动最大、发展最快、政策最有力、成效最显著的时期。仅在 2006 年中央财政就投入 5 亿元，用于全国 292 座无线发射台站的 470 部转播中央广播电视节目的大中功率设备的更新改造，对 676 部在播的电视、调频发射机的运行维护给予补助，实现了中央节目的正常播出。为了保证 2006 年无线覆盖工程顺利完成，经财政部同意，广电总局提前启动了设备集中招标采购工作。各地广电部门也采取了超强力度、超常措施，抢时间、抓进度，克服各种困难，抓紧进行配电系统改造、铁塔建设、天馈线架设、节目接收传输系统建设等各种基础工程建设。各级地方党委、政府全年共投入资金 9.8 亿元，完成了 5 万多个 20 户以上"盲村"建设。"十一五"期间，仅中央财政就为村村通工程安排专项资金 96 亿元，地方各级党委政府也纷纷加大投入力度。村村通工程在国家公共文化服务体系建设中的重要地位已基本确立，在当前国家正在着力实施的五大重点文化惠民工程中，村村通工程就位居榜首。与此同时，国家对以村村通为代表的广播电视公共服务加大了政策保障力度，明确提出要把做好村村通工作纳入地方各级政府工作的重要议事日程，纳入地方经济社会发展和社会主义新农村建设的总体规划，纳入公共财政支出预算，并提出了财政投入、税收优惠、电价优惠等系列配套政策。

截至 2010 年年底，全国广播电视人口综合覆盖率分别达到 96.78%、97.62%，比村村通工程实施前分别提高了 11.28 和 10.22 个百分点。有线广播电视用户达 1.87 亿户，其中有线数字电视用户达 8799 万户，直播卫星数字电视用户也已达到 1350 万户。传输覆盖网络的不断健全为广播电视公共服务的转型升级提供了基础条件。①

全国人大代表、黑龙江省大兴安岭地委书记李海涛告诉记者，"村村通"将首都北京和边陲"北极"距离缩短为零。"（人民）大会堂正在召开的两会，国家博物馆免费开放的消息，我们北极村的百姓很快就知道了。"过去 5 年，黑龙江漠河县推进 20 户以上已通电自然村通广播电视，最北的"北极村"无线覆盖率和有线电视入户率均达到 100%。"北极村农民通过央视科技致富栏目、农家书屋学到了科技知识和致富本领，在高寒禁区开辟出了生态观光型农业，走上了致富道路。"小小北极村，折射过去 5 年一个大国的文化建设的一个奇迹——广播电视村村通工程覆盖全部已通电行政村和 20 户以上自然村。公益性、基本性、均等性、便利性的覆盖全国城乡的公共文化服务体系框架基本建立，长期困扰农村基层收听收看广播电视难的问题明显改善，城乡文化发展水平差距的历史性难题正在破解。

二、广播电视西新工程

继村村通工程建设开展两年之后，根据中央的部署，于 2000 年 9 月又开启了"西新工程"。西新工程实施范围包括西藏、新疆、内蒙古、宁夏四个自治区和青海、甘肃、四川、云南四省的藏区，以及广西、海南和吉林延边等地区，涵盖国土面积超过 498 万平方公里，占全国总面积的 51.9% 以上。这一工程对边境民族地区农村广播电视的发展产生了巨大的推动作用。

2002 年 2 月，江泽民同志亲临广电总局考察"西新工程"做出重要指示：加强西藏、新疆等边远地区的广播电视覆盖，对于促进这些地区的经济发展、社会进步、民族团结、社会稳定，具有十分重要的意义。要坚持不懈地做好西部地区广播电视覆盖工作，巩固已有成果，进一步让党和国家的声音传入千家

---

① 杨明品、李江玲：《论中国广播电视公共服务的转型升级》，《中国广播电视学刊》2011 年第 3 期。

万户，让中国的声音传向世界各地。①

据广电总局介绍，到 2010 年，中央财政向西新工程累计投入 194.8 亿元，其中投入建设资金共 82.2 亿元（国家发改委安排建设资金 66.7 亿元，财政部安排设备更新改造资金 13 亿元、广电总局配套 2.5 亿元），财政部累计安排运行维护经费 112.6 亿元（2010 年安排 18.8 亿元）。

"十一五"期间进行的第四期工程建设，国家累计安排工程建设资金 32.5 亿元，累计安排运行维护资金 77.9 亿元。2007 年启动实施的第四期第一阶段工程建设，共新建、扩建了 420 座广播电视发射台，新增、更新了 506 部广播发射机、163 部电视发射机；新增了 7 个州的柯语、蒙语、彝语、壮语、苗语、哈尼语、西傣语、傣语、景颇语、傈僳语等民族语广播电视节目译制制作设备。2008 年启动实施的第四期第二阶段工程建设，共新建、扩建了 179 个广播电视发射台，新增、更新了 634 部广播发射机、48 部电视发射机，为新疆、西藏及青海、四川藏区 4 个省区以及吉林延边、辽宁丹东购置民族语节目译制制作设备。

西新工程使边疆地区广播电视传输覆盖能力大大加强。新疆、西藏、内蒙古、宁夏回族自治区和甘肃、四川、云南、青海四省藏区广播电视覆盖率大幅度提高，彻底扭转了广播电视覆盖滑坡的趋势，广播覆盖能力比过去增加 3 倍，8 省区边远地区能收听到中央和地方的 10 套左右短波广播，该省区的每个地、市、县普遍能较好地收到 3 套以上中波或调频广播节目，以及 3～4 套中央和当地电视节目，基本实现了"让党和国家的声音进入千家万户"的目标。

西新工程还使少数民族语言广播影视节目译制播出能力大大加强。中央人民广播电台新开办了第八套节目，用 5 种少数民族语言播出，每天播音时间增加到 20 小时。从 2009 年 3 月 1 日开始，中央台藏语广播分频播出，每天播出藏语广播节目 18 小时。从 2010 年 12 月 16 日开始，中央台维语广播分频播出，每天播出维语广播节目 18 小时。此外，西藏、新疆、内蒙古、四川人民广播电台还共新开办了 9 套民族语言广播节目，每天播音时间增加到 98 小时。康巴藏语卫视也于 2009 年 10 月 28 日开播。至此，我国初步建立了维、哈、蒙、藏（卫藏、安多、康巴）、朝等主要少数民族语言广播影视节目译制、传

---

① 《江泽民总书记在国家广电总局考察"西新工程"建设情况时的重要指示》（2002 年 2 月 1 日），国家广播电影电视总局办公厅：《广播影视工作重要文件汇编 2002 年》。

输覆盖的体系。①

第三节　广播电视公共服务传播体系构建

当代社会是一个资讯比较发达的多媒体社会，人们日常生活需要的时政新闻、公共信息、文化娱乐、商业服务等，大多是从广播电视上获取的；大量的业余闲暇时间，也基本上是伴随广播电视而度过的。目前，听广播、看电视，已经成为人们日常生活的基本方式和重要组成部分。广播电视的收视权，就象居住权、劳动权、生育权、知情权等一样，也是当代社会必须确保的一个基本人权。因此，要从我国基本国情出发，统筹无线、有线、卫星、互联网等多种手段，构建现代传播体系，保证让全体公民普遍享有基本的广播电视公共服务。

国家广电总局副局长张海涛，在 2010 年 CCBN 中国广播影视科技发展主题报告会上，讲到广播电视传播体系构建时指出，我国人口众多、地域辽阔、地形复杂、经济发展和人们的收入水平不均衡，东部、中部与西部，城市与农村广播电视基础设施差距较大。在我国的 4.12 亿户家庭中，有约 4 亿户电视家庭用户分散在全国的城市农村、山区村寨，因此，必须统筹无线、有线、卫星、互联网等多种技术手段进行混合覆盖。

一、构建多元覆盖的工程基础

经过多年的艰苦奋斗，我国已形成门类齐全的广播电视传播体系。特别是近年来，国家实施了村村通工程、西新工程、无线覆盖工程和有线电视数字化工程后，我国广播电视覆盖已取得很大的成绩。据张海涛报告，无线覆盖工程已完成 6626 部发射机的更新改造和运行维护任务，使中一广播、中一电视、中七电视的人口无线覆盖率从 2005 年底的 61%、38%、0%，提高到目前的 85%、85%、69% 以上，无线覆盖人口分别超过 11 亿、11 亿、9 亿，初步建立了中央广播电视无线覆盖体系，从根本上扭转了无线覆盖滑坡的问题，保证了人们打开电视机、收音机就能免费听到广播、看到电视，享受公共服务。村村通工程在完成全国 11.7 万个行政村"盲村"、10 万个50 户以上自然村"盲村"村村通建设任务后，解决了近 1 亿多人听广播、

---

① 资料来源于新华网北京 1 月 28 日电（2011 年），记者白瀛：《西新工程：记西部边疆广播影视翻天覆地》。

看电视难的问题。2010 年底实现全部完成全国 71.66 万个 20 户以上自然村 "盲村" 村村通建设任务，其中，通过直播卫星方式解决了 1230 万户、近 5000 万人听广播、看电视难的问题。实施十年的西新工程建设，从根本上改变了西藏、新疆、内蒙古、宁夏等边远少数民族地区广播电视薄弱的问题。同时，加强了覆盖区域少数民族语言节目的译制，使少数民族同胞不仅能听到看到、还能听懂看懂广播电视节目。近年来还大力推进了有线电视数字化工程，使全国 160 多个地市、460 多个县市完成了数字化整体转换，广西、海南、宁夏、江苏等省区所有城市已完成整体转换。目前，全国有线电视用户数 1.74 亿，其中，有线数字电视用户数超过 6500 万，占用户总数的 1/3 以上，有线数字电视呈快速发展势头。

二、构建多元覆盖的全媒体网

随着数字技术的发展，传统的广播电视已借助于数字媒介技术的发展，衍生出网络广播电视、IPTV 和手机电视等众多的新兴媒体形态，使传统广播电视媒介得以延伸转变。从国家广电总局的发展战略看，下一步将要重点发展网络广播影视、移动多媒体广播电视的内容与服务，使之成为广播影视发展的重要一极和新的增长点。广播电视公共服务完全可借由广播电视新兴媒体扩大混合覆盖面。

一是推进网络广播电视建设。目前，我国互联网用户超过 4.5 亿，其中网络视频用户已过 3 亿。网络广播电视将个人电脑及手持设备作为显示终端，通过计算机接入宽带网络，实现数字电视、时移电视、互动电视等服务。网络广播电视的出现给人们带来了一种全新的收听和观看方式，它改变了以往被动的信息接受模式，实现了广播电视以网络为基础按需收听观看、随时收听观看、随听随看随停的便捷方式。

2009 年 12 月 28 日，"中国网络电视台"（CNTV）正式开播，标志着网络电视作为一种新兴的媒体正式诞生。2010 年 9 月，中央人民广播电台获准建立 "央广广播电视网络台"（CNBN）。同年 7 月中旬，安徽网络广播电视台正式启动，这是我国省级电视台开办网络电视台的 "首张绿卡"。12 月 28 日，由湖北广播电视总台创建的湖北网络广播电视获得国家广电总局批准，这是继安徽、黑龙江之后，在不到半年的时间里发展的第三家省级网络广播电视台。此后，武汉黄鹤 TV、山西等网络广播电视台获批，这些都标志着国有电视台已开始全面进军视听新媒体。

网络广播电视台作为国家国有的新兴广播电视播出机构，是以视听互动为核心、融网络特色与广播电视特色于一体的全球化、多终端的网络音视频公共服务平台。互联网作为新兴媒体，具有很强的生命力和聚合力，它发挥广播电视平台和网络平台的双平台优势，以"参与式"新媒体体验为传播理念，以"多对多、自传播"为传播方式，改变了广电"一对多、点对面"的传播模式，满足了信息时代人们获取信息的个性化新需求。在对传统广播电视节目资源再生产、再加工以及碎片化处理的同时，网络广播电视着力打造原创品牌节目，让网友在轻松体验高品质视听服务的同时，更多的参与到网络互动中来。

近年来，广电系统高度重视互联网等新媒体的发展，积极利用互联网的新途径、新方式，不断提升广播影视的传播力和影响力，大力推动了网络广播电视的发展，央视网、中国广播网、国际在线等网站的点击量也快速增长，开创了中国广播电视公共服务的新空间。

二是推进 IPTV 建设。新兴媒体 IPTV（Interactive Personality TV），反映了广电传播平台的转变。它是通过可控、可管、安全传送并具有质量保证的无线或有线 IP 网络，集互联网、多媒体、通讯等多种技术于一体，以家用电视机、PC 计算机作为主要接收终端，提供包含音视频、文本、图形和数据等业务在内的多种交互式服务的数字媒介新形态。

从全球范围来看，国外 IPTV 产业于 2003 年前萌生起步，到 2006 年后快速发展，欧洲和亚洲在市场发展中起到引领作用。在我国，几乎与国外同时产生的 IPTV 产业，到 2010 年底止，IPTV 用户数量已发展到 800 万户。尽管由于政策等因素的限制，影响到 IPTV 快速发展，但随着三网融合的实质性推进，IPTV 一定会有一个飞跃。不久前，中国国际广播电台互联网电视集成业务牌照和内容服务牌照申请获国家广电总局批准，加之此前批复的 CNTV、SMG、华数、南方传媒和湖南广电，互联网电视已颁发了 6 张牌照。国家级有线电视网络公司也开始组建下一代广播电视网（NGB），建设 IPTV、手机电视集成播控平台。

IPTV 以电信固网和数字电视运营为主，将互联网与广播电视融为一体，拓展了传统广播电视的传播渠道，使电视媒体成为主打视频业务的内容提供商，并逐步向互动、游戏等混合战略迈进。与此同时，用户可以利用宽带网络获得大量的点播电视资源，这为广播电视制播分离后的公共服务内容产业发展提供了广阔的空间。

三是推进移动多媒体广播电视（CMMB）建设。新兴媒体手机电视，反映了广电收视环境的转变。手机电视是数字广播业务和移动蜂窝业务结合的新型业务，即实现两种业务类型在不同工作环境下的无缝链接。其业务目前有两种实现方式：一是通信方式，即利用移动通信技术，通过无线通讯网（如3G）向手机提供点对点多媒体服务，由电信业主导；二是广播方式，即利用数字广播电视技术向手机等各种小屏幕终端提供广播电视节目，由广电系统主导，在中国被称作中国移动多媒体广播（China Mobile Multimedia Broadcasting 简称"CMMB"）。

我国手机用户目前已达到9亿，其中3G用户达6700多万户，预计年底将达到1.2亿户。为了更好地运营CMMB，国家广电总局于2005年6月成立了中广移动卫星广播有限公司（2009年6月更名为"中广传播有限公司"，简称"中广传播"），负责全国建网以及终端采集和推广。CMMB是我国自主创新的移动多媒体技术和标准，已经形成完整的产业链。全国已有300多个城市开通了CMMB信号，30个省份完成了业务运营支撑系统建设和运营签约，并与中国移动一道，推动我国自主创新的TD+CMMB的融合发展。2010年3月22日，中广传播与中国移动共同宣布，双方联合打造TD+CMMB手机电视业务，G3即日起在全国正式商用。目前G3手机用户可以同步收看到CCTV–1、CCTV–新闻、CCTV–3、CCTV–5的电视节目以及睛彩电影和两套地方节目。这标志着一张由全国广电系统和中国移动共同参与打造的中国移动多媒体广播电视网基本成型。TD+CMMB的融合发展，开启了我国具有自主知识产权的无线通讯广播事业融合发展的新领域，是实践三网融合的有益探索，对于推进科技创新、带动国内消费、促进文化信息产业发展、满足人们多样多变多元精神文化需求、培育新的经济增长点，都具有重要的意义。目前我国正加紧优化网络覆盖，创新业务形态，完善服务体系，加快手机、手持电视机、笔记本电脑、车载等各类CMMB终端的推广普及，满足移动人群随时随地听广播、看电视、查信息的需求。

中国移动多媒体广播CMMB使收听收看广播电视的空间无限拓展，实现了无缝对接。电视观看的环境也一再突破，对传统广播电视的运作方式提出了严峻的挑战。

有专家说，新媒介其实就是要将"思考电视的思维要不将电视视为电视"。在新媒介环境下，"我们不是住在一个地球村上，而是住在一个全球性生产，地区性分配，顾客取向的小屋中"。① 这个"小屋"，或许是电梯口，或是广场公共空间，它都会伴随着不同形态的移动电视、楼宇电视和大屏电视等新媒体。这对于长期处于家庭收看电视的人来说，意味着传统收视习惯的终结，也使媒体文本的消费与产制关系发生改变。面对上述广播电视的转型，广播电视内容的生产者必须改变过去的思维，以创新的精神构建出一个公共传播的新秩序。

四是推进地面数字电视工程建设。全国已有 100 多个城市开通了地面数字电视，紧接着所有地市也将开通地面数字电视。为了保证公共服务，我国地面电视实行模拟与数字同播、标清与高清同播的方针，以避免因为技术升级而使目前收看模拟地面电视的用户接收不到电视信号。

总之，我国已建成了针对城市、农村、山区等不同地区，针对电视机、收音机、手机、车载等不同终端，无线、有线、卫星、互联网等多种技术手段并用的广播电视现代传播体系。我国要从基本国情出发，遵循各种传输手段的传播规律，统筹兼顾，明确定位，有序竞争，共赢发展，在实现公共服务均等化目标的基础上，着眼于高速、高清、互动、便携、移动等新业务、新业态、新服务，满足人民群众多层次、多样化的精神文化需求（张海涛，2010）。

三、构建多元覆盖的主导体系

改革开放以来，随着我国社会经济的发展，广播电视事业也得到快速发展，特别是自 1998 年以来相继实施的村村通和西新工程，大大加快了我国广播电视覆盖的步伐。两大工程实施十年来，广播电视覆盖率分别提高了8.75% 和 8.62%。见表 3.2。

表 3.2　全国广播电视覆盖情况

	广播综合人口覆盖率	电视综合人口覆盖率
	%	%
1998 年	88.03	89.00
2004 年	94.05	95.29
2005 年	94.48	95.81

① 彭芸：《汇流时代的电视产业及观众》，台北：五南图书出版股份有限公司 2004 年版，第 6 页。

续表

	广播综合人口覆盖率	电视综合人口覆盖率
	%	%
2006 年	95.04	96.23
2007 年	95.43	96.58
2008 年	95.96	96.95
2009 年	96.31	97.23
2010 年	96.78	97.62

资料来源：国家广电总局统计信息

总结回顾近十年来广播电视覆盖率迅速提高的经验有多条，但最为关键的还是党和政府的重视与主导：一是政策推动，二是资金扶持。

以 2006 年为例，当年被称为是新一轮村村通工程重大突破的一年，为将新一轮广播电视"村村通"工程列入实施重大公共文化服务的首要任务（中办发【2007】21 号文）奠定了坚实的基础。而这一年也是党中央、国务院和地方各级政府的政策支持力度最大的一年。

2006 年 1 月 17 日，中央政治局常委李长春，中央政治局委员、书记处书记、中宣部部长刘云山，国务委员陈至立等领导出席了广播电视村村通现场办公会，明确要求，"十一五"期间，在农村的重点就是解决广播电视"村村通"。要以只争朝夕的精神，以超强的力度、超常的措施，强力推进新一轮村村通工作。

2006~2010 年《中共中央关于制定国民经济和社会发展第十一个五年规划的建议》第一次提出"基本公共服务均等化"概念。公共服务均等化建设体现了以人为本和公平正义的发展理念，认为居民无论居住在城市、乡村，无论是富裕、贫困落后都有平等享受国家基本公共服务的权利。而广播电视"村村通"工程、"西新工程"等项目的实施，正是旨在实现基本广播电视公共服务的均等化。

2006 年 3 月 14 日第十届全国人民代表大会第四次会议通过的《国民经济和社会发展十一五规划纲要》正式将村村通纳入国家"十一五"规划。在第十二篇《加强社会主义文化建设》中，专门把广播电视"村村通"工程和"西新工程"列为公共文化建设重点工程。在"村村通"工程中，国家计划全国实现 20 户以上已经通电的自然村能够听到广播、看上电视。"十一五"规划还明确继续实行"西新工程"，进一步加强西藏、新疆等地区广播电视设施建设，扩大覆盖范围，提高收听收看质量，增强播出传输安全保障能力。

在党中央关于"十一五"规划的建议发布后，2006年2月23日，国家广电总局、国家发改委、财政部三部门联合在贵州省召开会议，明确目标：用五年的时间，基本解决广大农村群众收听、收看多套广播电视节目难的问题，改变农村广播电视覆盖滑坡的局面，促进城乡广播电视协调发展。

会议部署了新一轮广播电视村村通工作四个方面的任务：第一是巩固和完善已建成的村村通工程，充分发挥其效能，防止出现"返盲"。同时要解决农村80%以上的人口能够免费接收多套无线节目问题，满足广大农村地区听广播、看电视的基本需求。第二是要扫除"盲区"，力争在"十一五"基本实现所有20户以上通电自然村收听收看广播电视，解决近5000万人听广播、看电视难的问题。第三是提高质量。要积极推进农村有线电视建设，电视节目要达到8套以上（包括中央、省和当地节目），不断提高节目水平，丰富节目内容，更好地贴近农村的实际、贴近农民、贴近农村生活。第四是改进服务。就是要建立村村通的长效机制，推动县对乡镇广播电视的垂直管理，落实服务机构和维护人员，保障维护经费，整合资源，形成合力，完善农村广播电视公共服务体系，确保村村通、长期通。

2006年9月国务院办公厅《关于进一步做好新时期广播电视"村村通"工作的通知》（国办发【2006】79号），作为指导新时期广播电视"村村通"工程的纲领性文件，明确了各级政府在推进"村村通"、构建广播电视公共服务体系中的职责和任务，明确了新时期"村村通"工作的各项目标任务、具体要求和工作措施。《通知》明确到2010年底，全面实现20户以上已通电自然村通广播电视，使广大农民能够收听、收看到包括中央和本省的4套以上的广播节目和8套以上的电视节目。依靠广播电视无线覆盖的地区能够无偿收听、收看到包括中央第一套广播节目、中央第一套和第七套电视节目，以及本省第一套广播电视节目等4套以上的无线广播电视节目。这一目标的确定，使村村通的工作范围有了突破，从过去单纯解决"盲区"覆盖扩大到无线覆盖的广大农村地区，更大范围的农村群众都将由此受益。

国办发【2006】79号通知还调整了农村广播电视发展的经济政策，要求继续加大对"村村通"工程建设的资金投入，再次明确各级政府在财政投入方面的职责：省、市两级政府负责解决20户以上已通电自然村"盲村"收看收听包括中央和省级的4套以上的广播节目、8套以上的电视节目的"村村通"工程建设资金，并且落实修复"返盲"设施资金。省、市、县级政府分别负责解决转播本级广播电视节目的无线发射转播台（站）的机房和设备的更新改造资金。中央政府负责组织"村村通"卫星平台建设，对中部地区国家扶贫开发工作重点县、贫困人口集中分布地区、革命老区、少数民族地区和西部地区"村村通"工程建设给予一定资金补助，对全国县及县以上转播中央第一套广播节目、中央第一套和第七套电视节目的大中功率无线发射设备的更新改造给予一定补助。

更为重要的是，《通知》对鼓励多元化资金投入村村通建设，放宽相关公共服务资金来源政策，有了重大突破。通知提出，在新一轮广播电视"村村通"工程中，在国家广播电视机构控股51%以上的前提下，鼓励其他国有、非公有资本投资参股县级以下新建有线电视分配网和有线电视接收端数字化改造。

国办发【2006】79号文件明确了加强农村广播电视节目无线覆盖是新时期"村村通"工程的重要内容，把"村村通"工作的范围从过去的"盲村"扩大到整个农村地区，并且把无线作为农村广电公共服务的主要手段，由各级政府提供设备更新和运行维护资金，保证农民群众打开电视机、收音机，就能免费接收到广播电视节目。

由于中央国务院政府的主导与扶持，在2006年，全国农村有关中央广播电视节目无线覆盖工程全面展开。经过各级广电部门积极努力，截至6月底，大部分更新发射机已经开播，其中，北京、河南、宁夏、浙江、海南、湖南、青海、内蒙古等8个省（区、市）和大连、宁波两个计划单列市已完成全部建设任务。总局要求，未完成建设任务的省区要进一步加大工作力度，全力以赴抓紧工程建设，确保在7月底前全面完成建设任务，让广大农村群众能够看到北京奥运会节目。①

同年10月16日，国家发展和改革委员会、财政部、国家广播电影电视总局联合召开全国广播电视"村村通"工作电视电话会议，要求各地认真贯彻国办发【2006】79号文件要求，加强领导、明确职责、落实政策，切实做到"五个纳入"，确保新时期"村村通"工作的顺利实施：要把广播电视"村村通"纳入各级党委、政府工作的重要议事日程，纳入各级政府经济社会发展

---

① 张海涛：《在全国广播电视村村通工作会议上的讲话》，《广播电影电视决策参考》2008年第7期。

和社会主义新农村建设的总体规划，纳入各级政府公共财政支出预算，纳入各级政府的扶贫攻坚计划，纳入干部考核的内容。

除了政策上的支持外，中央财政在 2006 年还投入了 5 亿元，用于中央第一套广播电视和第七套电视节目的覆盖工程设备更新改造，保证了中央节目的正常播出。各地方党委、政府在当年也一共投入了 9.8 亿元，完成了 5 万多个 20 户以上"盲村"建设。在"十一五"期间，四川省安排 3.26 亿元资金解决全省 20 户以上"盲村"建设，浙江省投入 1.59 亿元重点支持欠发达地区"村村通"工程建设，陕西省明确省市两级政府解决 1.61 亿元建设资金，安徽省明确省市两级政府按照 6：4 的分担比例，每村补助 1 万元，解决 20 户以上"盲村"建设资金，福建省安排落实 9700 万元"盲村"建设资金，江苏省每年安排 3436 万元用于经济薄弱地区和贫困地区"村村通"建设，宁夏自治区人民政府承诺 20 户以上"盲村"地方建设资金全部由自治区政府解决，山东、北京、吉林、辽宁、内蒙古、海南、重庆、山西、河北、广东、河南、江西、贵州、青海等省（区、市）也落实了年度"村村通"工程建设资金，湖北省重视"村村通"长效机制的建立，落实每年维护经费 1000 万元，并为每个县配备了一辆"村村通"专用维护车辆。正是这一系列政策措施的实施，保证全国完成了 50 户以上已通电自然村"村村通"工程。

第四章

广播电视公共服务核心：内容

广播电视基础设施的覆盖为公共服务提供了基本保证，但中国广播电视公共服务职能的实现，核心还在于内容提供。判断广播电视是否提供了公共服务，以及提供的公共服务质量如何，最直接、最重要的考察方式是从节目内容层面进行考察。

节目是广播电视的终端产品，也是公共服务的最终体现，对节目内容进行详细分析，能够清晰地考察广播与电视两种媒介提供公共服务的共性与差异，从而获得更有针对性的解决方案。

第一节　我国公共广播电视节目设置状况

考察公共广播电视节目的设置情况，必须关注频率（道）和栏目两个层面。20 世纪 90 年代以来，电视卫星技术、有线电视技术、广播调频技术以及数字化技术的飞速发展带来了广播电视的多频率（道）开发。随着媒体以频率（道）为单位的管理机制逐渐实行，标志着我国广播电视频率（道）化时代的来临。[1] 当代的广播电视正是紧紧围绕频率（道）定位来进行节目设置的，频率（道）是节目的集纳器，节目是频率（道）的主干内容。同时，电视节目"栏目化"作为广播电视业发展和社会受众需求双向促进的结果，成为节目设置的主流方式。因此，用定量研究的方法，从频率（道）的分布状况和栏目设置情况两个层面对全国广播电视进行考察，构成如下基本状况。

一、全国广播频率分布

我们从全国广播电视频率（道）分布的地域属性、对象属性、民族属性、

---

① 石长顺：《当代电视实务教程》，复旦大学出版社 2007 年版，第 366 页。

内容属性等方面展开研究，在研究方法上作如下说明：

1. 样本选择。严格依据《中国广播电视年鉴（2010）》"节目设置与播出"栏所列资料来源，对所有中央和省级广播电视频率（道）进行分类统计分析。

2. 类目建构。在尽可能弱化误差和保持严谨性的基础上，本着方便研究的原则，建构了如下类目：a. 分布地域，以广播电视机构所属的地域范围为标准，包括东部、中部和西部三个地域，①以考察地域分布均衡问题；b. 针对对象，包括农民、少儿、老年人、妇女、残疾人和其他（即前述特殊对象以外的所有其他对象），以考察提供给不同对象的公共服务是否平衡，是否顾及弱势群体；c. 民族属性，包括少数民族、非少数民族，以考察广播电视频率（道）公共服务是否顾及少数族群；d. 内容分布，分为新闻综合（新闻为主）、娱乐（综艺文艺为主）、社教（科教文化为主）、服务（生活与服务信息为主）、其他（前述内容之外），以考察公共服务内容均衡问题。

3. 资料统计与分析。主要采用 SPSS for Windows 17.0 进行量化统计分析，分析方法主要采用频率分析和交叉表分析。

表 4.1 至表 4.7 为全国广播频率的地域分布、对象构成、民族构成、内容分布状况。

表 4.8 至表 4.14 为全国电视频道的地域分布、对象构成、民族构成、内容分布状况。

（一）广播频率地域构成，见表 4.1。

---

① 将我国划分为东部、中部、西部三个地区始于 1986 年，由全国人大六届四次会议通过的"七五"计划正式公布。后经多次调整到目前，东部包括北京、天津、河北、辽宁、上海、江苏、浙江、福建、山东、广东和海南等 11 个省（市）；西部包括四川、重庆、贵州、云南、西藏、陕西、甘肃、青海、宁夏、新疆、广西、内蒙古等 12 个省（市）；中部包括山西、吉林、黑龙江、安徽、江西、河南、湖北、湖南等 8 个省。

表4.1　全国广播频率地域分布表

地域＼频率		数量	所占比例	平均每省数量
分布地域	东部	124	48.2%	11.27
	中部	61	23.7%	7.63
	西部	72	28.0%	6.00
	合计	257	100.0%	

由表4.1可知，在中央与省级广播频率的全国地域分布中，呈现出异常明显的地域分布不均衡的特征。

东部地区的广播频率数量最多，占全国比例最大（48.2%），远远多于中部和西部的频率数量和所占比例（23.7%，28.0%）。再从平均数量上看，东部地区广播频率平均每省数量（11.27）也远远超过中部（7.63）和西部（6.00）的平均每省数量。这个结果，一方面表明广播电视业的发展水平与地区经济社会发展程度直接相关，如东部地区经济社会相对发展得好，其广播媒介资源则更多。另一方面，从公共服务的角度来说，广播频率分布的失衡有违公共服务原则，这是不合理的一面，亟需给予充分关注。

（二）广播频率的对象构成，见表4.2、4.3。

表4.2　全国广播频率的对象构成表

对象＼频率		数量	所占比例	累积百分比
对象构成	农民	12	4.7%	4.7%
	少儿	5	1.9%	6.6%
	老年	1	0.4%	7.0%
	妇女	2	0.8%	7.8%
	残疾人	0	0.0%	7.8%
	其他	237	92.2%	100.0%
	合计	257	100.0%	

由表4.2可知，在中央与省级广播频率的对象构成方面，也呈现出不均衡的特征，弱势群体的总体份额只有7.8%，而面向其他公共性的频率则高达92.2%，对比差距极为悬殊。

在我国，农民占据中国人口的大多数，农业是国富民强的重要基础，而专门针对农民群体的广播频率仅占全国比例的 4.7%，这个结果或与媒介市场化直接相关，广播媒介的对象主要集中在城市市民之中，而非农村之农民。随着中国社会的全面深入转型，农民俨然沦为新型弱势群体。而专门面向少儿、老年、妇女群体的广播频率所占比重更是微不足道，分别为 1.9%、0.4% 和 0.8%。此外，针对残疾人的广播频率更是为零。相对而言，针对其他一般对象的广播频率占据全国的绝大部分（92.2%）。因此，这一结果表明，专门针对广大弱势群体的广播频率数量和所占比例远远不够，亟需加强。

表 4.3　全国广播频率不同地域的对象构成比较表

地域＼对象			对象						合计
			农民	少儿	老年	妇女	残疾人	其他	
地域	东部	数量	3	2	1	0	0	118	124
		所占比例	2.4%	1.6%	0.8%	0.0%	0.0%	95.2%	100.0%
	中部	数量	7	0	0	2	0	52	61
		所占比例	11.5%	0.0%	0.0%	3.3%	0.0%	85.2%	100.0%
	西部	数量	2	3	0	0	0	67	72
		所占比例	2.8%	4.2%	0.0%	0.0%	0.0%	93.1%	100.0%
合计		数量	12	5	1	2	0	237	257
		所占比例	4.7%	1.9%	0.4%	0.8%	0.0%	92.2%	100.0%

由表 4.3 可知，中央与省级广播频率不同地域的对象构成情况呈现出极为复杂的面貌，各个地域对弱势群体重视都很不够，不同地域对各个不同弱势群体表现又有所不同。

首先，从不同地域来看，东部地区的广播频率在各个弱势群体对象中分布的比重，农民频率所占比例相对较高（2.4%），少儿和老年频率所占比例较低（1.6%，0.8%），而妇女频率显示为零。中部地区的广播频率分布差异更大，农民频率在弱势群体中所占比重达到 11.5%，这可能与中部地区的农业产业比重有关。其次是妇女频率占 3.3%，而少儿和老年频率皆为零。西部地区的广播频率分布差异也很大，少儿频率所占比重最大（4.2%），其次是农民频率占 2.8%，老年和妇女频率却皆为零。

接着，我们对东部、中部、西部从不同对象间进行横向比较，发现在农民频率分布上，中部状况远好于东部和西部；少儿频率分布上，西部反而最高，中部为零；老年频率，表现都非常弱，中部、西部甚至都为零；妇女频率分布，中部稍好，东部、西部则为零；所有地域皆缺失专门面对残疾人的广播频率。

因此，各个地域皆需加强面向不同弱势群体对象的广播频率。具体来说，东部和西部皆需建设妇女频率，以服务于广大女性听众的广播需求；同时，中部和西部皆需建立老年频率，以与中国日趋"老龄化"的社会状态接轨，满足日益扩大的老年听众的需求；另外，中部地域亟需建立专门的少儿频率，以弥补这一重大缺失；建立专门面对残疾人的频率也应适时提上日程，这也关乎公共服务的平等法则。

（三）广播频率的民族构成，见表4.4、4.5。

表4.4 全国广播频率的民族构成表

民族 频率		数量	所占比例	累积百分比
民族构成	非少数民族	243	94.6%	94.6%
	少数民族	14	5.4%	100.0%
	合计	257	100.0%	

由表4.4可知，在中央与省级广播频率的民族构成方面，非少数民族与少数民族相差极大，对少数民族关注明显不足。

针对非少数民族的广播频率占据了全国广播频率的绝大多数（94.6%）。而少数民族人口已占全国总人口8.41%的比重，①得到的广播频率分配额却仅占全国广播频率的5.4%。因此，全国广播频率的民族构成不合理，如果按照公共服务的均等化原则，针对少数民族的广播频率需要进一步增大比重。

---

① 全国第六次人口普查数据目前尚未公布，此为全国第五次人口普查数据。中华人民共和国国家统计局，全国人口普查公报 [Z]. http：//www. stats. gov. cn/tjgb/rkpcgb/qgrkpcgb/t20020331_15434. htm, 2001－05－15.

表4.5 全国广播频率不同地域的民族构成比较表

地域\民族		民族		合计
		非少数民族	少数民族	
地域	东部 数量	122	2	124
	东部 所占比例	98.4%	1.6%	100.0%
	中部 数量	60	1	61
	中部 所占比例	98.4%	1.6%	100.0%
	西部 数量	61	11	72
	西部 所占比例	84.7%	15.3%	100.0%
合计	数量	243	14	257
	所占比例	94.6%	5.4%	100.0%

由表4.5可知，中央与省级广播频率不同地域的民族构成状况呈现出相当大的差异，东部和中部对少数民族的重视不足，西部则较强。

在东部和中部区域，专门针对少数民族的广播频率所占该地域频率总量比重很低，都仅为1.6%，而在西部地区则突出强化，达到了15.3%。之所以出现这个情况，一方面有其合理性，众所周知中国少数民族有"大杂居、小聚居"的分布特点，其集中分布的主要地理区域是中国西部地区，因此在祖国西部加强少数民族的广播频率是符合实际状况的，很好地体现了服务少数族群的原则。但是另一方面，也正是因为"大杂居"的特点，在东部和中部地区仍然有很多的少数民族采取"小聚居"的方式，其分布也较为广泛，对于这一族群的广播频率建设也需要一定程度的强化，虽然有些地方电台已经开辟了少数民族频率，但是从全国来看为数尚少，应予加强。鉴于东部和中部地区少数民族分布的"小聚居"特点，建议可从地方性广播频率入手加强建设少数族群频率，从而使得该频率的针对性更强，以提供更有效的公共服务。

（四）广播频率内容构成。见表4.6，4.7。

表4.6　全国广播频率的内容分布表

内容＼频率		数量	所占比例	累积百分比
内容分布	新闻综合	81	31.5%	31.5%
	娱乐	74	28.8%	60.3%
	服务	74	28.8%	89.1%
	社教	6	2.3%	91.4%
	其他	22	8.6%	100.0%
	合计	257	100.0%	

由表4.6可知，中央与省级广播频率的内容分布不均，总体情况是重新闻、娱乐和服务类频率，而轻社教类频率。

新闻综合的广播频率占到总数的近三分之一（31.5%），这个比重还是比较合理的，媒体的第一功能本就是提供新闻信息，这是公共服务至关重要的方面，因此广播媒体在新闻信息功能方面表现良好。娱乐内容和服务内容为主的广播频率所占的比重正好相等（28.8%），娱乐和服务当然也都是公共服务的重要内容，受到了相当重视。而作为公共服务重要一项的社教内容，以之为主的广播频率却没有得到合理对待，所占全部频率的比重极低，仅有2.3%，需要引起有关方面注意。

表4.7　全国广播频率不同地域的内容分布比较表

地域＼内容			内容					合计
			新闻综合	娱乐	社教	服务	其他	
地域	东部	数量	36	45	3	29	11	124
		所占比例	29.0%	36.3%	2.4%	23.4%	8.9%	100.0%
	中部	数量	17	16	1	24	3	61
		所占比例	27.9%	26.2%	1.6%	39.3%	4.9%	100.0%
	西部	数量	28	13	2	21	8	72
		所占比例	38.9%	18.1%	2.8%	29.2%	11.1%	100.0%
合计		数量	81	74	6	74	22	257
		所占比例	31.5%	28.8%	2.3%	28.8%	8.6%	100.0%

由表4.7可知，中央与省级广播频率不同地域的内容分布状况较为复杂，

有一个共同点是各个地域在社教内容上都是很弱的，在其他内容分布上则表现不同。

先从不同地域分别来看，东部地区最突出的是以娱乐为主要内容的频率，占据三分之一强（36.3%），其次是新闻综合和服务内容为主的频率，分别占29%和23.4%，再次是社教为主的频率，仅占2.4%。中部地区占比重最大的是服务内容为主的频率，占据39.3%，远远高于新闻综合和娱乐为主的频率，社教为主的频率仅占1.6%。西部地区则尤其突出了新闻综合频率，占据比例达38.9%，明显高于服务为主的频率（29.2%），娱乐为主的频率则明显处于弱势（18.1%），最后为社教（2.8%）。

再从不同地域的内容分布比较来看，新闻综合频率，西部占据比重明显高于东部和中部；以娱乐为主的频率分布，则是东部远高于中部和西部；社教为主的频率，在三个地域都非常薄弱；服务为主的频率，中部远超东部和西部地区。

因此，我们认为，东部、中部、西部地区皆需强化社教为主的广播频率，此外，东部还应加强新闻综合和服务为主的频率，中部需强化新闻综合频率，西部则可适当少量增加娱乐为主的频率。

二、全国电视频道分布

明晰了全国广播频率的分布失衡状况后，我们再来分析全国电视频道的分布状况，并试图将电视频道和广播频率进行对比，找出其中的异同，以便更有针对性地改善广播电视的频率（道）建设，提升广播电视的公共服务水平。详见表4.8至表4.14的统计分析。

（一）电视频道地域构成。见表4.8。

表4.8　全国电视频道地域分布表

地域　　頻道		数量	所占比例	平均每省数量
地域	东部	184	52.1%	16.73
	中部	73	20.7%	9.13
	西部	96	27.2%	8.00
	合计	353	100.0%	

由表4.8可知，在中央与省级电视频道的全国分布中，地域差别非常明显，东部地区明显强于中部和西部地区。

东部地区的电视频道数量最多、占全国比例最大（52.1%），大大超过中部和西部的频道数量和所占比例（20.7%，27.2%）。从平均每省数量上看，东部地区电视频道的平均每省数量（16.73）更是远超中部（9.13）和西部（8.00）的平均每省数量。从这个意义上说，中部和西部的电视频道建设远远落后于东部地区。

这个研究结果和前面分析的全国广播频率地域分布比较来看，呈现了一定相似性，即地域经济社会发展程度及西部地区开发的特殊需求，使电视频道发展呈正比例关系，而在中部地区则缺乏上述特殊条件，致使电视频道分布极不平衡。

另外，我们通过数据比较分析还有两个重要发现：一是东部、中部和西部的电视频道发展情况普遍比广播频率的发展情况要好；二是就东部与中部、西部的发展差距而言，电视频道的差距比广播频率的差距更大，即电视频道偏离公共服务均等化的距离更远。

（二）电视频道对象构成。见表4.9，4.10。

表4.9 全国电视频道对象构成表

对象　　　频道	数量	所占比例	累积百分比
农民	9	2.5%	2.5%
少儿	25	7.1%	9.6%
老年	1	0.3%	9.9%
妇女	2	0.6%	10.5%
残疾人	0	0.0%	10.5%
其他	316	89.5%	100.0%
合计	353	100.0%	

（对象）

由表4.9可知，在中央与省级电视频道的对象构成方面，对各个弱势群体皆未给予充分重视，同时针对各个对象的频道分布极不均衡。

从各个不同对象的电视频道来看，农民频道仅占全国中央与省级频道的2.5%，比农民广播频率占的比重（4.7%）还要少。少儿频道占据7.1%，是所有弱势群体对象中占比重最大的。针对老年、妇女的电视频道所占比重极低（0.3%，0.6%），两项之和竟然占不到1%，而且只有唯一的一个老年频道还是数字付费频道，这与广播频率相比问题要严重得多。针对残疾人的电视频道缺失，与广播频率一致。针对一般对象的电视频道占据全国的近百分之九十

（89.5%），略低于广播频率的比重（92.2%）。

因此，应当进一步强化针对广大弱势群体的电视频道建设，尤其是发展面向农民、老年、妇女和残疾人的电视频道，以平衡目前严重的失衡状况。

表4.10　全国电视频道不同地域的对象构成比较表

地域 \ 对象			对象						合计
			农民	少儿	老年	妇女	残疾人	其他	
地域	东部	数量	6	16	0	0	0	162	184
		所占比例	3.3%	8.7%	0.0%	0.0%	0.0%	88.0%	100.0%
	中部	数量	2	4	1	1	0	65	73
		所占比例	2.7%	5.5%	1.4%	1.4%	0.0%	89.0%	100.0%
	西部	数量	1	5	0	1	0	89	96
		所占比例	1.0%	5.2%	0.0%	1.0%	0.0%	92.7%	100.0%
合计		数量	9	25	1	2	0	316	353
		所占比例	2.5%	7.1%	0.3%	0.6%	0.0%	89.5%	100.0%

由表4.10可知，中央与省级电视频道不同地域的对象构成情况与广播频率的对象构成情况相似，只有很少频道是专门针对广大弱势群体的，绝大部分对象针对的是一般受众对象，各个地域对弱势群体重视都很不够，不同地域对各个不同弱势群体表现也有所不同。

首先，从不同地域来看，东部地区的电视频道分布在各个弱势群体的比例之中，少儿频道占比例最高（8.7%），农民频道所占比例位居其次（3.3%），老年、妇女、残疾人频道全部缺失。中部地区的电视频道分布中，也是少儿频道占据比例最大（5.5%），农民频率所占比例位居其次（2.7%），老年和妇女频道所占比例更低，都是占1.4%，而残疾人频道同样缺失。西部地区的电视频道分布差异也很大，少儿频道所占比重最大（5.2%），其次是农民和妇女频道都是占据1%，老年频道和残疾人频道皆为零。

接着，我们对东部、中部、西部从不同对象横向比较来看：农民频道分布上，东部相对较强，西部最弱。在少儿频道分布上，依然是东部强，西部弱。老年频道，表现都非常弱，东部、西部更是为零。在妇女频道分布上，中部和西部很弱，东部则为零。与广播频率相同，所有地域皆缺失专门面对残疾人的电视频道。

因此，东部、中部、西部地区皆需加强针对弱势群体的电视频道，东部尤其需要建立老年人和妇女为对象的电视频道，解决此类频道缺失的问题；中部需同时强化老年人、妇女和农民电视频道；西部地区需建立老年频道，同时强化农民和妇女频道。专门面对残疾人的频道也应适时建立，逐步趋向公共服务的无歧视化、平等化。

（三）电视频道民族构成。见表4.11，4.12。

表4.11　全国电视频道民族构成表

民族 ＼ 频道		数量	所占百分比	累积百分比
对象	非少数民族	346	98.0%	98.0%
	少数民族	7	2.0%	100.0%
	合计	353	100.0%	

由表4.11可知，在中央与省级电视频道的民族构成方面，非少数民族与少数民族差异特别显著，少数族群频道十分匮乏。

针对非少数民族的电视频道占据了全部中央和省级电视频道的98%，这比广播频率情况（94.6%）更为严重，针对少数民族的电视频道仅占2%，比广播频率（5.4%）更少。由此可见，全国电视频道的民族构成比广播频率的民族构成更加不合理，电视频道需要给予少数族群以更多重视，尽早扩充针对少数族群的电视频道，方能更好地服务于少数族群的利益，实现电视真正意义上的公共服务。

表4.12　全国电视频道不同地域的民族构成比较表

地域 ＼ 民族			民族		合计
			非少数民族	少数民族	
地域	东部	数量	184	0	184
		所占比例	100.0%	0.0%	100.0%
	中部	数量	73	0	73
		所占比例	100.0%	0.0%	100.0%
	西部	数量	89	7	96
		所占比例	92.7%	7.3%	100.0%
合计		数量	346	7	353
		所占比例	98.0%	2.0%	100.0%

由表 4.12 可知，中央与省级电视频道不同地域的民族构成状况呈现出显著差异，东部和中部完全忽视了少数民族的收视需求，西部则比较重视少数族群的利益。

在东部和中部地区，专门针对少数民族的电视频道皆为零，这比广播频率（1.6%）的状况更为严重。在西部地区，共有 7 个频道专门针对少数民族播出，占西部电视频道的 7.3%，虽然这与西部广播频率（15.3%）的状况相差甚远，但毕竟开办有专门服务少数族群的电视频道。

东部和中部地区少数族群频道为零的状况应当深切反思并尽快改变。尤其东部地区有着雄厚的经济基础和丰富的频道资源，完全具有开办少数族群频道的实力，这是电视媒体义不容辞的社会公共责任。建议少数族群电视频道与广播频率携手合作，资源共享以求共同发展，可以先从地方性电视频道入手建立少数族群的地方频道，再渐进地发展省级乃至全国性的少数族群频道。

（四）电视频道内容构成。见表 4.13，4.14。

表 4.13　全国电视频道的内容分布表

内容	频道	数量	所占比例	累积百分比
内容	新闻综合	68	19.3%	19.3%
	娱乐	106	30.0%	49.3%
	社教	40	11.3%	60.6%
	服务	62	17.6%	78.2%
	其他	77	21.8%	100.0%
	合计	353	100.0%	

由表 4.13 可知，中央与省级电视频道的内容分布失衡，娱乐凸显，其他皆弱，并且呈现出频道多元化的发展趋势。

娱乐为主的电视频道占到总数的 30%，在这里电视的娱乐功能得到大大强化，这个比重远远超过其他各项。新闻综合类的频道占总量的 19.3%，比例是明显偏低的，相对于广播频率中的比重（31.5%）而言就更低了，这说明电视的新闻信息功能没有得到充分发挥。服务内容为主的电视频道所占比重为 17.6%，同样明显低于广播频率所占的比重（28.8%）。而社教内容为主的电视频道所占全部频率的比重最低，仅有 11.3%，但与广播频率中的比重（2.3%）相比，已经有所完善。此外，以其他内容为主的电视频道规模也相当可观，占据总量的 21.8%，仅次于娱乐频道（30%），与广播频率比重（8.6%）相比强过甚多，这说明在我们平常所认为的若干基础性的常规频道之外，还开发出了更多的频道类型，频道内容得到了很大开拓，一定程度上反映了电视频道日益多元化的发展趋势。

由此，我们认为，电视频道的内容分布失衡状况应引起足够重视，尤其是娱乐频道一支独大的局面需要有关方面重视和改进，否则将影响到电视媒体的公共服务质量，导致电视公共服务功能的偏颇。此外继续保持并理性地促进电视频道的多元化发展，以满足广大观众对电视媒体日益多元化的收视需求，这也是电视公共服务的题中应有之义。

表 4.14　全国电视频道不同地域的内容分布比较表

地域＼内容			内容					合计
			新闻综合	娱乐	社教	服务	其他	
地域	东部	数量	35	57	25	26	40	183
		所占比例	19.1%	31.1%	13.7%	14.2%	21.9%	100.0%
	中部	数量	13	17	10	16	17	73
		所占比例	17.8%	23.3%	13.7%	21.9%	23.3%	100.0%
	西部	数量	20	31	5	20	20	96
		所占比例	20.8%	32.3%	5.2%	20.8%	20.8%	100.0%
合计		数量	68	105	40	62	77	352
		所占比例	19.3%	29.8%	11.4%	17.6%	21.9%	100.0%

由表 4.14 可知，中央与省级电视频道不同地域的内容分布状况较为复杂，各个地域在内容分布上有所不同，但有一个相似之处是社教内容都是最弱的。

首先，分别来看不同地域的状况，东部地区最突出的是以娱乐为主要内容的频道，占据 31.1% 的比重，这与广播频率的比重（36.3%）相近；其次是新闻综合和"其他"内容的频道，分别占 19.1% 和 21.9%，社教和服务为主频道占比重偏低，分别为 13.7% 和 14.2%。中部地区占比重最大的是娱乐频道和"其他"内容的频道，都同样占据 23.3%，紧接着的是服务频道占据 21.9%，这个比重较为合理，显示出电视较好地发挥了服务功能，但是新闻综合和社教频道则明显偏低，仅分别占据 17.8% 和 13.7%。西部地区最突出的是娱乐频道，占据 32.3%，远超其他各频道，这与广播媒体突出新闻综合频率（38.9%）的状况大相径庭，新闻综合频道、服务频道和"其他"内容的频道皆为 20.8% 的比重，比重最低的为社教频道（5.2%）。

再对内容进行不同地域的比较，关于新闻综合频道，东部、中部和西部有着相近的表现，西部稍好，但皆需进一步加强；关于娱乐频道，东部、西部显著高于中部；关于社教频道，三个地域都占最低比重，西部尤其弱；关于服务频道，东部却明显低于中部和西部地区。另外，三个地域的"其他"内容的频道都占据了 20% 以上的比重，这反映了不同地域皆有频道多元化的发展态势。

东部、中部、西部地区都是社教频道最弱，需要进一步强化。同时东部地区应加强新闻综合和服务频道，中部地区需着重强化新闻综合频道，西部地区则需增强社教频道。

三、全国广播栏目构成

如果将全国广播电视频率（道）分布状况的分析看做是考察广播电视节目设置的第一个层面，那么分析栏目设置状况就是考察广播电视公共服务的第二个层面，两者相辅相成，共同构成了广播电视节目设置的完整面貌。

从电视节目的无序播出到电视节目的栏目化生存，这是电视媒体运作的一大进步，而一个栏目的设置首要问题是准确定位，具体来说包括栏目的对象、内容和形式定位。[①] 由此，我们将栏目设置理解为选择某个播出时段以一定方式向特定对象传达特定内容的行为和过程，其重点是设置栏目内容和播出时段。

我们从栏目对象、栏目时段、栏目内容以及栏目的民族构成等方面对全国广播电视栏目的设置状况展开研究，在研究方法上作如下说明：

1. 样本选择。考虑到广播和电视的不同情况，我们对广播媒体的栏目和电视媒体的栏目采取了不同的样本选取方式。

对于广播媒体的栏目，首先选取了中央人民广播电台所有频率的全部栏目，栏目资料来源于中国广播网最新公布的各个频率的节目播出时间表。然后考虑到我国有 31 个省级行政区，便从中抽取了 3 个省级行政区的人民广播电台所有频率的全部栏目，栏目资料来源于各省人民广播电台官方网站最新公布的各个频率节目播出时间表。关于选取的省份，应当在全国各个区域具有充分代表性，于是选取了东部的广东、中部的湖北和西部的陕西三个省份的广播电台，这样就基本保证了所选广播媒体栏目样本的代表性。

---

① 石长顺：《电视专题与专栏——当代电视实务教程》，复旦大学出版社 2009 年版，第 17～18 页。

对于电视媒体的栏目，我们依据最权威的全国性电视收视指南报——《中国电视报》（中央电视台和全国省级卫视）节目单进行数据统计。考虑到本研究作为国家课题应尽可能保持严密性，因此涉及的栏目应当涵盖日播节目和周播节目两种类型，选取完整一周（七天）的节目能够比较全面地反映出电视栏目的基本状况，于是我们抽取了 2010 年 12 月 6 日～12 月 12 日七天所有的电视栏目。虽然未统计地市级和县级电视台的栏目，但中央电视台各频道和省级卫视频道的栏目现状，基本反映出当今电视栏目的状况。

2. 类目建构。既要尽量保证严谨性，又要方便展开研究，我们建构了如下类目：

a. 栏目对象，包括"农民"、"少儿"、"老年"、"妇女"、"残疾人"和"其他"（即前面特殊对象以外的所有其他对象），以考察提供给不同对象的栏目是否平衡，是否顾及弱势群体。

b. 民族属性，包括"少数民族"、"非少数民族"，以考察广播电视栏目设置中少数族群节目的状况。

c. 栏目内容，分为"新闻综合"（新闻为主）、"娱乐"（综艺和文艺为主）、"社教"（科教文化为主）、"服务"（生活与服务信息为主）、"其他"（常规栏目内容之外的其他内容），以考察栏目内容是否均衡。

d. 栏目时段，历来对栏目时段的划分标准不一，但伴随媒介分众化、小众化的发展，广播电视栏目时段划分呈现出日益细化的趋势。一般来说，将电视栏目划分 7 个时段："早间段"（07 点～09 点）、"上午段"（09 点～12 点）、"午间段"（12 点～14 点）、"下午段"（14 点～19 点）、"晚间段"（19 点～22 点）、"夜间段"（22 点～24 点）、"午夜段"（00 点～07 点）。与电视栏目相对，我们根据广播自身的传播特点，将广播栏目时段略作调整："早间段"（06 点～09 点）、"下午段"（14 点～18 点）、"晚间段"（18 点～22 点），其他时段与电视相同，调整原因主要是考虑到广播媒体的自身特征和传播规律，如广播早间时段比电视提前一个小时是符合广播听众收听的规律的，而晚间时段从 18 点开始同样符合听众收听广播的习惯性需求。

3. 资料统计与分析。主要采用 SPSS for Windows 17.0 进行量化统计分析，分析方法主要采用频率分析和交叉表分析。

下面，我们将分析全国广播电视栏目设置的状况。

表 4.15 到表 4.19 具体统计分析全国广播栏目的内容分布、对象构成、民族构成情况。

表 4. 20 到表 4. 24 具体统计分析全国电视栏目的内容分布、对象构成、民族构成情况。

（一）广播栏目的内容构成。见表 4. 15，4. 16。

表 4. 15　全国广播栏目的内容分布表

内容　　　　　频道		数量	所占比例	累积百分比
栏目内容	新闻	159	17.5%	17.5%
	娱乐	429	47.2%	64.7%
	社教	51	5.6%	70.3%
	服务	213	23.4%	93.7%
	其他	57	6.3%	100.0%
	合计	909	100.0%	

由表 4. 15 可知，全国广播栏目的内容分布呈现出重娱乐栏目而轻其他栏目的显著特征，社教栏目明显不足。

从具体的数据分析来看，娱乐内容的栏目占据所有栏目内容将近一半的比重（47.2%），这意味着广大听众只要打开广播，就有二分之一的时间被娱乐选择。居第二位的是服务内容的栏目，占比重为 23.4%，相对较为合理。新闻内容的栏目仅占据 17.5%，这个比重明显偏低。新闻信息传播本应是新闻媒介的第一功能，但在广播栏目层面却并没有得到有效发挥。而社教内容的栏目更是稀少，仅占全部栏目的 5.6%，毫无疑问这也对广播媒体的公共服务造成负面影响，导致广播媒体公共服务产生偏颇。

表 4.16　全国广播栏目不同时段的内容分布表

时段 ＼ 内容			栏目内容					合计
			新闻综合	娱乐	社教	服务	其他	
时段	早间段 06～09 点	数量	45	45	6	20	5	121
		所占比例	37.2%	37.2%	5.0%	16.5%	4.1%	100.0%
	上午段 09～12 点	数量	25	60	11	43	5	144
		所占比例	17.4%	41.7%	7.6%	29.9%	3.5%	100.0%
	午间段 12～14 点	数量	21	61	6	19	4	111
		所占比例	18.9%	55.0%	5.4%	17.1%	3.6%	100.0%
	下午段 14～18 点	数量	24	102	7	53	12	198
		所占比例	12.1%	51.5%	3.5%	26.8%	6.1%	100.0%
	晚间段 18～22 点	数量	27	73	12	38	9	159
		所占比例	17.0%	45.9%	7.5%	23.9%	5.7%	100.0%
	夜间段 22～24 点	数量	9	40	3	11	10	73
		所占比例	12.3%	54.8%	4.1%	15.1%	13.7%	100.0%
	午夜段 00～06 点	数量	8	48	6	29	12	103
		所占比例	7.8%	46.6%	5.8%	28.2%	11.7%	100.0%
合计		数量	159	429	51	213	57	909
		所占比例	17.5%	47.2%	5.6%	23.4%	6.3%	100.0%

由表 4.16 可知，全国广播栏目在不同时段的内容分布上有几点共同之处，即各个时段皆为娱乐内容所占比重最大，社教内容所占比重最小，新闻内容比重有待增强。

分时段来看，早间段 06～09 点，新闻和娱乐内容同时占据最高的比重，均为 37.2%，作为广播频率的黄金时段之一，突出新闻功能是媒体义不容辞的公共责任，而娱乐功能的突出明显分流了听众。服务内容占据 16.5%，应适当强化，社教内容仅占 5%，需要大力加强。上午段 09～12 点，娱乐内容占据 41.7%，远远超过其他内容的比重，服务内容占据 29.9%，相对比较合理，新闻内容（17.4%）和社教内容（7.6%）皆需强化。午间段 12~14 点，娱乐内容急剧膨胀，达到 55% 的比重，新闻、服务、社教内容皆弱，这个时段同样是广播频率重要的黄金时段之一，公共服务功能产生严重偏移。下午段 14~18 点，同样由娱乐内容占据超过一半的比重（51.%），服务内容尚可（26.8%），新闻、社教内容明显弱化。晚间段 18~22 点，娱乐内容仍然高居首位（45.9%），其次是服务内容栏目占据 23.9%，较为合理，而其他内容皆弱。晚间作为广播频率又一个黄金时段，公共服务功能未得到有效发挥。夜间段 22~24 点，娱乐内容栏目占据 54.8%，比例仅次于中午黄金时段，其他内容栏目受到不同程度的削弱。午夜段 00 点~06 点，除了服务内容栏目设置（28.2%）较为合理外，同样是强化了娱乐内容（46.6%），而弱化了其他内容栏目。

通过各个时段的栏目内容分析可以看出，过度强化娱乐栏目就相应地弱化了其他内容的栏目，必然造成栏目内容设置的失衡。

（二）广播栏目的对象构成。见表 4.17，4.18

表 4.17 全国广播栏目的对象构成表

对象	频率	数量	所占比例	累积百分比
对象构成	农民	5	0.6%	0.6%
	少儿	1	0.1%	0.7%
	老年	31	3.4%	4.1%
	妇女	0	0%	4.1%
	残疾人	1	0.1%	4.2%
	其他	871	95.8%	100.0%
	合计	909	100.0%	

由表 4.17 可知，全国广播栏目的对象构成并不合理，栏目设置没有充分考虑到广大弱势群体，显然广播媒体在公共服务价值和经济利益价值之间没有得到平衡发展。

从具体的数据统计来看，专门针对农民的栏目仅占所有栏目的 0.6%，无法满足农民真实的栏目收听需求；少儿栏目和残疾人栏目都仅占 0.1% 的比重，弱势群体的广播收听权益没有得到公正对待，公共服务存在严重偏颇；老年节目是所有特殊对象中比重最高的，但也仅占到 3.4%，不符合中国日益老龄化的社会格局；妇女栏目为零，更是呈现完全缺失状态，构成实际的性别歧视，不符合公共服务价值。特殊对象之外的其他对象的栏目占到 95.8%，这意味着能够专门提供给各个弱势群体的栏目总共仅剩下 4.2% 的空间。

随着我国经济实力的飞速发展、政治民主化的日益提高、社会文化的不断进步和广播资源的日益丰富，应当更多地支持和创办一批专门服务于各类弱势群体的广播栏目，从而真正落实广播公共服务的责任。

表 4.18 全国广播栏目不同时段的对象构成表

时段＼对象		栏目对象						合计
		农民	少儿	老年	妇女	残疾人	其他	
早间段 06~09 点	数量	0	0	3	0	1	117	121
	所占比例	0.0%	0.0%	2.5%	0%	0.8%	96.7%	100.0%
上午段 09~12 点	数量	0	0	4	0	0	140	144
	所占比例	0.0%	0.0%	2.8%	0%	0.0%	97.2%	100.0%
午间段 12~14 点	数量	1	0	3	0	0	107	111
	所占比例	0.9%	0.0%	2.7%	0%	0.0%	96.4%	100.0%
时段 下午段 14~18 点	数量	0	0	5	0	0	193	198
	所占比例	0.0%	0.0%	2.5%	0%	0.0%	97.5%	100.0%
晚间段 18~22 点	数量	4	1	5	0	0	149	159
	所占比例	2.5%	0.6%	3.1%	0%	0.0%	93.7%	100.0%
夜间段 22~24 点	数量	0	0	2	0	0	71	73
	所占比例	0.0%	0.0%	2.7%	0%	0.0%	97.3%	100.0%
午夜段 00~06 点	数量	0	0	9	0	0	94	103
	所占比例	0.0%	0.0%	8.7%	0%	0.0%	91.3%	100.0%
合计	数量	5	1	31	0	1	871	909
	所占比例	0.6%	0.1%	3.4%	0%	0.1%	95.8%	100.0%

由表 4.18 可知，全国广播栏目不同时段的对象构成显著失衡，各个不同时段的栏目设置都只强调一般的大众性栏目设置，而没有充分顾及弱势群体利

益，尤其是妇女栏目在所有时段都呈缺失状态。

从统计中清晰可见，所有时段都将超过90%的栏目设定为一般大众性栏目，只有不到10%的比重为各个特殊对象群体栏目，这样造成一个很不利的结果，即每个时间档都会出现某些弱势群体栏目的极度弱化甚至缺失。具体分时段来看，早间段06～09点，老年栏目和残疾人栏目比重极低，分别占2.5%和0.8%，农民栏目和少儿栏目完全缺失；上午段09～12点，特殊对象型栏目仅有老年栏目占据2.8%的比重，其他弱势群体栏目皆为零；午间段12～14点，老年和农民栏目各占2.7%和0.9%，其他弱势群体栏目为零；下午段14～18点，特殊对象型栏目中仅有老年栏目占2.5%，其他为零，这与上午段一致；晚间段18～22点，状况稍微好转，老年栏目占据3.1%，农民栏目占据2.5%，其他缺失；夜间段22～24点，特殊对象型栏目仅有老年栏目占据2.7%，其他皆为零，与上午段和下午段表现一致；午夜时段00点～06点，老年栏目较为空前突出，占据8.7%的比重，但其他特殊对象型栏目完全缺失。

因此，各个时段的栏目对象分析同样提示我们，栏目设置需要进一步考虑广大弱势群体的需求，唯有如此才能真正提供趋于公平、公正的公共服务栏目。

（三）广播栏目的民族构成。见表4.19。

表4.19 全国广播栏目的民族构成表

民族＼频率		数量	所占比例	累积百分比
民族	非少数民族	869	95.6%	95.6%
	少数民族	40	4.4%	100.0%
	合计	909	100.0%	

由表4.19可知，全国广播栏目的民族构成极不均衡，栏目设置没有充分顾及中华民族的多民族特征，少数族群的利益没有在广播栏目设置中充分考虑。

从具体数据看，非少数民族的栏目占了95.6%的比重，留给少数民族的栏目仅有4.4%，两相对比相差甚远，按照公共服务的均等化原则，所有民族都应该有平等地享用媒介资源的权利，而广播栏目的民族构成并没有实现均等，单从人口比重上来说，少数民族人口占全国人口的比重达 8.41%，① 严格来说，为其创办的少数族群栏目也至少应当按照这个比例设置，可是实际情形离此还有不小差距。

四、全国电视栏目构成

明晰了全国广播栏目设置的失衡状况后，我们再来分析全国电视栏目的设置状况，并试图将电视栏目和广播栏目的设置状况进行对比，找出异同，以便有所区分地改善广播电视的栏目设置状况，增强广播电视公共服务的有效性。

（一）电视栏目的内容构成。见表 4.20，4.21。

表 4.20　全国电视栏目的内容分布表

内容 \ 频道		数量	所占比例	累积百分比
内容	新闻	208	15.0%	15.0%
	娱乐	759	54.7%	69.7%
	社教	247	17.8%	87.5%
	服务	113	8.1%	95.6%
	其他	61	4.4%	100.0%
	合计	1388	100.0%	

由表 4.20 可知，全国电视栏目的内容分布显著失衡，呈现出异常鲜明的重娱乐内容轻其他内容的特征，而且比广播栏目内容失衡程度更严重。

从具体的数据统计来看，娱乐内容的栏目占据所有栏目内容的 54.7%，这比广播娱乐栏目 47.2% 的比重更高。社教内容和新闻内容的栏目所占比例相近，各占 17.8% 和 15%，其中新闻栏目的比重与其享有媒介"第一功能"的荣誉很不相称。而服务内容的栏目比重仅占 8.1%，有待进一步加强。

电视栏目的内容分布呈现出过分偏向于娱乐内容，而娱乐功能的凸显导致新闻、服务等其他功能弱化，这是电视媒体商业化和市场化运营的结果，不利于电视媒体公共服务的有力开展。

① 此为全国第五次人口普查数据。中华人民共和国国家统计局，全国人口普查公报［Z］．http://www.stats.gov.cn/tjgb/rkpcgb/qgrkpcgb/t20020331_15434.htm，2001-05-15．

表 4.21 全国电视栏目不同时段的内容分布表

时段 \ 内容		栏目内容					合计
		新闻综合	娱乐	社教	服务	其他	
早间段 07~09 点	数量	29	62	24	11	2	128
	所占比例	22.7%	48.4%	18.8%	8.6%	1.6%	100.0%
上午段 09~12 点	数量	13	99	25	10	3	150
	所占比例	8.7%	66.0%	16.7%	6.7%	2.0%	100.0%
午间段 12~14 点	数量	31	68	36	15	8	158
	所占比例	19.6%	43.0%	22.8%	9.5%	5.1%	100.0%
下午段 14~19 点	数量	33	172	62	32	18	317
	所占比例	10.4%	54.3%	19.6%	10.1%	5.7%	100.0%
晚间段 19~22 点	数量	31	134	30	14	11	220
	所占比例	14.1%	60.9%	13.6%	6.4%	5.0%	100.0%
夜间段 22~24 点	数量	35	99	34	16	6	190
	所占比例	18.4%	52.1%	17.9%	8.4%	3.2%	100.0%
午夜段 00~07 点	数量	36	125	36	15	13	225
	所占比例	16.0%	55.6%	16.0%	6.7%	5.8%	100.0%
合计	数量	208	759	247	113	61	1388
	所占比例	15.0%	54.7%	17.8%	8.1%	4.4%	100.0%

由表 4.21 可知，全国电视栏目在不同时段的内容分布与全国广播栏目极为相近。在各个时段的常规基本栏目中，娱乐内容所占比重最大，社教内容所占比重最小，新闻内容则有待进一步强化。

分时段来看，早间段 07~09 点，娱乐内容占据近一半的比重（48.4%），远远高于占据第二位的新闻内容比重（22.7%）。新闻信息功能是第一功能，然而第一主打内容却是娱乐。社教内容的栏目所占比重（18.8%）较为合理，服务内容则明显较弱，仅占 8.6% 的比重。上午段 09~12 点，娱乐内容所占据的比重可谓空前绝后，竟然高达 66%，新闻内容急剧弱化，比重降低为

8.7%，仅略高于服务内容的比重（6.7%），社教内容相比早间段来说比重略有下降（16.7%）。午间段12~14点，娱乐内容比重仍居于第一位（43.0%），社教内容略有提升（22.8%），新闻内容的比重也相对于上午段提升了不少（19.6%），但仍略显不足，服务内容较弱，但比重略有提升（9.5%）。下午段14~18点，娱乐内容又提升至超过一半的比重（54.3%），社教内容位居第二，比重仍较为合理（19.6%），新闻内容和服务内容的栏目则明显弱化，所占比重都刚超过10%。晚间段18~22点，娱乐内容仍然高居首位（60.9%），接着是新闻内容（14.1%）和社教内容（13.6%）比重略显不足，服务内容更加趋弱（6.4%）。夜间段22~24点，娱乐内容栏目占据52.1%，其他内容栏目受到不同程度的削弱。午夜段00点~06点，娱乐内容比重高居55.6%，服务内容栏目最弱（6.7%），新闻和社教内容同样以16%的比重居中。

（二）电视栏目的对象构成。见表4.22，4.23。

表4.22　全国电视栏目的对象构成表

对象 \ 频道		数量	百分比	累积百分比
对象构成	农民	28	2.0%	2.0%
	少儿	128	9.2%	11.2%
	老年	1	0.1%	11.3%
	妇女	0	0.0%	11.2%
	残疾人	1	0.1%	11.4%
	其他	1230	88.6%	100.0%
	合计	1388	100.0	

由表4.22可知，全国电视栏目的对象构成极不平衡，电视栏目设置中绝大部分栏目资源分配给了一般大众，而对于特殊对象没有充分顾及，除了电视少儿栏目相对较强以外，其他各个特殊对象群体栏目要么比重极小，要么根本缺失。

从具体的数据统计来看，占比重最大的是特殊对象之外的其他一般对象栏目（88.7%），这样剩余栏目仅有11.3%提供给特殊对象。在这有限的栏目设置空间里，专门针对农民的电视栏目占所有栏目的2%，虽然比广播媒体的状况（0.6%）稍好，但与庞大的农民观众群情况不相符。少儿栏目占9.2%的比重，这是比较合理的，显示了电视媒体对少年儿童较高的关注和服务，这远远高于广播儿童栏目的微小比重（0.1%）。妇女栏目中原有中央电视台唯一的《半边天》，是一个以性别特征定位的专栏，是国内最早的女性栏目，但目前已经停播。老年栏目仅有中央电视台的《夕阳红》，2011年全新打造后整体节目从每周一至周日打通播出，周一至周六为"日播版"，周日播出"周末版"。但该栏目在统计分析中的比例微乎其微，几乎可以忽略不计。此外，统计数据中的残疾人栏目比重也微乎其微（0.1%）。

表4.23　全国电视栏目不同时段的对象构成表

时段 \ 对象			栏目对象						合计
			农民	少儿	老年	妇女	残疾人	其他	
时段	早间段 07~09 点	数量	1	16	1	0	1	109	128
		所占比例	0.8%	12.5%	0.1%	0.0%	0.8%	85.8%	100.0%
	上午段 09~12 点	数量	0	20	0	0	0	130	150
		所占比例	0.0%	13.3%	0.0%	0.0%	0.0%	86.7%	100.0%
	午间段 12~14 点	数量	6	13	0	0	0	139	158
		所占比例	3.8%	8.2%	0.0%	0.0%	0.0%	88.0%	100.0%
	下午段 14~19 点	数量	7	45	0	0	0	265	317
		所占比例	2.2%	14.2%	0.0%	0.0%	0.0%	83.6%	100.0%
	晚间段 19~22 点	数量	3	21	0	0	0	196	220
		所占比例	1.4%	9.5%	0.0%	0.0%	0.0%	89.1%	100.0%
	夜间段 22~24 点	数量	4	7	0	0	0	179	190
		所占比例	2.1%	3.7%	0.0%	0.0%	0.0%	94.2%	100.0%
	午夜段 00~07 点	数量	7	6	0	0	0	212	225
		所占比例	3.1%	2.7%	0.0%	0.0%	0.0%	94.2%	100.0%
合计		数量	28	128	1	0	1	1230	1388
		所占比例	2.0%	9.2%	0.1%	0.0%	0.1%	88.6%	100.0%

这些针对特殊群体或称为弱势群体的电视栏目不同于一般栏目，本应受到

特殊保护，属于政策保护型栏目，而非争抢收视率的市场竞争型栏目，不适宜遵循优胜劣汰原则。我们建议政府出台相关保护政策和具体实施策略，推动电视台制作和播出一批专门服务于特殊群体的优秀栏目。

由表 4.23 可知，全国电视栏目不同时段的对象构成很不合理，各个不同时段的栏目设置都仅突出一般大众性栏目，而广大弱势群体的收视需求没能得到合理满足，尤其是老年栏目和妇女栏目在所有时段皆呈缺失状态。

具体分时段来看，各个时段一般大众对象栏目皆占据绝大部分比重，弱势群体对象的栏目则在所有时段整体处于绝对弱势，其中老年和妇女栏目全部时段显示约为零。早间段 06～09 点，较为突出的特殊对象栏目是少儿栏目，占据 12.5% 的比重，而农民栏目和残疾人栏目比重极低，皆仅为 0.8%；上午段 09～12 点，特殊对象型栏目仅有少儿栏目占据 13.3% 的比重，其他弱势群体栏目皆为零；午间段 12～14 点，少儿栏目占据 8.2%，农民栏目占据 3.8%，其他弱势群体栏目皆为零；下午段 14～18 点，特殊对象型栏目中少儿栏目略有提升占 14.2%，农民则占据比重降为 2.2%，其他弱势群体对象栏目皆为零，这与上午段、午间段皆一致；晚间段 18～22 点，少儿栏目比重明显下降为 9.5%，农民栏目则降到 1.4%，其他则仍为零；夜间段 22～24 点，少儿栏目继续下降到了 3.7%，农民栏目则为 2.1%，其他皆为零；午夜段 00 点～06 点，农民栏目在所有弱势群体对象栏目中比重最高，却仅有 3.1%，略高于少儿栏目 2.7% 的的比重，其他特殊对象型栏目比重则依然缺失。

（三）电视栏目的民族构成。见表 4.24。

表 4.24　全国电视栏目的民族构成表

民族　　　　频道		数量	百分比	累积百分比
民族	非少数民族	1388	100.0%	100.0%
	少数民族	0	0.0%	100.0%
	合计	1388	100.0%	

由表 4.24 可知，全国电视栏目的民族构成失衡程度达到极致，在中央电视台的所有频道和全国所有的省级卫视频道中，竟然未发现一个专门服务于少数民族的栏目。

从具体数据看，非少数民族的栏目占了 100.0% 的比重，专门针对少数民族的栏目为零，这就完全将占全国 8.41%、拥有 1 亿多人口的少数民族同胞挡在了本应享有的专门栏目之外，遗憾的是新疆、西藏、内蒙古等少数民族聚居地的省级卫视都没有创办服务于少数族群的专门栏目。当然我们并不否定省级卫视之外的其他省级地面频道以及地市、县级电视台创办的少数族群栏目，或少数语种频道。我们认为中央电视台需要建立若干少数族群频道，因为央视是 56 个民族的央视，同时省级卫视作为覆盖面广、影响巨大的电视频道，至少应当在少数族群聚居地的省级卫视中创办一到两个专门服务于少数族群的栏目，这样既有利于促进公共服务的均等化，同时因其数量甚少而不会影响频道收视市场的大局。

因此，针对少数民族的电视栏目与针对弱势群体的栏目相似，都宜按照政策保护型栏目对待，应当给予其政策倾向性扶持，方能使电视公共服务均等化落到实处。

第二节　我国公共广播电视节目播出情况

为了更为详尽地探讨公共广播电视节目播出情况，我们将具体考察全国公共广播电视节目总体播出的内容、不同地域的播出内容以及播出语种情况等方面。通过分析发现，中国公共广播电视节目播出情况呈现出明显的内容失衡、地域性失衡以及播出语种失调等问题。此部分研究中的所有基础数据均来自历年出版的《中国广播电视年鉴》。

关于研究方法略作说明：

1. 为了研究公共广播电视节目播出的内容情况，我们选取了全国公共广播电视节目最近五年的播出数据，以求较充分地反映出节目播出的内容状况，节目类型亦按照中国广播电视年鉴的划分类型，以保持节目数据和节目类型的一致性，同时为了清晰考察广播和电视的节目播出内容方面的不同表现，特将广播和电视分开进行统计分析；

2. 为了研究公共广播电视节目播出的地域性情况，考虑到所选样本应具备代表性和典型性，我们根据最新出版的《中国广播电视年鉴（2010）》进行相关数据统计，即统计了东部、中部和西部 2009 年全年的所有节目播出数据，以尽力减少误差，保证研究的准确性；

3. 为了研究公共广播电视节目播出的语种情况，我们以《中国广播电视年鉴（2010）》所列出的"对国内广播语言使用种类"为基础，逐个进行鉴别，剔除了国外语言和国内非少数民族语言，最后得出国内少数民族语言广播的播出情况，如下各表分析。

一、公共广播电视节目播出的类型失衡

表 4.25　最近五年（2005～2009）全国公共广播节目播出情况表（单位：万小时）

年份 \ 节目	新闻资讯类	专题服务类	综艺益智类	广播剧类	广告类	其他类
2005	209.89	239.95	311.25	41.18	92.71	132.12
2006	214.65	243.27	326.25	42.84	99.95	154.41
2007	222.90	253.59	326.47	48.69	103.22	172.38
2008	230.40	260.21	338.15	50.61	108.63	174.97
2009	241.63	273.81	349.53	53.85	113.54	194.21
合计	1119.47	1270.83	1651.64	237.17	518.05	828.08
均值	223.893	254.17	330.33	47.43	103.61	165.62

由表 4.25 可以看出，全国公共广播节目播出内容呈现显著失衡，虽然各类节目播出时长都呈现逐年增长状态，但各类节目内容播出的份量差别却非常之大。

从 2005 年到 2009 年间广播节目播出总体状况来看，各个节目类型的播出时长都在以不同的速度增长，呈现全面增长之势，这个态势是良好的，说明我国公共广播节目播出日益繁荣，并日渐趋于丰富化和多样化。但是，从不同类型节目的播出时长进行比较之后发现，各个节目类型在 2005 年到 2009 年间的播出时长，排位第一的始终是综艺益智类节目，且每年的播出时长都远远超过排位第二的专题服务类节目，新闻资讯类节目播出时长则都是排在第三位，排在第四位的是其他类节目，这反映了随着我国公共广播媒介的不断发展，节目日趋多样化了。广播剧类的节目播出时长始终处于最末位，甚至远远不及广告类节目的播出时长，而广播剧在电视迅速普及之前曾经是最火的广播节目类型之一，现在它的地位被电视剧代替了。

因此，我们发现，全国公共广播节目播出内容并没有平衡各个方面的功能，相反强化了综艺益智类节目，弱化了新闻资讯类节目和广播剧类节目，广播俨然成了"娱乐媒介"，广播媒体的公共服务价值未能得到充分体现。

表 4.26 最近五年 (2005～2009) 全国公共电视节目播出情况表 (单位：万小时)

年份 节目	新闻资讯类	专题服务类	综艺益智类	影视剧类	广告类	其他类
2005	147.21	135.14	116.74	559.90	148.06	152.11
2006	159.03	139.50	121.98	607.08	178.01	154.85
2007	171.33	149.74	126.09	652.13	190.18	165.19
2008	181.40	157.62	121.41	662.90	198.62	173.38
2009	195.97	170.32	131.47	698.21	204.70	177.00
合计	854.94	752.32	617.69	3180.23	919.57	822.53
均值	170.99	150.46	123.54	636.05	183.92	164.51

由表 4.26 可以看出，全国公共电视节目播出内容的失衡程度远比广播媒体严重得多，虽然各类节目播出时长也基本都呈逐年增长的态势，但各类节目内容播出量的差别相比广播媒体来说却是更为明显了。

从 2005 年到 2009 年间电视节目播出总体状况来看，不同类型节目的播出时长呈现出以下特点：（一）影视剧类节目的播出时长占据着绝对优势，可谓影视剧支撑起了电视媒介的半壁江山；（二）历年来综艺益智类节目的播出时长是所有节目类型中播出时长最低的，这与广播相反；（三）广告类节目播出时长，除了 2005 年外，其他各个年份的播出时长均明显超过影视剧类节目外其他各种类型节目的播出时长，而广告直接为电视媒体带来的就是广告费，即经济收益。

我们将全国公共电视节目播出的情况和全国公共广播节目播出的情况进行比较，发现略有不同，排在第一位的广播节目类型中，综艺益智类节目居首，电视节目中则是影视剧类节目居首，虽然节目类型不同，但其支配力量都是市场利益而非公众利益，因此经济效益和社会效益之间杠杆没能平衡。电视媒体排在第二位的是广告类节目，这为电视媒体带来了巨大的经济收益，广播媒体排在第二位的是专题服务类节目，这凸显了广播在服务节目方面的不懈努力，从这点来看，广播媒体比电视媒体在公共服务方面发展得更加合理一些。历年来广播节目播出时长排位第一的综艺益智类节目，在电视节目的播出时长排序中却处于最后一位，由此可见广播与电视播出的不同运作方式，综艺益智类节目对于广大听众来说更为轻松，且趣味性强，也有制作简单，交流性强的特点，在主持人和听众双向互动的过程中无形中提高了收听率。

总体看来，全国公共服务类电视节目和广播节目播出份额不大，今后应当围绕公共服务原则设置各类节目，力求节目内容播出的总体平衡。

二、公共广播电视节目播出的地域性失衡

就全国公共广播电视节目播出的总体而言，无论是东、中、西部公共广播节目播出情况还是其公共电视节目播出情况，都呈现出共同之处，即地域性失衡，几乎各种类型的广播电视节目播出情况皆表现出极不均衡的特征，一般是东部地区和中部地区强于西部地区。

以下是对 2009 年东、中、西部地区公共广播节目和公共电视节目播出情况的统计分析。所使用的基础数据源于最新出版的《中国广播电视年鉴（2010）》。

由表 4.27 可以看出，全国公共广播节目播出情况很不均衡，在东部、中部和西部之间呈现了鲜明的"阶梯型"特征，即东部的广播节目播出情况普遍强于中部，而中部的广播节目播出情况又普遍强于西部。

表 4.27 　东、中、西部公共广播节目播出情况比较表（单位：万小时）

地域	节目	新闻资讯类	专题服务类	综艺益智类	广播剧类	广告类	其他类
东部	总计	92.52	117.00	160.04	19.83	53.63	85.64
	平均	8.41	10.64	14.55	1.80	4.88	7.79
中部	总计	67.27	82.30	149.57	18.19	33.70	51.89
	平均	8.41	10.29	11.65	2.27	4.21	6.43
西部	总计	76.79	76.61	91.94	15.61	25.67	56.28
	平均	6.40	6.38	7.66	1.30	2.14	4.69

鉴于东部、中部和西部的省级行政区数量不等，因此，对各个地域以平均每省播出时长进行比较分析更符合实际。从"新闻资讯类"节目播出情况看，东部和中部的每省平均播出时长均为 8.41 万小时，西部每省平均时长则只有 6.4 万小时，相差很大。从"专题服务类"节目播出情况看，东部和中部相差不大，分别为 10.64 万小时和 10.29 万小时，而西部仅有 6.38 万小时，差距更为拉大。从"综艺益智类"节目播出时长看，东部明显强于中部，分别为 14.55 万小时和 11.65 万小时，而西部相比来说差距依然非常明显，仅为 7.66 万小时。"广播剧类"节目是各个节目类型中总体时长数量最少的，"广播剧

类"节目播出情况有了些许变化，中部远胜于东部和西部，占据首位，达到2.27万小时，东部和西部分别为1.8万小时和1.3万小时。广告类和其他类节目播出时长比较，东部强于中部和西部，西部最弱。

上述分析表明，应进一步强化西部地区的广播节目播出，力求达到地域的均衡，从而有利于公共服务均等化的进一步实现。

表 4.28　东、中、西部公共电视节目播出情况比较表（单位：万小时）

地域＼节目		新闻资讯类	专题服务类	综艺益智类	影视剧类	广告类	其他类
东部	总计	62.65	64.69	47.65	223.41	77.46	57.57
	平均	5.70	5.88	4.33	20.31	7.04	5.23
中部	总计	56.66	46.88	44.59	230.10	63.13	59.27
	平均	7.08	5.86	5.57	28.76	7.89	7.41
西部	总计	71.69	53.25	36.95	240.95	63.20	60.16
	平均	5.97	4.44	3.08	20.08	5.27	5.01

由表 4.28 可以看出，全国公共电视节目播出情况与全国公共广播节目播出情况相似之处是都呈现出不均衡的特征，西部地区的电视节目播出情况呈明显弱势，但电视节目播出的具体情形已然迥异于广播节目的播出情况，在三个地域中，中部地区绝大部分节目类型播出时长均居于首位，而最为发达的东部地区平均每省的节目播出时长却明显趋弱。

具体来分析，从"新闻资讯类"节目播出情况看，中部地区平均每省的播出时长居首，时长 7.08 万小时，更为意外的是西部地区竟然比最为发达的东部地区节目播出情况还要好一些，西部平均每省播出时长超过东部0.27 万小时，东部地区经济最发达、社会最活跃，按照常理，播出更多的新闻资讯才能满足社会公众的收视需求，实际情况恰恰相反，这说明东部地区电视新闻资讯类节目还有很大的播出空间。从"专题服务类"节目播出情况看，东部和中部平均每省的播出时长数量相当，分别为 5.88 万小时和5.86 万小时，而西部仅 4.44 万小时，差距明显。综艺益智类、影视剧类、广告类和其他类节目播出情况也都呈现出同样的特点，即中部强于东部和西部，西部最弱。

通过对表 4.28 的分析，我们大致可以得出这样几点看法：东部地区的电视节目播出情况和东部地区的社会经济发达情况不太相符，必须使其节目播出得到有效强化，中部地区应当继续保持良好的节目播出态势，西部地区的电视节目播出应强化专题服务类，通过合理纠正地域性的失衡，以促进公共服务均等化的实现。

三、公共广播电视节目播出的语种失衡

表4.29　国内广播民族语言和地方方言使用种类表

普通话	哈萨克语	海南话	藏语	广州话	朝鲜语
傈僳语	哈尼语	西双版纳傣语	蒙古语	白话	壮语
维吾尔语	临高话	儋州话	康巴语	彝语	闽南话
莆仙话	柯尔克孜语	雷州话	潮州话	客家话	福州话
佤语	德宏傣语	拉祜语	景颇语	瑶语	苗语
载瓦语	锡伯语	英语	日语	法语	德语
俄语	阿拉伯语	安多语	越南语	泰语	缅甸语

在表4.29中，我们看到国内广播语言使用种类一共有42种，其中有各主要少数民族的语言，也有较为典型的地方方言（如广州话、福州话等），还有几种主要的外国语语种。为了考察公共广播电视节目对国内听众（观众）播出的语种状况，即明晰节目播出的汉族语言和少数民族语言之间是否保持了基本平衡，我们将所有外国语语种剔除。同时考虑到诸多南方方言实际上是汉民族语言和少数民族语言经过长期发展融合而成的语言，虽然含有少数民族语种成分，但因为其语言随着该少数民族的汉化而具有更为明显的汉语言特征，故将其看作为汉语语种，而非少数民族语种，这里面包括海南话、广州话、白话、儋州话、闽南话、莆仙话、雷州话、潮州话、客家话、福州话等共计9种。

表4.30　国内广播少数民族语种表

安多语	哈萨克语	藏语	朝鲜语
傈僳语	哈尼语	西双版纳傣语	蒙古语
维吾尔语	临高话	彝语	康巴语
壮语	柯尔克孜语	瑶语	苗语
佤语	德宏傣语	拉祜语	景颇语
载瓦语	锡伯语		

表 4.30 是经过剔除汉语普通话、地方方言以及各外国语种之后的对国内广播少数民族语种，一共有 22 种。单从少数民族数量上看，我国拥有 55 个少数民族，而在这 55 个少数民族中，除回族和满族完全失去了原有的民族语言而转用汉语外，其余的 53 个民族都有自己的语言，甚至有一个少数民族几个支系使用几种语言的情况。也就是说，我国少数民族语言种类完全超过 53 种以上，但是相对于如此众多的少数民族以及少数民族语种，广播电视播出却仅有 22 个少数民族语种，还不到应播出少数民族语言的一半。从广播电视所肩负的社会责任而言，以丰富的少数民族语种播出节目，可以为少数族群提供公共服务，同时也可以丰富和发展文化的多样性并有利于少数民族语言的传承。随着世界性的濒危语言不断消失，挽救少数民族语种成为最重要的世界性文化责任之一，广播电视作为极具影响力的大众传媒，其播出的少数民族语种节目之重要性更是不言而喻。

实际上早在 1996 年 2 月 12 日，当时的广播电影电视部就发布了《关于支持少数民族语言电视译制工作的通知》（广发办字［1996］70 号），通知指出"各少数民族地区广播电视行政管理部门要重视少数民族语言电视译制工作，尽可能增加译制经费，要有一位主管宣传的领导同志负责少数民族语言电视的译制工作，由总编室或相应部门具体组织协调。中央电视台、各地方电视台以及广电系统所属影视制作经营机构，向已开办少数民族语言频道的电视台提供其拥有版权的电视剧和电视节目时，暂不收取译制版权费和播出费。"从这一重要通知看，我国在政策层面上很早就开始重视少数民族语种节目的发展了。少数民族语言电视译制工作是构成我国电视少数民族语言节目的重要基础工作，在今天看来仍然值得认真遵照执行。从广播电视公共服务的视角看待少数民族语言节目，则具有服务普遍公众、提供均等化公共服务的深刻意涵，这对维护中华民族大团结和国家稳定发展有重要战略意义。

第三节　我国广播电视公共服务节目的强化

通过以上对公共广播电视节目设置情况的详细分析，可以看出广播电视的公共服务并没有得到应有重视和充分发展，广播电视公共服务节目需要进一步强化。可以从以下三个方面着手：强化广播电视的公共服务价值；强化频率（道）的公共服务定位；强化广播电视公共服务栏目设置的均衡。

一、强化广播电视的公共服务价值

回顾西方的广播电视公共服务传统，无论是将广播电视所提供的产品和服务视为"公共品"的英国模式，还是将广播电视所提供的产品和服务视为"商品"的美国模式，都有一个共同点，即非常重视广播电视的公共服务价值。特别是通过认真观察分析日本公共广播电视 NHK 在 2011 年"3·11"大地震中的专业主义报道，更激发我们重新思考公共服务电视在中国的生存与发展。

"公共服务"作为一个历史概念，尽管在不同时期被重构，但其仍是一个不断征用的概念，是一个具有象征意味的符号。新世纪以来，一些国家走上"重新规制化"的道路，但没有谁敢公然抛弃"服务公众利益"的原则，这对转型中的我国电视改革具有重要启示意义。

日本 NHK 在这次日本大地震中的专业主义报道，让国人真正感受到什么是公共电视和电视的公共服务。当地震来临之时，NHK "成为超越一切的公共平台，维系了国民的精神和秩序"，为日本大地震的信息传播和灾难应对发挥了积极的作用。面对地震，NHK 主播们头戴安全帽始终保持镇静的面容播报预警信息，通报地震区域分布，提醒民众注意安全。画面上没有出现令人恐怖的死亡特写，没有灾民们呼天喊地的镜头，也没有第一线记者虚张声势的煽情式报道。在日本更看不到企业家们手拿写着捐赠数额的牌子在镜头前亮相的场景。NHK 认为："在紧急的灾后报道中，国民需要的信息才是我们要报道的"。我们认为，这就是广播电视公共服务的价值所在。维护公众利益应成为广播电视在危机传播中的第一选择。NHK 新闻专业主义报道似乎就是一面镜子，照出我国少数媒体伪"公共性"的面目：无厘头的自我游戏、故作矫情的主持嘲笑、窥视心理的婚恋娱乐、模式化的真人秀泛滥，让曾经令人肃然起敬的人道主义的责任感和使命感在各种戏谑调侃下变得虚弱、虚伪。那个悲壮而崇高的普罗米修斯形象似乎正在从中国文化中悄然淡出。

目前，中国广播电视实行"事业单位，企业化管理"，集政治属性与商业属性为一体，使其既要肩负政治宣传职能，又要通过商业运营维持生存和发展。商业化导致低俗化，影响了媒介文明的进步，而城乡差异等因素又影响着信息公平，现实呼唤中国广播电视更好地实现社会责任，为公众提供均等化的公共信息服务。①

正是在这个意义上，我们提出要强化广播电视的公共服务价值。强化广播电视的公共服务价值，就要立足于公共利益，顾及弱势群体和少数族群，调整广播电视频率（道）的定位，保证广播电视栏目设置的均衡，从而实现普遍的均等化公共服务，这将是广播电视公共服务的终极目标。

我们应当借鉴英美等西方国家的广播电视公共服务的经验教训，牢固树立坚定的公共服务理念，坚守广播电视公共服务的基本原则，探索适合中国广播电视公共服务的发展之路。

二、强化频率（道）的公共服务定位

目前，广播电视频率（道）的功能严重失调，从全国范围来看，娱乐功能得到了空前强化，同时频率（道）分布的地域性失衡也有损公共服务的均等与公平原则，较少关注少数族群和弱势群体也成为广播电视频率（道）公共服务的软肋。因此，必须强化广播电视频率（道）的公共服务定位。

首先，广播电视频率（道）应该调整自己的内容定位，在内容结构上进行革新，强化频率（道）的公共服务功能，这就要求保证广播电视频率（道）的信息、娱乐、服务等方面功能的协调发展，纠正"娱乐为王"的频率（道）定位，反思电视媒介现状，在"娱乐至死"和过度商业化的情况下，人们已经逐渐丧失信仰和正确的价值观，导致了电视频道公共性的严重缺失。因此，除了健康有益的娱乐之外，频率（道）应该更加多元化地策划频率（道）定位，进一步增强信息、服务以及社教功能。

其次，保持东部地区的频率（道）发展态势，加强中部和西部地区的广播频率和电视频道的建设，以调整东部、中部和西部的频率（道）分布的地域性失衡，从而逐步实现公共服务在不同区域的均等化。

第三，广播电视频率（道）应该调整自己的受众定位，将少数族群和弱势群体纳入专注的受众范围，将服务于少数族群和弱势群体作为频率（道）公共服务的必然选择，并利用日新月异的传播技术和丰富的频率（道）资源，逐步建设越来越多的专门频率（道），以对所有的社会公众实现无差别的服务。

当前，我国公共广播电视的缺席，却并不意味着对公共广播电视公共性尝

---

① 石长顺、姚洪磊：《论中国广播电视公共服务的历史使命》，《南方电视学刊》2009 年第 1 期。

试的停止。相反，大众媒介应拒绝商业诱惑，积极承担大众媒体社会责任，在一定程度上实现我国广播电视公共服务功能的回归。

在中国广播电视日益商业化、娱乐化的浪潮中，广播电视的诉求对象是消费者，而广播电视公共服务的诉求对象是公民，因此，应积极引导广播电视由单一的消费者转为消费者和公民并行的二元导向，回归广播电视公共服务。

三、强化广播电视公共服务栏目设置的均衡

公共服务广播电视在世界文化传承、促进社会公平、保证节目的多样化服务方面，至今仍具有示范效应。然而，我国广播电视媒体在公共服务性栏目设置方面表现出的严重失衡状况引人担忧，因此，强化广播电视栏目设置的均衡已成为广播电视公共服务发展中的关键。

强化广播电视栏目设置的均衡，需要从如下几个方面着手：

首先，在栏目对象方面，应当充分考虑广大弱势群体的广播收听和电视收视的独特需求。随着我国经济发展、政治民主和文化繁荣的趋势日渐彰显，广播电视技术的飞速发展以及频率（道）资源的日渐丰富，农民、少儿、老年、妇女以及残疾人的专有栏目应当得到更多支持和资助，从而促使栏目设置中面向不同对象之间的均衡。

其次，在栏目时段方面，广播电视设置栏目，一定要充分考虑栏目时段的问题。黄金时段和非黄金时段的社会影响力是有着明显差距的，黄金时段不应该仅提供受到市场热捧的内容播出，还应当将公共服务的内容播出纳入其中，实现黄金时段的合理公正的使用。对于非黄金时段，可以寻找合适的路径进行资源再开发，面对不同的受众群体，提供有针对性的特色栏目，甚至被称为"垃圾时段"的午夜之后的时间也可以尝试设置更为多元化的栏目，而不是仅仅靠重播当天节目和播放电视剧填充时间。

第三，在栏目内容方面，栏目设置要考虑到不同内容栏目的所占分量和所起作用之不同，据此合理设置栏目以促进广播电视栏目提供更为优质的公共服务内容。新闻信息功能作为广播电视新闻媒体的第一功能，这要在广播电视栏目设置中得到充分反映，从而改变现今栏目设置中新闻栏目总体不强的局面。娱乐内容作为极具市场竞争力的栏目内容，在栏目设置中普遍受到热捧，但是娱乐栏目比重过大的局面必须得到适当遏制和改观。生活服务类内容和社会科教类内容作为广播电视公共服务的题中应有之义，也应当在栏目设置中保持适当的数量和比重，并争取开创出一批具有深广影响力的服务类栏目和社教类栏目。总之，要实现栏目设置中内容方面的均衡。

第四，在栏目的民族构成方面，需要充分顾及中华民族的多民族特征，在栏目设置中充分关注少数族群的利益，考察清楚少数族群真正的收听和收视需求，分多个层次地为少数族群设置一定数量和比重的栏目，以实现栏目设置中民族构成方面的均衡。

　　总之，我国广播电视业应按照公共服务均等化的原则，构建面向全体公民的广播电视公共服务体系，以维护公民的知情权和媒介近用权，这是中国广播电视面临的时代命题。

第五章

广播电视公共服务重点：农村

　　广播电视公共服务的一项基本原则是均等化原则，该原则要求广播电视必须均衡地满足全体公民的收视需求，并合理保障全体公民平等的收视权利，使全体公民都能无差别地享受到广播电视基本的公共服务。但是由于中国典型的"二元社会"特征，在广播电视上也相应地呈现为"二元视听群体"，即城市视听群体和农村视听群体。随着广播电视趋利性的彰显，日益向具有高消费能力的城市视听群体倾斜，自然就忽视了广大农村视听群体，这显然有违公共服务的均等化原则。中共十七届六中全会公报指出，要构建文化服务体系，发展现代传播体系，加快城乡文化一体化发展。因此，面对我国七亿多的农村视听群体，广播电视公共服务的重点和难点皆在于：如何扩大农村广播电视的综合覆盖率，如何为农民提供更多好听好看的广播电视节目。

　　为解决城乡广电服务差距问题，我国政府从 1998 年开始实施广播电视村村通工程，到 2005 年底第二轮村村通工程结束，中央财政和地方财政共投入 35 亿多元用于开展村村通工程，使我国的广播、电视人口覆盖综合率达到 95% 和 96%。2006 年启动的"十一五"广播电视村村通工程建设，又将整体推进 20 户以上已通电自然村建设、提高农村广播电视公共服务水平作为目标。到 2008 年，村村通工程提前一年半实现了中央"十一五"广播电视节目无线覆盖目标，其中，中一广播节目、中一、中七电视节目无线覆盖率分别达到 84%、82% 和 68%，覆盖质量明显提高。[①] 这一轮村村通工程有效解决了近亿农民群众收听收看广播电视难的问题。

　　村村通工程在推动广播电视公共服务均等化方面取得了显著的成效，但是推进农村广播电视公共服务工作不是一朝一夕的事情，应当作为一项长期的发

　　① 中国广播电视年鉴编辑委员会：《2009 中国广播电视年鉴》，中国广播电视年鉴社 2009 年版，第 27 页。

展战略，始终把农村广播电视公共服务作为重点稳步推进，并在公共服务视野下全面关注农村广播电视现状，科学探求农村广播电视公共服务的使用及需求状况，切实提升中国广播电视均等化的公共服务。

第一节　公共服务视野下的农村广播电视关注

农村广播电视公共服务的现状，既要关注城乡之间广播电视服务的差异，又要关注农村之间广播电视传播的差别；既要关注农民频率（道）节目内容缺失的业界具象，也要关注国家"两大工程"带来的战略性宏观影响和意义。唯有如此，方能全面认识农村广播电视公共服务的现状，从而更加明确地将其作为广播电视公共服务的重点加以推进。

一、城乡之间广播电视传播的差异

自改革开放以来，我国城市化进程加快，城市的经济水平、基础设施、文化环境都得到了长足发展，而农村由于种种因素影响发展滞后，城乡之间差距加大。2005 年，中共十六届三中全会提出"公共服务均等化"的概念，反映出城乡之间日益扩大的差距已成为公共服务均等化的巨大障碍，这在广播电视传播领域同样有着显著的表现。为实现广播电视公共服务的均等化目标，首先必须认真审视城乡广播电视传播的差异问题。

在当代中国的传媒环境中，农民日渐深陷"信息孤岛"之中，沦为社会性的信息弱势群体。造成信息弱势群体的一个重要原因就是信息分配不公平。从报刊到广播、电视及互联网，当代传媒都自觉地避开社会底层的受众（包括尚未脱贫的广大农村人口、城市贫民、收入甚微的农民工等），不约而同地将目标锁定在社会"强势人群"（城市市民阶层、白领和中产阶级等）。① 因而在大众传媒主导的媒介环境中，城乡居民享有的信息严重不对称。目前我国农村的广播电视公共服务体系的建设相对滞后，影响了农民基本公共服务需求的实现。

由本课题组实施的问卷调查表明，绝大多数农民认为城乡居民在广播电视接触使用上有差距。在访谈过程中，农民对城乡差距的感觉更为强烈，他们认为城乡之间横亘着信息鸿沟，信息鸿沟的存在导致城乡居民在收视行为上的差

---

① 周华姣：《从信息公平的角度来看信息弱势群体》，《河南图书馆学刊》2007 年第 4 期。

异。城市拥有优良的文化资源、休闲娱乐场所以及教育资源，而农村在这些方面望尘莫及，大多数情况下，农民的知识结构、文化素养远不及城市居民，即便拥有与城市居民同等的电视资源，农村受众在资源的利用、解读上也仅仅停留于表层。

付费频道的推出，使得现阶段的农民与城市居民拥有的电视资源差距进一步拉大。付费能力的强弱决定了占有信息的多寡。经济实力强者可以占有更多的信息资源，成为信息富有者；而经济实力弱者享受不到更多的信息，便成为信息贫穷者。如果经济地位得不到改变，则会导致信息资源占有上的"富者越富，贫者越贫"，进而导致城乡居民在参与社会公共事务能力上的巨大差异。戈尔丁认为，任何需要花费钱财的传播机制，必然会在社会和经济团体中产生不平等。经济贫穷阻碍了获得文化资源的能力，而后者又加剧了贫困者的不利处境。

这些问题的出现有经济水平以及居民自身素质的差异，同时还在于社会存在着屏蔽制度。"社会屏蔽制度的核心是在人与人之间，以及人与资源之间的关系建立起秩序……户籍制度是一种社会屏蔽，即它将社会上一部分人屏蔽在分享城市的社会资源之外。除了户籍制度之外，从现有的制度看，这些属性还包括：国籍、文凭、证书、民族、种族、血统、姓氏、社会出身、地域、宗教等等。"① 这些屏蔽制度使得留守农民和外出务工人员在心理上、现实中与城市产生了疏离感，而大众传媒的受众定位无疑加剧了这种感觉。

公共服务的核心在于平等和均衡，如果忽视城乡之间的差异，忽视农村受众在收视上的弱势地位，就会逐渐导致农民这一庞大群体在公共事务中的失语，广播电视公共服务的意义也就难以体现。只有不断改善农民生活水平，提高农民收入，完善农村文化基础设施，改善农村教育教学条件，使农民在信息接收上具备与城市相当的硬件资源，在信息解读上具备相当水准的文化程度，在媒介使用上具备相对较高的媒介素养，才有可能实现广播电视公共服务的公平、均等，使农村广播电视公共服务真正落到实处。

二、农村之间广播电视传播的差别

从公共服务的视野观照中国农村广播电视，除了探讨城乡广播电视传播差异之外，还需探讨农村之间广播电视传播的差别，我们主要看不同地区农村之

---

① 李强：《当前城市化和流动人口的几个问题》，载李培林主编：《农民工：中国进城农民工的经济社会分析》，社会科学文献出版社 2003 年版，第 41 页。

间的差别。之所以提出这一命题，是因为同样作为中国农村，东部、中部和西部农村之间有较大差距，尤其是西部农村和东部农村之间传播差异更为显著。若不能逐渐消弭不同地区农村间的差异，公共服务均等化的目标也不可能实现。

改革开放以来的城乡发展速度令人瞩目，但这种发展是不均衡的，不仅是城乡之间的不均衡，还表现为不同区域的农村之间的不均衡。受社会经济文化发展水平的影响，西部地区广播电视远落后于东部和中部地区。

我国实施的"西部大开发"战略虽然对西部发展包括西部农村发展起到了很大作用，但是仅靠党和政府的有限政策支持和援助是远远不够的。经济的贫困将直接导致文化的贫困、信息的贫困，文化和信息的贫困又反过来继续加大影响经济的贫困。而较发达地区经济和文化信息之间的良性循环，又日益加大了与不发达地区之间的差距。

正是考虑到区域发展不平衡的现状，考虑到西部与东部、中部地区农村广播电视状况的巨大差距，国家在"村村通"工程的基础上，又进一步实施"西新"工程，目的就在于更大力度地扶植西部地区农村，尤其是西部少数民族地区农村广播电视的发展，以逐渐消弭不同地区农村广播电视的差异，唯有如此，才能真正实现农村广播电视公共服务的均等化。

据广电总局介绍，"十二五"期间，在完成西新工程第四期建设任务基础上，将进一步加大西新工程实施力度，编制出西新工程第五期建设方案，建设重点一是进一步加强民族语言节目建设，按照"广播和电视相结合，节目译制制作和传输覆盖相结合，中央和地方相结合"的原则，统筹规划，实现"听得懂，看得懂"的目标；二是进一步加强新疆、西藏等西部地区广播电视基础设施建设，逐步建立广播电视公共服务体系，实现广播电视基本公共服务均等化。由此可见，农村之间的广播电视差距问题已经提升到国家层面加以重视和解决。

三、农民频率（道）节目内容的缺失

农村广播电视公共服务，说到底要靠对农服务节目内容的充分提供来实现。而要做到对农服务节目的充分提供，就离不开充分的广播频率和电视频道的基础平台，即农民频率、农民频道的数量越多，就意味着发展对农服务节目的空间就越广阔。因此，在详细考察农民频率（道）节目内容之前，应当首先搞清楚我国农民频率和农民频道的呈现状况。

依据有关中央和省级广播电视台的资料，并参考了各个广播电台、电视台

官方网站信息，最终统计出中国所有省级广播台、电视台及中央广播台、电视台所拥有的全部农民频率和农民频道。统计结果如表 5.1 所示。

表 5.1　中国的农民频率与农民频道

序号	省份	农民频率	农民频道
1	河北省	河北人民广播电台农民频率	河北电视台农民频道
2	吉林省	吉林人民广播电台乡村广播频率	吉林电视台乡村频道
3	山东省	山东人民广播电台乡村频率	山东电视台农科频道
4	河南省	河南人民广播电台乡村·生活之声	河南电视台新农村频道
5	陕西省	陕西人民广播电台农村广播	陕西农林科技卫视频道
6	辽宁省	辽宁人民广播电台乡村广播	
7	黑龙江	黑龙江乡村广播	
8	安徽省	安徽人民广播电台农村广播	
9	江西省	江西人民广播电台农村频率	
10	湖南省	湖南人民广播电台乡村之声	
11	山西省	山西农村广播	
12	甘肃省	甘肃人民广播电台农村广播	
13	浙江省		浙江电视台公共·新农村频道
14	湖北省	湖北人民广播电台农村广播	湖北电视台垄上频道
15	中央台		中央电视台第七套节目 （少儿·军事·农业频道）

　　通过表 5.1 的统计信息，我们清晰的看到，在我国大陆 31 个省级行政区划单位中，仅有 13 个省级对农服务广播频率，而对农服务电视频道更为缺乏，全国仅有 7 个省级台开办。而在中央级广播电视媒体中，对农服务频率（道）更是缺位。中央人民广播电台作为目前中国唯一覆盖全国的广播电台，在中国拥有听众超过 7 亿，是世界上拥有国内听众最多的广播电台，现办有中国之声、经济之声、音乐之声、都市之声、中华之声、神州之声、华夏之声双语频率、华夏之声普通话频率、民族之声、文艺之声、老年之声、藏语广播、维吾尔语广播、娱乐广播等 14 套无线广播节目，而唯独没有一套农民之声广播频率，是疏忽，还是重视不够？

　　再看中央电视台频道设置情况，如下图标。

CCTV 开路播出频道

CCTV-1	CCTV-2	CCTV-3	CCTV-4 (亚洲)	CCTV-4 (欧洲)	CCTV4 (美洲)	CCTV-5	CCTV-6	CCTV-7
CCTV-8	CCTV-纪录	CCTV-纪录 (英)	CCTV-10	CCTV-11	CCTV-12	CCTV-新闻	CCTV-少儿	CCTV-音乐
CCTV-NEWS (英语国际频道)	CCTV-Français (法语国际频道)	CCTV-Español (西班牙语国际频道)	CCTV-العربية (阿拉伯语国际频道)	CCTV-Русскнй (俄语国际频道)	CCTV 高清			

在中央电视台设置的 24 个开路播出频道中，仅有第七套（少儿·军事·农业）的三分之一个农民频道。作为中央级广播电视媒体，在广播电视公共服务的重点对象方面本应做出表率，然而，现实中的差异与遗憾说明，广播电视公共服务目标的实现，在我国还有较长的路要走。

作为发展中的农业大国，农业人口数量之庞大，都要求中国农村广播电视公共服务得到较快提升。没有足够的农民频率和农民频道，是不可能支撑起足够的对农服务节目内容的。对于我国大陆 31 个省级行政区而言，至少应该平均到每个省级行政单位有 1 个省级广播农民频率和 1 个省级电视农民频道，这样才可以形成一定的规模效应，从而保证每个省都可为本省的三农事业发展提供较为充分的广播电视公共服务。

农民频率和农民频道的相对匮乏，已经成为影响农村广播电视公共服务的关键因素之一。处于频率（频道）细分和频率（频道）专业化的时代，在增加全国省级广播台和电视台农民专业频率频道的同时，以农业为主的地市级广播电视媒体也须同时开办或改版专门的对农服务频率和电视频道，服务于当地农村。湖北省荆州市电视台就在全国地市级广播电视台率先开办了农民频道——垄上频道（2009.1），其较为成熟的模式已在湖北省全省推广。

在考察农民频率和农民频道总体匮乏的基础之上，我们进一步考察广播电视农民节目播出状况。由于两种媒介有不同的传播方式与特点，我们假定广播农民频率的节目状况和电视农民频道的节目状况存在差异，因此将广播电台农民节目、电视台农民节目分别进行统计分析，以探讨广播和电视各自的节目状况，并试图对二者加以比较和区分，以求更有针对性地提供改进参考意见，从而促进我国对农广播电视的日益完善。

为考察农民节目服务内容的全面状况，我们将全国省级广播电视以上级别的所有农民广播频率和农民电视频道进行了统计，共统计出 244 个栏目（2011

年 8 月刚开办的湖北农民广播和垄上频道栏目未计在内）。然后对这些栏目进行内容方面的统计分析，并试图进行分时段的详细考察。我们将栏目内容的类目建构分为"新闻"、"娱乐"、"科技教育"、"信息服务"和"其他"等五项；栏目时段分为"早间段"、"上午段"、"午间段"、"下午段"、"晚间段"、"夜间段"、"午夜段"等七个时段。

（一）广播电台农民节目服务内容的缺失

表 5.2 中国广播农民频率的栏目内容统计表

		栏目	百分比	有效百分比	累积百分比
栏目内容	新闻资讯	17	7.0	7.0	7.0
	娱乐	104	42.6	42.6	49.6
	科技教育	18	7.4	7.4	57.0
	信息服务	97	39.8	39.8	96.7
	其他	8	3.3	3.3	100.0
	合计	244	100.0	100.0	

通过表 5.2 中的统计信息，我们可以看到，即便是在目前少有的中国广播农民频率的栏目内容中，也不是以"三农"信息传播为中心，反而是娱乐节目从内容层面上得以凸现。

具体来看，占据广播农民频率最大比重的栏目是"娱乐"栏目（42.6%），农民需要娱乐节目无可厚非，但是"娱乐"成为农民频率的首要内容，就有些脱离农民频率的办台初衷和根本宗旨。农民频率理应以服务于农民信息需求为第一目标。对于农民需要的娱乐节目，绝大部分广播频率、电视频道都可以满足他们的需求，无需农民频率再播出大量娱乐节目。当然，在农民频率各个时段的栏目设置时，适当设置若干面向农民的特色娱乐栏目是可以的，但是娱乐栏目的比重不得超过合理的限度。统计数据显示娱乐内容占据农民频率栏目近一半的比重，这就完全背离了农民频率的本义和价值，应还农民频率以"农民"本色。

表5.3　中国广播农民频率的栏目时段统计表

时间		栏目	百分比	有效百分比	累积百分比
栏目时段	早间段 6 ~ 9	33	13.5	13.5	13.5
	上午段 9 ~ 12	49	20.1	20.1	33.6
	午间段 12 ~ 14	25	10.2	10.2	43.9
	下午段 14 ~ 18	50	20.5	20.5	64.3
	晚间段 18 ~ 22	40	16.4	16.4	80.7
	夜间段 22 ~ 24	19	7.8	7.8	88.5
	午夜段 24 ~ 6	28	11.5	11.5	100.0
	合计	244	100.0	100.0	

通过表5.3中的统计信息，我们发现，中国广播农民频率各个栏目时段的栏目分布很不均匀。栏目数量最多的时段是上午段和下午段，栏目数量最少的时段是午间段和夜间段。农民频率的节目编排应当遵从农民的收听习惯。上午和下午一般是农民耕种最繁忙的时间，无暇收听广播，因此农忙时间的广播收听率是不好保证的，设置再多再好的栏目，很可能达不到传播效果。而早间段、午间段和晚间段是农民的黄金收听时间，栏目数量却反而下降，呈现出现实与需求的错位。

表5.4　中国广播农民频率不同时段的栏目内容统计表

			栏目内容					合计
			新闻	娱乐	科技教育	信息服务	其他	
栏目时段	早间段 6 ~ 9	数量	10	8	2	13	0	33
		所占百分比	30.3%	24.2%	6.1%	39.4%	.0%	100.0%
	上午段 9 ~ 12	数量	2	15	2	30	0	49
		所占百分比	4.1%	30.6%	4.1%	61.2%	.0%	100.0%
	午间段 12 ~ 14	数量	1	10	3	11	0	25
		所占百分比	4.0%	40.0%	12.0%	44.0%	.0%	100.0%
	下午段 14 ~ 18	数量	0	23	2	22	3	50
		所占百分比	.0%	46.0%	4.0%	44.0%	6.0%	100.0%

续表

			栏目内容					合计
			新闻	娱乐	科技教育	信息服务	其他	
栏目时段	晚间段 18～22	数量	2	23	2	10	3	40
		所占百分比	5.0%	57.5%	5.0%	25.0%	7.5%	100.0%
	夜间段 22～24	数量	0	11	3	4	1	19
		所占百分比	.0%	57.9%	15.8%	21.1%	5.3%	100.0%
	午夜段 24～6	数量	2	14	4	7	1	28
		所占百分比	7.1%	50.0%	14.3%	25.0%	3.6%	100.0%
合计		数量	17	104	18	97	8	244
		所占百分比	7.0%	42.6%	7.4%	39.8%	3.3%	100.0%

通过表5.4中的统计信息，我们发现，中国广播农民频率各个时段的栏目内容分布情况比较复杂，娱乐节目始终较为突出，其他内容的节目则在不同时段有不同表现，呈现出不均衡的特征。

具体分时段来看，早间段的栏目内容分布较为合理，信息服务占据栏目内容第一位（39.4%），其次是新闻栏目占据30.3%，这两项内容的栏目共占近70%的比重，可以说有着相当强势的表现。娱乐栏目占据24.2%的比重，从早间时段考虑，应当削减娱乐节目栏目数量。科技教育栏目作为服务农民的重要栏目，其比重仅有6.1%，有待进一步加强。上午时段的一个突出特点是信息服务节目空前强化，比重高达61.2%，但是同时新闻和科技教育栏目的比重严重不足，各占4.1%的比例。午间段的新闻节目仍然处于最弱的地位，仅占4%，娱乐和信息服务节目处于强势地位，各占40%、44%的比重。下午段娱乐内容栏目继续强化，比重达到46%，信息服务节目依然保持44%的较高比例，新闻节目则显示为零，此时段的栏目编排很不合理。晚间段的娱乐栏目进一步强化，达到57.5%的比重，其次是信息服务栏目比重大为降低，比重为25%，新闻和科技教育栏目比重仍然很低，皆为5%。夜间段的娱乐栏目依然保持超高比重（57.9%），新闻节目缺失。午夜段节目仍以娱乐栏目比重最大（50%），新闻和科技教育栏目皆处弱势。

（二）电视台农民节目服务内容的缺失

表5.5　中国电视农民频道的栏目内容统计表

		栏目	百分比	有效百分比	累积百分比
栏目内容	新闻资讯	21	13.0	13.0	13.0
	娱乐	64	39.5	39.5	52.5
	科技教育	32	19.8	19.8	72.2
	信息服务	35	21.6	21.6	93.8
	其他	10	6.2	6.2	100.0
	合计	162	100.0	100.0	

通过表5.5中的统计信息可见，中国电视农民频道的栏目内容与广播农民频率栏目内容有着显著相似性，娱乐内容的栏目非常突出，而以"三农"信息传播为主的栏目极度边缘化，因此农民频道偏离了"农民"主题。

具体来看，占据电视农民频道最大比重的栏目是"娱乐"栏目（39.5%），农民频道大量开办娱乐节目，这就完全与农民频道服务农民的办台初衷和宗旨相背离。其他的栏目中，信息服务栏目占据21.6%的比重，较为合适，科技教育和新闻资讯栏目的比重均占不足20%的比重，明显偏低，有待加强。

表5.6　中国电视农民频道的栏目时段统计表

		栏目	百分比	有效百分比	累积百分比
栏目时段	早间段7~9	19	11.7	11.7	11.7
	上午段9~12	21	13.0	13.0	24.7
	午间段12~14	20	12.3	12.3	37.0
	下午段14~19	24	14.8	14.8	51.9
	晚间段19~22	37	22.8	22.8	74.7
	夜间段22~24	19	11.7	11.7	86.4
	午夜段24~7	22	13.6	13.6	100.0
	合计	162	100.0	100.0	

通过表5.6中的统计信息，我们发现，中国电视农民频道各个时段栏目分布与中国广播农民频率各个时段栏目分布有显著差异。广播农民频率各个时段栏目集中分布在上午段和下午段，电视农民频道与之完全不同。电视农民频道的晚间段栏目数量达到37个，占据22.8%的比重，远远超过其他任何时段，

应该是比较合理的。同时，晚间段之外的其他各个时段栏目分布又很均匀，各个时段栏目数量皆在 20 个左右。

对于农民电视频道而言，栏目设置的关键在于符合农民的电视收看习惯以及农民的收视需求。晚间段是农民收看电视的黄金时间段，电视农民频道重点建设这个时段栏目是非常正确的。而其他时段平均分配的状况就不合理了，午间段和早间段两个时段也是提升对农信息服务的次黄金时段，应当加强。

表 5.7　中国电视农民频道的不同时段的栏目内容统计表

		栏目内容					合计
		新闻资讯	娱乐	科教	信息服务	其他	
早间段 7~9	数量	4	5	6	4	0	19
	所占百分比	21.1%	26.3%	31.6%	21.1%	.0%	100.0%
上午段 9~12	数量	1	12	1	3	4	21
	所占百分比	4.8%	57.1%	4.8%	14.3%	19.0%	100.0%
午间段 12~14	数量	2	4	9	5	0	20
	所占百分比	10.0%	20.0%	45.0%	25.0%	.0%	100.0%
下午段 14~19	数量	2	8	6	7	1	24
	所占百分比	8.3%	33.3%	25.0%	29.2%	4.2%	100.0%
晚间段 19~22	数量	5	15	5	8	4	37
	所占百分比	13.5%	40.5%	13.5%	21.6%	10.8%	100.0%
夜间段 22~24	数量	2	12	2	3	0	19
	所占百分比	10.5%	63.2%	10.5%	15.8%	.0%	100.0%
午夜段 24~7	数量	5	8	3	5	1	22
	所占百分比	22.7%	36.4%	13.6%	22.7%	4.5%	100.0%
合计	数量	21	64	32	35	10	162
	所占百分比	13.0%	39.5%	19.8%	21.6%	6.2%	100.0%

（注：最左侧纵向合并单元格为"栏目时段"）

通过表 5.7 中的统计信息，我们发现，中国电视农民频道各个栏目时段栏目内容分布并不均衡。从对农服务的办台宗旨来审视农民频道，就表现出明显的偏颇与失衡，对农服务栏目没有得到足够重视和有效提供。

具体分时段来看，早间段的栏目内容分布较为均匀，科技教育内容的栏目占据栏目内容第一位（31.6%），其余内容的栏目均在20%左右。上午段的娱乐栏目占据比重突增至57.1%，其他内容的栏目比重则相对大大降低。午间段的娱乐栏目比重反而大幅降低（20%），科技教育栏目得到大大强化，占据45%的比例。下午段娱乐内容栏目又复归强势，占据所有栏目比重的第一位（33.3%），新闻资讯节目的比重最弱，仅占所有栏目比重的8.3%。晚间段的娱乐栏目保持稳定在第一位，比重达到40.5%，远超第二位的信息服务栏目（21.6%）。夜间段的娱乐栏目比重继续升至超高比例（63.2%），其余节目皆弱。午夜段仍以娱乐栏目比重居首（36.4%），新闻资讯和信息服务栏目并列第二，比重为22.7%，科技教育栏目则较弱（13.6%）。

通过以上对广播电视农民服务节目的具体统计分析，可以清晰地认识到：无论是广播台农民频率还是电视台农民频道，都无可避免地呈现出对农服务内容的缺失。农民群体作为中国最大的电视收视群，其收视利益应当得到足够重视，为其提供充分的广播电视服务节目就是最直接的衡量标准。因此，广播台农民频率和电视台农民频道应加强"专业化"频率（频道）建设，真正回归到"农民"本位，方能更好地服务于农民群众，真正把握好中国广播电视公共服务的重点——农村。

四、国家"两大工程"的战略推进

中国农村广播电视公共服务的两大工程，即"村村通"工程和"西新"工程，对于整个国家而言，两大工程的实施有着重大的战略意义。"村村通"工程推进了城乡均等化的广播电视公共服务，"西新"工程则推进不同地区尤其是不同民族间均等化的广播电视公共服务，有利于实现中国农村广播电视公共服务的均等化，有利于全面提升农民的生产水平和文化生活质量，推动农村的物质文明和精神文明建设。

村村通工程：推进城乡均等化服务。

新中国成立以来，广播电视事业取得了飞速发展，但是日益呈现出两极分化的趋势，城市广播电视事业繁荣昌盛，而农村广播电视事业相对落后。城乡广播电视发展的差距日益拉大，不利于中国社会的全面发展，不利于人口文化素质的全面提高。

城乡广播电视发展的失衡态势，如何得以扭转，最根本的解决之道是推进村村通工程的建设，并逐步从内容到技术全面缩小城乡之间的差距。村村通工程可以作为中国现阶段推进城乡均等化服务的有效发展路径。

村村通工程是逐步推进的一个大工程，早在 1998 年，广电总局就提出"到二十世纪末基本实现村村通广播电视"的宏伟大略。1999 年 4 月 9 日，国家计委和国家广电总局发出《关于进一步加强农村广播电视覆盖工作的通知》，明确提出到 2000 年在全国已通电的行政村基本实现村村通广播电视，通知还第一次对广播电视提出量化标准，即"使每一个盲点能够看到两套电视节目（中央一套、省一套）和收听到一套中央广播节目"，为此国家计委下拨 1 亿 7 千万元用于村村通工程建设。2001 年，广电总局制定了《2001 年至 2010 年广播影视事业发展计划纲要》，计划在"十五"期间基本实现东部和其他经济基础较好地区的所有自然村、西部地区新通电行政村和部分自然村"村村通"的目标。2004 年 7 月，国务院下发《关于巩固和推进村村通广播电视工作的意见》（国办发〔2004〕60 号），决定启动自然村"村村通"工程，重点解决新通电行政村和 50 户以上已通电自然村收听不到广播、收看不到电视的问题，下达建设资金 4.35 亿元，随后将收视标准从收看两套节目提高到逐步做到收看 8 套电视节目。2006 年，国务院下发《关于进一步做好新时期广播电视村村通工作的通知》（国办发〔2006〕79 号），要求到 2010 年底，全面实现 20 户以上已通电自然村通广播电视的目标。

正是通过这些年逐步推进的村村通工程，使得广大农村的广播电视传输条件大大改善，农民从中得到了更多实惠，得到了接收更多广播电视公共服务节目的机会。可以说，村村通工程大大提高了农村广播电视公共服务的质量，在推进城乡公共服务均等化的道路上迈出了重要的一步。

西新工程：推进民族均等化服务。

如果说村村通工程试图解决的是中国城乡之间的均等化服务问题，那么西新工程试图解决的就是西部少数民族广播电视公共服务的问题，最终是为了达到广播电视公共服务各民族均等化服务的目标。

"西新工程"实施的目的是为了进一步推进广播电视"村村通工程"的成果，继续解决自然和经济条件较差的西部少数民族地区的广播电视覆盖问题。2000 年 9 月，党中央、国务院正式启动了西藏、新疆等边疆少数民族地区广播电视覆盖工程，简称为"西新工程"。据广电总局介绍，到 2010 年，中央财政已向西新工程累计投入 194.8 亿元，其中投入建设资金共 82.2 亿元（国家发改委安排建设资金 66.7 亿元，财政部安排设备更新改造资金 13 亿元、广电总局配套 2.5 亿元），财政部累计安排运行维护经费 112.6 亿元。

"西新工程"的实施使得西部少数民族地区的广播电视覆盖状况大大改善。据广电总局介绍，通过西新工程的建设，西藏、新疆等西部边疆少数民族地区广播影视事业面貌发生了翻天覆地的变化。

一是广播电视传输覆盖能力大大加强。新疆、西藏、内蒙古、宁夏回族自治区和甘肃、四川、云南、青海四省藏区广播电视覆盖率大幅度提高，广播发射机"三满"（满功率、满时间、满调幅度）播出情况有了根本好转，彻底扭转了广播电视覆盖滑坡的趋势，广播覆盖能力比过去增加2.5倍，8省区各地能收听到10套左右短波广播，各地、市、县普遍能较好地收到3套以上中波或调频广播节目，3～4套中央和当地电视节目，基本实现了"让党和国家的声音进入千家万户"的目标。

二是广播影视节目译制制作能力大大加强。中央人民广播电台新开办了第八套节目，用5种少数民族语言播出，每天播音时间增加到20小时，从2009年3月1日开始，中央台藏语广播分频播出，每天播出藏语广播节目18小时。从2010年12月16日开始，中央台维语广播分频播出，每天播出维语广播节目18小时。西藏、新疆、内蒙古、四川人民广播电台共新开办了9套民族语言广播节目，每天播音时间增加到98小时。2009年10月28日康巴藏语卫视开播后，我国初步建立了维、哈、蒙、藏、朝等主要少数民族语言广播影视节目译制制作、传输覆盖的体系。

可见，通过"西新工程"的实施，在推进各民族公共服务均等化的道路上不断前行，促进了各民族的团结，为加快西部开发提供了更充分的信息服务，也给西部少数民族群众带去了更丰富的精神文化财富，从根本上说是利于国家均衡发展和人民共同幸福的伟大工程。

第二节 农村广播电视的接触与需求调查

广播电视公共服务的重点，不仅要关注农村广播电视的宏观发展格局，同时，还要从农民自身的需求和实际出发，探讨农村广播电视的接触与使用情况，以求更有针对性地提升农村广播电视公共服务。本课题组采用实地调查访问法，选取了东、中、西部三个代表性省份的农村广播电视使用情况进行对比分析，以探讨不同区域之间的差异。为了更为深入地了解此类问题，课题组还专门选取湖北省荆州市农村广播电视公共服务情况作"解剖麻雀"式的个案调查。我们通过"点"、"线"、"面"三者结合的调查访问，基本摸清中国农村广播电视的接触与使用状况，并根据农村广播电视公共服务的需求，进一步提出有的放矢的解决方案。

一、农村广播电视接触与使用的总体情况

课题组实地调查访问了全国部分省、区478户农村家庭，在问卷统计分析和观察访谈相结合的基础上，尝试描述我国农村广播电视接触与使用总体情况。

此次调查覆盖了全国12省、自治区，分别是：湖北、江西、广西、江苏、安徽、四川、河南、陕西、山东、新疆、宁夏、河北省，跨越了我国东、中、西三个经济区域。发放调查问卷478份，回收有效问卷449份。调查旨在全面了解我国农村受众对广播电视媒介接触与使用的状况，包括：农村广播电视覆盖情况和有效收视/收听情况；农村受众对广播电视村村通的知晓度和认知情况；广播电视在农村媒介消费中的实际地位与作用；农村受众对未来（数字）广播电视的需求情况；外出务工人员的媒介消费情况；农村受众对城乡广播电视消费差距的认识与改进要求等。问卷回收后运用SPSS统计软件对问卷进行数据统计分析。

在问卷调查前，课题组专门培训了由研究生和本科生组成的调查员，共计42人，要求访问员入户观察访问主要家庭成员，依据访谈提纲，实时观察记录受访者及其家庭在广播电视使用与需求等方面的情况，丰富生动的现场观察与访谈信息可以对问卷调查作出适当的补充与辅证。

被调查者对象以青年、壮年为主。青年占被调查者总人数的29.8%，壮年为18.8%。被调查对象中男性288人，女性160人。受访者的文化程度以初中为主，占总数的39.1%，其次是高中或中专学历，为23.5%。受访者年收入分布于801～6000元。受访者中有182人表示有过外出务工经历。

（一）农村用户电视接触与使用情况

1. 农村电视基本情况调查

通过调查数据分析发现：在电视机拥有量上，52.8%的农村用户只有一台电视机，30.7%的受访者拥有两台电视机，拥有三台电视机的用户占16.3%。

在农村家庭电视接收方式上，以有线方式和直播卫星方式为主，在449份有效问卷中，有175户家庭的收视方式为有线模拟，而148户家庭则是直播卫星方式。另外，部分家庭采用有线数字电视、无线模拟电视、无线数字电视。

在收视费用方面，203 户有线电视用户中平均安装费为 259.17 元，其余大多数用户安装费用为 200 元。有线电视收视费用年平均为 140.53 元，大多数有线电视收视费为 120 元。统计数字表明，12 省（自治区）有线电视安装费、收视费基本一致。被调查者中有 147 户安装直播卫星接收设备，平均安装费用是 233.56 元，大多数的用户安装费用为 200 元。根据被调查者对收视问题的回答得出，1998 年安装有线电视的农村家庭有 28 户，占总数的 13.5%，2005 年至今有线电视的安装家庭户数较为集中，每年在 20 到 30 户之间波动。农村家庭安装有线电视较为集中的时间与我国村村通工程启动和加大发展力度的时间进程相契合。

在电视收视质量方面，农村家庭平均能收看到的频道数为 38 套，用户对电视信号质量的评价多是一般，占总数的 54%，而认为信号好的用户有 37.4%，只有 8.5% 的人认为信号是差的。

在电视故障的维修方面，有 373 位受访者评价认为，服务质量一般，占了大多数，比例为 63.8%，55.3% 的人认为维修服务的价格合理，也有 28.6% 的人认为价格偏高。

2. 农村收视行为调查

在收视行为上，多数人集中在 18 点以后收看电视（58.9%），有 14.5% 的人选择在 12 点到 14 点收看，其余时段收看节目的人所占比例不大。多数人的收视时长在 2 至 3 小时和 3 小时以上。

在频道选择上，有 47% 的受访者选择收看本省电视台，而收看中央一套节目的观众有 43.3%。相对于本省台、本市台以及中央一套而言，收看农业频道的人数比例较少，为 21.9%，其中收看中央七套的人数占到 60.4%，他们中表示经常收看的占 20.3%，而 40.1% 的人只是偶尔收看。

在收看中央电视台第七套节目的受访者中，66% 的人表示喜欢《致富经》栏目，而分列收看第二位和第三位的栏目是《聚焦三农》、《农广天地》（见表 5.8）。

表 5.8　受访农民喜欢的中央 7 套节目

节目	代码	频数	回答%	喜欢栏目%
农广天地	1	71	13.7	33.0
聚焦三农	2	105	20.3	48.8
乡土	3	78	15.1	36.3

续表

节目	代码	频数	回答%	喜欢栏目%
每日农经	4	57	11.0	26.5
致富经	5	142	27.4	66.0
其他	6	65	12.5	30.2
总计回答数	518	100.0	240.9	

由于在被调查的 12 个省份中，有些省没有本地对农频道，所以基本不收看对农频道的人数相当多，达 189 人，占 60.8%，经常收看的人只占 12.5% 的比重。而观众选择收看对农节目的原因中，"增长见识"、"了解时事政治"和"娱乐消遣"分别占据前三位，各占比例为 24.5%、23.3% 和 19.5%（见表 5.9）。

表 5.9   受访农民选择收看对农节目的原因

收看原因	代码	频数	回答%	个案%
娱乐消遣	1	203	19.5	52.2
增长见识	2	256	24.5	65.8
了解时事政治	3	243	23.3	62.5
学习农业知识与技术	4	179	17.2	46.0
了解和自己有关的资讯	5	143	13.7	36.8
其他	6	19	1.8	4.9
总计回答数	1043	100.0	268.1	

3. 农村收视留意调查

表 5.10 显示，在春节期间只有 14% 的人特别留意收看电视农业技术节目，81.9% 的人都会特别留意综合娱乐类节目，另外在被调查者中，选择收看"新闻信息类"和"影视剧类"节目的分别占据 66.4% 和 62.5% 的比重。

表 5.10　受访农民春节期间特别留意收看的电视节目类型

节目类型	代码	频数	回答%	个案%
新闻信息类	1	294	23.7	66.4
综合娱乐类	2	363	29.3	81.9
影视剧类	3	277	22.4	62.5
生活服务类	4	154	12.4	34.8
科学教育类	5	84	6.8	19.0
农业技术类	6	62	5.0	14.0
其他	7	4	0.3	0.9
总计回答数		1238	100.0	279.5

　　在"对农节目"满意度上，分为数量和质量两个方面。在数量是否充足方面，49.4%的人认为对农节目的数量一般，也有42%的人认为对农节目数量是不充足的，认为数量充足的受访者仅占8.6%。在质量方面，有64.8%的人认为节目质量一般，对节目质量满意以及不满意的比重相当，分别为18.3%和16.9%。因此，对农频道数量不够充足而且节目质量不佳，这是影响农村收视人数规模和满意度评价的关键。

　　在收视意愿上，超过一半（50.7%）的被调查者希望增加实用技术节目。同时，希望增加农业政策节目以及农业市场信息节目的被调查者都超过了40%（见表5.11）。

表 5.11　受访农民希望对农节目增加的信息类型

节目	题号	频数	回答%	个案%
实用技术	A24_1	215	15.5	50.7
农业政策	A24_2	192	13.9	45.3
新品种新技术	A24_3	168	12.1	39.6
技能培训	A24_4	135	9.7	31.8
用工招工信息	A24_5	108	7.8	25.5
农业市场信息	A24_6	170	12.3	40.1
气象服务信息	A24_7	145	10.5	34.2
法律知识信息	A24_8	136	9.8	32.1
文化娱乐信息	A24_9	106	7.6	25.0
其他	A24_10	11	0.8	2.6
总计回答数		1386	100.0	326.9

对于目前电视节目存在的问题，如表 5.12 所示，有超过一半（50.9%）的被访者认为"和农民日常生活联系不够紧密"，有 43.8% 和 41.8% 的被调查者认为电视存在"内容不够吸引人"和"节目中插播广告多"的问题。

表 5.12　受访农民认为当前电视节目存在的问题

存在的问题	题号	频数	回答%	个案%
节目数量少	A25_ 1	131	14.1	31.9
内容不够吸引人，不好看	A25_ 2	180	19.3	43.8
和农民日常生活联系不够紧密，贴近性不够	A25_ 3	209	22.4	50.9
信息量少，缺少新意	A25_ 4	124	13.3	30.2
播出时间与作息时间不一致	A25_ 5	101	10.8	24.6
节目中插播广告多	A25_ 6	172	18.5	41.8
其他	A25_ 7	4	1.5	3.4
总计回答数		931	100.0	226.5

（二）农村用户广播接触与使用情况

被访者填答广播使用与接触的相关问题方面，有些信息值缺失，只有部分被访者对广播的使用情况做了回答。

收听广播的主要方式上，在 184 份有效问卷中，收听无线广播人数的比例显著高于收听有线广播的比例，分别为 92.4% 和 7.6%。

拥有收音机的数量上，在 315 份有效问卷中，被访者中表示家中没有收音机的占 67.6%，回答有 1 台收音机的占 24.1%，受访者家中有 2 台收音机的占据 8.3%。

收听质量上，66.3% 的受访者认为广播信号质量一般，20.4% 的受访者认为质量好，也有 13.3% 的受访者表示信号质量差。

收听时长方面，选择在 14 点至 18 点之间收听广播的人数最多。对于收听广播的动因，25.5% 的人认为是增长见识，其次则是了解时事政治、娱乐消遣和学习农业知识与技术。

收听偏好方面，有 28.9% 的受访者表示会收听综合娱乐类节目，26.5% 的受访者选择了新闻信息类节目。

广播节目满意度上，有接近 50% 的人认为对农广播节目数量不充足，而认为数量一般的也有 40% 之多。对农节目质量上，66% 的人认为质量一般。

收听意愿上，大部分受访者希望增加实用技术节目、农业政策节目、农业市场信息以及法律知识信息。关于节目内容不够吸引人、和农民生活联系不紧密以及节目数量少等被认为是目前广播节目存在的主要问题。

（三）农村用户对村村通工程的知晓与认知情况

通过本课题组的调查，发现农村用户对村村通工程的知晓和认知存在一定问题。而村村通工程的顺利实施和发挥效果，必然需要广播电视和广大农民双方达成互动，绝不是一方努力就能实现的。

调查发现，对"村村通"工程的知晓度方面，有 50.6% 的受访者表示不清楚，有 36.7% 的受访者表示听说过，了解"村村通"工程的受访者仅占 8%。

对于"村村通"工程是否带来实惠，认为"没什么实惠的"占到了 53.6%，39.3% 的受访者认为"实惠很大"，但是也有 7.1% 的受访者认为"增加了负担"。

在回答"村村通"工程带来的具体好处上，有 78.3% 的村民认为"村村通"提供了更多广播电视节目，丰富了农村生活，这是大部分农民的普遍认识。此外，26.9% 的受访村民认为提供了"传输技术支持，保证信号清晰稳定"，23.5% 的受访村民认为"有专门的运营机构和维修人员，保证广播电视正常接收"（见表 5.13）。

表 5.13　受访村民认为"村村通"工程带来的好处

好处	代码	频数	回答%	个案%
有专门机构和维修人员，保证广播电视正常接收	1	202	23.5	60.1
传输技术支持，保证信号清晰稳定	2	231	26.9	68.8
提供更多的广播电视节目，丰富农村生活	3	263	30.6	78.3
低价或免费的接收维修服务	4	153	17.8	45.5
其他	5	11	1.3	3.3
总计回答数		860	100.0	256.0

调查问及是否愿意为收看数字电视而多付一些收视费时，在 423 份有效问卷中，有 214 位受访者表示不愿意，占 50.6%，愿意和不确定的分别占 27.2% 和 22.2%。对改进农村广播电视公共服务的建议方面，342 份有效问卷中，建议在"基础设施"、"对农广播电视节目"和"政府补贴"三方面改进

的人数都接近80%。

（四）广播电视在农村媒介消费中的地位与作用

广播电视对农服务的最终落实状况，还要看广大农村群众的媒介消费习惯。只有了解广播电视在农村媒介消费中的地位和作用，才能更加有的放矢地展开对农公共服务。

表5.14　受访农民接收信息的主要媒介

主要媒介	代码	频数	回答%	个案%
电视机	1	431	35.6	98.0
收音机	2	62	5.1	14.1
电脑	3	96	7.9	21.8
报纸	4	112	9.2	25.5
杂志	5	32	2.6	7.3
书籍	6	70	5.8	15.9
手机	7	269	22.2	61.1
VCD/DVD	8	120	9.9	27.3
其他	9	20	1.7	4.5
总计回答数		1212	100.0	275.5

表5.14说明，农村受众在接受信息时使用的媒介主要是电视，占到了98%，这充分说明电视在农民媒介消费中占有举足轻重的地位。其次是手机，占据61.1%，那么手机可不可以为农民提供公共服务节目呢？这也将成为新媒体时代公共服务的重要课题，比如是否可以开发专门针对农民需求的手机广播节目和手机电视节目。使用收音机作为接收媒介的比重仅有14.1%，这个比重明显偏低，收音机作为广播媒体的接收机，应当是非常便利的媒介，但在媒介日益多样化发展的大潮中被大部分人逐渐遗忘。另外，有21.8%的人选择电脑这种新型的接收媒介，这又为我们提供了新的对农公共服务的方式，比如网络电视、网络广播的有效利用。

表5.15　受访农民闲暇时的消遣方式

消遣方式	代码	频数	回答%	个案%
与人聊天	1	325	26.1	74.0
看电视	2	402	32.3	91.6

消遣方式	代码	频数	回答%	个案%
听广播	3	44	3.5	10.0
玩棋牌	4	208	16.7	47.4
读书报	5	93	7.5	21.2
上网	6	126	10.1	28.7
其他	7	47	3.8	10.7
总计回答数		1245	100.0	283.6

表5.15说明，有超过90%的村民在闲暇时选择收看电视作为消遣，因此，被称为"第一媒介"的电视在农民群体中得以再次彰显。在闲暇选择消遣方式中，列第二、三位的消遣方式分别是"与人聊天"（74%）和"玩棋牌"（47.4%），而并非大众媒介。接着是选择上网作为消遣方式的占据28.7%，说明上网日益被农民所接触和熟悉。而同样作为电子媒体的广播，被选为消遣方式的比例仅有10%，这需要进一步加强，关键是如何制作农民喜闻乐见的节目和采取有效的传播策略将农民受众重新吸引到广播上来。

表5.16 受访农民对城乡居民在广播电视接触使用方面差距的认知

		频数	比例	有效比例	累加频率
有效值	基本一样	68	15.1	15.9	15.9
	说不好	34	7.6	7.9	23.8
	有一些差距	162	36.1	37.8	61.5
	差距很大	165	36.7	38.5	100.0
	总计	429	95.5	100.0	
缺失值	缺失值	20	4.5		
总计		449	100.0		

表5.16显示，通过受访农民对城乡居民存在差距的认知，可以更全面地认识这一问题。调查中有38.5%的被访者认为与城市居民在广播电视的接触使用上差距很大；37.8%的被访者认为城乡居民之间有一些差距。此外，认为城乡基本没有差距的有15.9%。在问及缩小城乡差距的方法上，有65.5%的受访者认为政府推行减免政策可以缩小城乡差距，其次是提高广播覆盖率和多制作农民喜闻乐见的节目。

（五）返乡务工人员广播电视使用情况

根据被调查者的回答情况，其中182人有外出打工的经历。在他们中间最近一次外出务工时间两年以上的有28%，6个月到1年的有23.6%，3个月的有20.9%。对于外出务工人员使用媒介情况的调查显示：他们使用最多的媒介是手机、电视机和电脑，分别占73.2%、52.6%和31.1%。而书籍、杂志和收音机、DVD/VCD使用比例较小，都不超过6%。

对于希望添置的家电，接近一半的返乡务工被调查者表示会添置手机，超过四成的人希望添置电视机，而超过三成的人希望添置电脑。由此，手机、电视机、电脑成为他们渴望添置的家电新"三件"。电视的强势地位没有动摇，而广播的弱势有必要引起足够重视。

接受信息媒介的选择上，在所有被访者中，不管是否有外出打工或经商的经历，他们都将电视机、手机作为他们接收信息的主要媒介。两者在接收信息的媒介上基本没有差异。空闲时间的消遣方式，两者也是基本一致的，看电视、与人聊天和玩棋牌分别列居前三位。

在选择对农节目的原因上，没有外出打工经历的受访者更在乎娱乐消遣、增长见识、了解时事政策、学习农业知识与技术、了解与自己有关的资讯。

对于希望增加的电视节目，没有打工经历的人比有打工经历的人更希望增加实用技术、农业政策、新品种新技术、技能培训、用工招工信息、农业市场信息、气象信息、法律知识、文化娱乐等节目，这主要是因为两类农民群体的生存方式有着明显分野，生存方式的不同决定了他们对相配套的信息需求也不相同。

（六）结论和讨论

通过对12省部分农村家庭的问卷调查以及访问员的观察访问，我们可以了解到广播电视在农村的普及情况，掌握了大量的农村受众广播电视接触与需求信息，并注意到农村中的一个特殊群体——外出务工人员媒介消费上出现的变化，这些资料为我们勾勒出我国当下广播电视公共服务的现实图景。

1. "村村通"工程的实际效用有待提高

调查表明，随着"村村通"工程的推进，广播电视扩大了农村覆盖率，尤其是电视方面，农村家庭普遍能收到8套以上节目和频道，达到电视公共服务的基本要求。电视接收方式也实现了有线、无线、直播卫星的混合覆盖。农民收看电视有了较大的选择余地。电视成为农民主要的信息媒介和第一位的娱乐消遣方式。

但是我们也注意到"村村通"工程在实际运作中存在的一些问题。村村通工程在农村居民中知晓度并不高，大多数受众表示并未感受到村村通工程带给他们的实惠。因此，在加大村村通宣传力度的同时，重点是通过网络建设、维修服务、视听费减补等方式给村民看得见的好处。

目前村村通工程着力于电视网络进村入户，升级换代，使村村通工程变相成为电视村村通，但这一定程度上又加速了农村广播的萎缩。在对湖北省荆州市江陵县广播电视村村通工程建设专题调研中，我们看到曾经受到村民喜爱、构建完备的村有线广播系统日渐萎缩。事实上，村干部和村民反映广播在农村信息传播与文化建设方面仍然有着重要的不可或缺的作用。因此，在村村通工程实施中要关注广播的网络建设，因地制宜、因需制宜，使农村广播在村村通工程助力下也能开拓一片持续发展的空间。

在当前广播电视体制下，媒体宣传、事业、产业基本上是一种三位一体的混合胶着状态，因而村村通工程的实际运行就极易出现责任主体不明、事业产业不分的情形，具体到财政补贴难以到位，使村村通工程的公益性难以充分体现。因此，要确立村村通专项资金的监管和评估考核机制，同时政府需要加大对农村广播电视公共服务的资金投入力度，建立政府主导的公共财政保障机制，保障各项资金的正常流动和落实。要使"村村通"工程等一系列广播电视对农公共服务，由政府主导的自上而下的行政行为变为农民知晓、乐于接受、能够得到实惠的惠民工程。

2. 对农节目的关键在于满足农村受众的需求

基础设施和内容建设是广播电视公共服务的两翼。调查访问发现，农村受众对现有的广播电视节目数量和质量满意度都不太高。有超过六成的受访者表示对农节目质量一般，经常收看中央七套的观众仅有20.3%，不管本地是否有对农频道，60.8%的受访者表示基本不看。更多的受访者更倾向于收看新闻信息类、影视剧类、综合娱乐类的电视节目。在访谈中多数村民表示面向全国播出的中央七套的农业节目针对性差，许多信息并不适用于当地，他们对节目的最大的要求是"贴近当地实际"，而本地对农频道和节目数量不够充足，不能满足农民需求，他们希望增加实用技术节目、农业政策节目和农业市场信息节目。农民收看电视的时段基本在18点以后，而这正是各大卫视推出各自强档节目的黄金时段，如果对农节目缺少吸引力，肯定会受到这些强档节目的冲击，流失大量的农民观众。在节目内容方面另外一个值得注意的现象是，无论是主流节目还是对农节目，都透露着强烈的传者主导的意味。大多数节目的受众定位忽视了广大农民，传播的信息与农民需求不匹配，造成了对农节目供给与需求错位的尴尬局面。

因此，改进对农节目的关键是满足农民的需求。只要对农频道能够抓住农民的根本需求，制作出大量农民喜闻乐见的节目，是可以在与其他节目的竞争中胜出的。这方面，荆州电视台《垄上行》专业频道的经验颇有借鉴意义。《垄上行》每期节目力图在"第一现场"采制，通常采用拍短剧、说评书、讲故事的方式，让节目亲切、实在，农民听得轻松、明白。除了在演播室录制节目外，《垄上行》栏目组更是走向田间地头，开办"春秋垄上行"大型户外活动，应合农村生产生活节律，增强节目的参与性，拉近了与村民情感距离。目前，《垄上行》由单一的电视栏目已扩展为垄上频道，取得了令同行瞩目的经济效益与社会效益。因此，对农服务节目需要不断创新，需要真正贴近农民的节目。

3. 外出务工人员媒介消费的新变化

通过问卷调查和访谈发现，返乡的外出务工人员在眼界和思想水平上比农村留守人员要高。很多受访者表示，家中青壮年外出务工之后，留守人员认为目前的电视频道已能满足需求，没有必要为数字电视支付更多的费用，但是外出务工人员会不满足于现状，会影响到家庭其他人对媒介类型与接收方式的选择。比如春节期间，外出务工人员往往成为家庭中电视消费的主要引导者。

另一方面，由于外出务工人员在外接收信息多，媒介接触频度高，使用的媒介多为电视机、手机，其中也不乏对电脑的使用。回乡后他们希望添置的家电依次是手机、电视机和电脑。而他们对信息的需求也发生了一定程度的转变。返乡务工人员对农业节目兴趣全无，娱乐节目、新闻资讯对他们的吸引力更为强大。

而荆州广播电视在调查了当地农民工的结构变化之后，也针对这一受众群体增开了娱乐类的节目，当地网络公司还根据民工出行和返乡的时间段调整有线电视收视费收取的时间和方式。这样一系列的举措都体现出了广播电视在对农公共服务上的"分众"和"分流"，既满足了农民工的公共需求，也促进了自身的长足发展。

返乡务工人员接收信息的方式不再局限于电视，开始依赖手机、网络等新媒介，也有意识地主动搜集更多的信息，期望在信息资源的拥有上与城市居民同步。外出务工人员不仅在媒介使用方面与留守人员有所差异，对信息的需求也更为多元化。在推进农村广播电视公共服务时，也要对此群体有所关照。在对荆州电视台采访过程中我们就了解到，农民工的婚嫁难是当下农民工群体中较为普遍的问题，所以电视台就特别推出了《唐媒婆说媒》这一档栏目，为农民解决实际中存在的困难及问题提供有效服务，实属难能可贵。

二、东、中、西部农村广播电视接触与需求的比较

农村广播电视公共服务是全国农村共同的文化需求。但是，对于处在我国东部、中部和西部三个不同经济区域的农村，农民们之间对广播电视的接触和需求状况是否存在差异呢？这直接关系到农村广播电视公共服务是否能够有效提供。本项目选择东部、中部和西部的江苏、湖北、四川三个省份为代表进行了调查研究。研究假设三个不同经济区域的农村广播电视公共服务需求不同，那么只有对三个区域农村进行不同的公共服务供给，才能有针对性地真正满足其视听文化需求。因此，我们特意对江苏、湖北、四川三省的农村电视接触与需求状况进行调查与统计分析，以求得出较为真实的状况，从而为不同区域的农村广播电视公共服务提供有效参考。

1. 关于农村广播电视接触情况比较调查

对三省的调查数据显示，受访者家庭拥有电视机数量上，江苏受访者拥有3台电视机的家庭有36.7%，湖北次之，但所占比重已经大大下降，仅占6.7%，而四川受访者中拥有3台电视机的用户为零（见图5-1）。

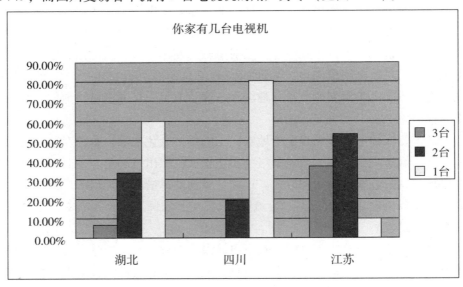

图5-1　三省受访农民家庭拥有电视机数量比较

电视接收方式上，江苏在有线模拟电视和有线数字电视接收方式上是三个省份中所占比例最高的，尤其是有线模拟电视高达70%以上。湖北的直播卫星方式是三省中占比例最大的，超过50%，其次是无线模拟电视，所占比例为30%。而四川则以有线模拟电视居首，所占比例超过50%，其次是直播卫星电视，占据近三分之一的比重（见图5-2）。

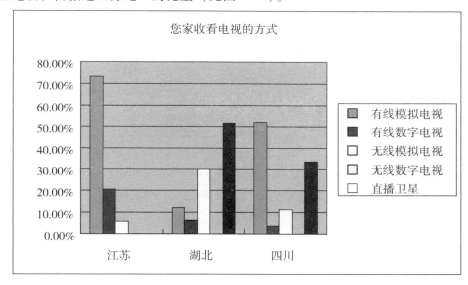

图5-2　三省受访农民收看电视主要方式比较

在收看频道数量上，江苏受访者全部达到或超过8套节目，而湖北和四川仍分别有17.2%和6.7%的用户收看电视节目数少于8套。接收8~40套节目的用户中，江苏有69%，湖北有31.1%，四川则是46.6%。能够接收40套以上电视节目的用户中，江苏、湖北、四川分别占31%、51.7%、46.7%。

在收视费用上，有线电视初装费方面，湖北57.2%的受访者缴纳了300元以下的费用，江苏60%的受访者缴纳了300到500元之间的费用，而46.6%的四川受访者缴纳了500元以上的费用，在三省中最高。有线电视收视费方面，82.1%的江苏受访者和73.3%的四川受访者都缴纳了150元以上的收视费。湖北的大部分受访者缴纳的是150元以下的费用。

在电视信号质量方面，认为"信号好"的用户江苏最多，有66.7%，湖北也有60%的用户认为信号质量好，四川则只有30.8%。认为信号一般的四川人数最多，有50%，而认为信号差的也是四川用户居多，有19.2%（见图

5 - 3)。

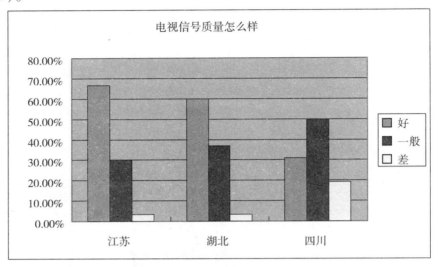

图 5 - 3   三省受访农民对电视信号质量的满意度比较

在电视维修服务质量上，三省也有差别。江苏和湖北分别有 57.1% 和 47.1% 的用户认为维修质量好，而四川仅有 4.3% 对维修质量满意。78.3% 的四川用户和 47.1% 的湖北用户认为维修质量一般。17.4% 的四川用户认为维修质量差，是三省当中比例最高的（见图 5 - 4）。

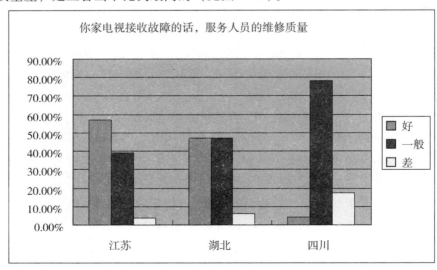

图 5 - 4   三省受访农民对维修服务质量的满意度比较

维修收费方面，江苏的全部受访者认为价格合理，湖北有一半的受访者认为价格合理，四川受访者中有 75% 认为价格不合理，觉得价格偏高。

收看对农频道方面，江苏和湖北受访者分别有 40.7% 和 20% 表示经常收看本地对农专业频道，四川没有本地对农频道，受访者回答为零。

收视满意度上，江苏的受访者认为目前对农电视节目存在的主要问题是和农民日常生活联系不够紧密以及信息量少，湖北的受访者大部分认为是节目中插播广告多以及与日常生活联系不紧密，四川的受访者则表示节目中插播广告以及播出时间与作息时间不一致是主要问题（见图 5 -5）。

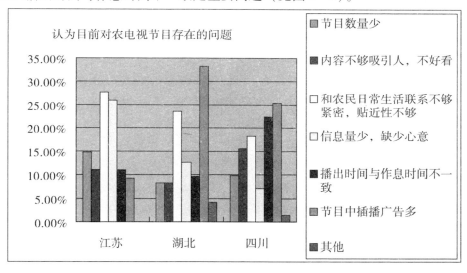

图 5 -5　三省受访农民认为目前对农电视节目存在的问题比较

2. 关于农村广播电视"村村通工程"认知度比较调查

对"村村通"的知晓程度方面，听说过"村村通"工程的江苏、湖北、四川受访者分别是 40%、11.1%、53.8%，比较而言，村村通工程在四川农村人群中知晓程度最高（见图 5 -6）。

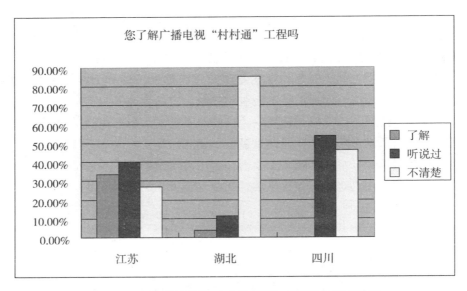

您了解广播电视"村村通"工程吗

图例：
- 了解
- 听说过
- 不清楚

图 5-6 三省受访农民对"村村通"工程的知晓度比较

对于"村村通"是否带来了实惠问题的回答，江苏、湖北都有超过六成的受访者表示没什么实惠，而 38.5% 的四川受访者认为实惠很大，高于江苏和湖北。同样也有 23.1% 的四川受访者认为"村村通"增加了负担，这一比例也远远高于江苏和湖北（见图 5-7）。

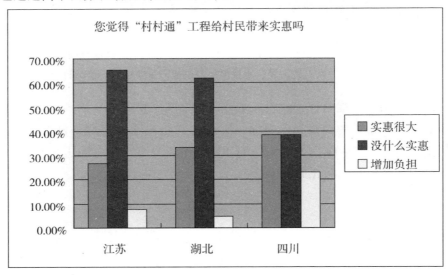

您觉得"村村通"工程给村民带来实惠吗

图例：
- 实惠很大
- 没什么实惠
- 增加负担

图 5-7 三省受访农民对"村村通"工程实惠度的认知

对于"村村通"带来的主要好处，江苏受访者列第一位的是"有专门的运营机构和维修人员，保证广播电视的正常运转"，而湖北和四川列第一位的是"提供了更多的广播电视节目，丰富了农村生活"。

3. 关于农村数字付费电视的调查

对于"是否愿意为数字电视付更多的收视费"，84.6%的四川用户表示不愿意，在三省中比例最高，江苏次之，占59.1%，湖北为34.5%。表示"愿意"的用户中，湖北最高，为44.8%，江苏是27.3%，四川最少，只有7.7%（见图5-8）。

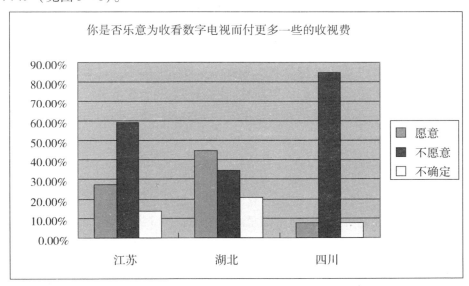

图5-8 三省受访农民交纳数字电视收视费意愿的比较

三省用户接收信息的主要媒介类型也不尽相同。江苏排前三位的分别是电视机、报纸和电脑，湖北和四川排前三位的均是电视机、手机和VCD/DVD。

三省被访者在闲暇时选择的消遣方式几乎相同。三省排前三位的都是看电视、与人聊天和玩棋牌。而上网这一方式，在江苏有10.5%的会以此为消遣，湖北和四川仅有1.1%和5.2%。

城乡居民使用接触广播电视上，三省受访者表示了不同看法。50%的江苏受访者表示城乡之间有一些差距但差距不大，而40%和68%的湖北以及四川受访者认为城乡差距很大。

结论与讨论：

通过对东、中、西部的比较分析，能够明显看出经济水平对农村广播电视公共服务有着重要影响。以江苏为代表的东部地区经济水平高，因而在使用媒介上除了电视还有电脑和报纸，而以湖北为代表的中部和以四川为代表的西部地区农村受众在媒介接触上主要是电视、手机、VCD/DVD。

以三省为代表的三个区域的基础设施方面也有一定差异，西部地区电视信号比东部、中部要差些，而服务质量上也要比东部、中部逊色。价格承受能力上，西部也是最低的。这就需要政府针对不同地域的情况，采取具有针对性的措施，投入更大力度保证西部地区的信号稳定，在减免政策上向西部倾斜。

东、中、西部收看对农节目的意愿也各有偏重。以江苏为代表的东部地区希望增加农业政策、实用技术和农业市场方面的信息，以湖北为代表的中部地区希望增加农业政策、气象信息、实用技术和法律信息，以四川为代表的西部地区则对气象信息、农业政策、技能培训等多方面的信息都有迫切的需求。

总体来看，虽然同属于农民群体，东、中、西部的受访者在广播电视收听收看意愿、满意度和媒介接触行为上仍有较大差异。地区经济水平的高低导致农村广播电视公共服务产生差异。这种差异不仅仅是体现在基础设施上，更体现在农民对广播电视公共服务的需求上。中部、西部的农民需求仍停留在基础设施的"初级阶段"，获取信息的渠道较为单一，因而对于相关内容服务的需求模糊简单。东部农民由于经济条件较为优越，需求层次不单停留在基础设施层面，他们对外界信息的需求更为强烈。

要实现东、中、西部农村广播电视公共服务均等化发展，绝不能"一刀切"，要根据各地区经济水平的不同实行差异化措施。对于经济发达或比较发达地区有一定收入的省级专业对农广播电视，省级财政应视其为准公益事业给予一定的投入，或是出台相应的免税或返还政策；对于经济不发达省份的省级对农广播电视专业频率（道），特别是基层广播电视应视为纯公益事业，由政府投入，凡转播中央、省、地（市）、县节目的无线发射台，其维护费（含电费）、设备更新费应由中央、省、地（市）、县各级财政予以补偿。建立社会资金投入机制。制定优惠的税收政策，引导和鼓励企业、公众投资农村广播电视网络等基础设施建设，实现投资主体的多元化。① 若要缩小地区差异，根本的解决办法仍是促进中部、西部经济、文化、社会的全面发展。

三、农村广播电视公共服务的个案调查

为深度解析农村广播电视公共服务实施情况，本课题组前往湖北省荆州市，对荆州市农村广播电视公共服务进行了为期一周的实地调研。期间调研小组深入到江陵县资市镇华湘村和江陵县熊河镇候口村进行考察，并与当地村民进行了一对一的访谈和问卷调查，获得了较为翔实的最新数据与第一手资料，同时走访了荆州市广电局、荆州市电视台、荆州市广播台和江陵县网络公司。作为具有代表性的中部市区，荆州市的调研结果既让我们看到了当前农村广播电视公共服务获得的可喜成绩，又让我们认识到当前农村广播电视公共服务发展的创新之路，从中启发了我们对于新形势下农村广播电视公共服务所面临的诸多机遇和挑战的新思考，这对全国各地农村广播电视公务服务的发展都有一定现实和借鉴意义。

（一）荆州农村广播电视公共服务的成效

位于湖北江汉平原上的重镇——荆州市是名不虚传的农业大市，因此，荆州的农村广播电视公共服务也就更显得具有典型意义。

1. "村村通"工程"起得早，做的好，质量高"

荆州市作为湖北省第一次村村通工作会议的召开地点和1999年省内第一批发展村村通工程的地级市，相对省内其他地区而言，荆州市的公共服务意识比较超前，工作计划开展得更早。基于荆州市政府的重视和推动，荆州市连续三年将发展有线电视十万户列入了政府惠民的十件实事之一。全市各级广播电视部门以扩大农村广播电视网络覆盖为重点，采取了多种措施积极推进农村有线电视进村入户和无线覆盖工程。

从荆州市各年度的"村村通"工程发展情况汇报中，我们提取以下几组数据来概括近年来的通村入户成果。截止第二期"村村通"工程结束时，荆州市就已实现有线电视通村1788个，通村率71.6%，有线电视总户数60.79万户，入户率40.3%，其中农村用户34.76万户，入户率35%。截止2007年3月，荆州市116个自然村盲村就已全部实现通广播电视。全市村村通工程投入配套资金合计540万元，联网光缆干线累计324.7公里，电缆298.6公里，

---

① 张振华：《农村广电公共服务体系建设应该提速》，《中国广播电视学刊》2007年第6期。

入网用户合计 6874 户。全市有线电视总户数已达到 71 万户，入户率 47%，通村总数 2055 个，通村率 82.3%。到 2008 年，荆州市全市有线电视总户数达到 80 万户，全市有线电视通村率已超过 85%。①

从村村通工程的质量验收来看，联网各村收看的节目套数满足了"4 + 8"标准，验收地段工程建设较为规范，线路架设质量较好，广播电视信号质量综合评价为良好以上。各县市对所属乡镇站均已实现了垂直管理。在网络上，以县市有线网络机房为前端，各乡镇站机房为分前端，统一规划、统一建设、统一管理、统一运营，形成支撑"村村通"工程维护管理体系有效的技术力量。

2. "垄上行"频道"生机勃勃、效益双赢"

荆州市电视台"垄上行"三农频道作为对农广播电视公共服务的标志，在当地和湖北省乃至全国，都产生了广泛的社会影响，其诞生的历史可追溯到 2002 年的《垄上行》栏目，当时作为一档专注农民民生的电视节目青涩亮相。如今，"垄上行"作为荆州市电视台的品牌频道，已深深印入荆州农民和市民的脑海中，先后获得了全国各级和各类奖励与表彰，并在湖北全省推广，2011 年 8 月 18 日，湖北电视台垄上频道也正式开播。荆州"垄上行"频道从录播民生节目到举办直播活动再到成立垄上频道实现了"三级跳"，探索出了"频道＋渠道"的长效发展路径，并引入市场观念、营销观念，逐步由单一的电视媒介向品牌产业链发展，于 2009 年 3 月 6 日和内蒙古永业集团合作，成立了垄上行新农村服务公司，建立起新农村连锁服务体系。

垄上行频道的节目选题依托荆楚农广天地，节目内容紧贴农业、农村、农民，节目形式令受众喜闻乐见，节目宣传始终求新求变，深受江汉平原农村朋友的喜爱。频道开播以来，每天接到热线电话 300 多个，互动短信 2000 多条；收视率最高达到 15%，收视份额 28.5%。农民朋友强烈地、自发地把垄上频道改称为垄上电视台。

荆州市的《垄上行》已经推动全省其他地市电视台的纷纷效仿，为全省农村广播电视公共服务起了良好的示范作用，也为全国对农节目的创新与改革提供了经验，我们可以从 2009 年 5 月湖北省实施《垄上行》品牌战略进度表中看到其强大的引领效应（见表 5.17）。

---

① 数据来源于《荆州市有线电视用户统计总表》、《荆州市村村通工程建设情况汇报》。

表 5.17　2009 年 5 月全省实施《垄上行》品牌战略进度表

单位	进度
荆州市电视台	不断丰富品牌内涵，创新品牌形式，拓展品牌外延，继续提升《垄上行》品牌形象。
襄樊市电视台、天门市广播电视台、神农架林区广播电视台	学习运用荆州《垄上行》成熟的运作模式和节目风格，领导亲自研究部署，精心策划，《垄上行》栏目刚刚开播，便受到关注和好评。
黄冈市电视台、孝感市电视台、十堰市电视台、宜昌三峡电视台	已开办《垄上行》栏目，保留了原有对农节目中比较受欢迎且有一定影响力的子栏目，同时学习荆州经验，在节目内容的贴近性、表现方式等方面进行了新的探索。
黄石市电视台、恩施土家族苗族自治州电视台、鄂州市电视台、荆门市电视台、随州市广播电视台、仙桃市广播电视台	相继开办了《垄上行》栏目。
咸宁市广播电视台、潜江市广播电视台	未开播《垄上行》栏目，但都进行了认真策划和准备，安排了播出计划。

（二）从荆州经验看农村广播电视服务的新路径

荆州的农村广播电视服务只是全国农村广播电视公共服务建设的缩影，但是他们在探索中所体现出的新路径却能放大至全国各地的公共服务发展实践中。

1. 农村广播电视公共服务的永动力——"内容"

对农广播电视节目普遍面临的一个问题是"吃力不讨好"。往往很多对农节目得不到广大农民的欢迎，得不到上级领导部门的重视，得不到广告商的青睐。就在全国大部分对农或涉农节目面临发展困惑的时候，荆州电视台的对农节目却是方兴未艾，红红火火。这里面最重要的一个原因，恰恰在于"内容"二字。广播电视作为公共资源，内容便是其生产的公共产品，势必要有公共服务的功能，而这样一种内容的服务应该如何传播才最有效呢？

首先，不断研发新的节目表现形式和内容生产方式。当全国对农节目还停滞在对农新闻和对农科教的关注中时，荆州电视台就已经开始探索从农民的原生态生活中做文章，利用生活场景的镜像呈现来实现节目创新，并由此创办了如同田间地头侃天气的《陇上气象站》。又如，把传统的东西加以创新改革用到现代媒体中传播，开设了《唐媒婆说媒》，受到广大农村男女青年的喜爱。

再如，针对农村鲜有文艺节目的现状，筹建了垄上行农民艺术团，深入农村、田间地头表演多场大型歌舞晚会。总之，对农的节目内容以及内容的表现方式没有做不到，只有想不到。

其次，不断研究农村受众市场的新变化和新需求。长期以来，农村受众都是处在"弱势的传播活动参与者"、"被动的信息产品消费者"、"无能的传播符号译码者"、"低效的传播效果反馈者"这样的不利地位上，他们的需求常常被忽视或者被误解。很少有节目真正关注现今的农民到底想什么、要什么，对农节目的服务往往都是"从上至下"和"传者中心"的。荆州电视台却力改这一局面，主动来到田间地头，来到农民生产生活的一线来多方了解农民需求，开放多元渠道来获取农民的建议。2009年冬天的《垄上行》节目时间提前半小时开播，就是电视台通过调查了解到农民在冬天的收视习惯和时间要求后作出的调整，调整之后的节目收视率陡然增长了一倍。

再次，不断扩展公共服务内容的内涵和外延。对农公共服务的内容并不是狭隘地局限在农业科技、市场资讯等方面，而应该把内涵扩充到与农民相关的方方面面，包括农事生产、政策信息、市场动态、情感生活、民生维权等部分。而公共服务内容的外延也是不断发展的，除了节目，还可以办活动、搞经营、做市场。比如，荆州市广播台联合举办的"百企扶百乡"，"三农赶集会"活动以及与移动合作的"农村通手机"，通过扩大外延，谋求服务广度和深度的拓展。

2. 农村广播电视公共服务的助推力——"渠道"

制约全国农村广播电视公共服务发展的另一个障碍就是渠道，也就是传播学当中所指的传播通道。再好的内容也需要渠道的承载和传递，而考核一个渠道的传播能力的标准有三：

第一，要实现网络的有效入户。有效的入户率是实现广播电视公共服务的基本硬件条件，不光要"村村通"，还得实现"户户通"、"长期通"。入户率最大的实现障碍就是资金，为了完成每年有线入户的工作，荆州市江陵县广电局多渠道争取资金，积极争取村级补贴、扶贫资金、项目资金，以及包村单位的补贴、外出老板和能人补贴等资金支持，以降低入网的门槛，提高入户率。在有线入户的具体操作中还存在着许多问题，譬如一些特困家庭或是孤寡老人，为了节省收看电视的费用，不愿意安装有线，这些具体问题都需要在进一步的操作中得到切实的解决。

第二，要实现网络的升级换代。这其中包括两个方面，一个是有线设备的维修和折旧，这一点上，江陵县网络公司实施的是免费维修服务，并且在问卷调查中受访者也对此表示较为满意。另一个就是在传媒科技日新月异发展之下，要缩小城乡差距实现平等，农村的电视网络面临着未来网络宽频双向改造和数字网络铺设的新要求。

第三，要开拓渠道的多元入口。我们在调研中切身地感受到，在广大农村地区，电视是农民的第一媒介，虽然这更彰显了电视公共服务的重要性和紧迫性，但是也从另一个侧面反映了对农服务信息渠道十分单一的局面，农村广播日益萎靡，农村不卖报纸，农民买不起电脑，这都是十分严峻的现实问题。要想真正消除城乡信息鸿沟，体现公共服务的平等特性，仅仅依托电视媒介是不够的。

（三）荆州农村广播电视公共服务的新思考

中国农村到底需要怎样的广播电视公共服务？我们在对荆州地区的个案调研中所受启发良多，荆州经验引发了我们对农村广播电视公共服务的新思考。

1. 走有中国特色的广播电视对农公共服务之路

国外的广播电视公共服务，起步比我们早，其中，既有以英国为代表的欧洲模式，重视公共广播电视传统，由独立于政府和市场的公共广播电视机构向所有公民提供信息、教育和娱乐；也有以美国为代表的美国模式，注重商业广播电视传统，由商业广播电视机构在本国法律范围内为公众提供能承受得起的有偿服务，政府则通过监管或规制来维护公共利益。中国的广播电视公共服务建设，是在特殊的地理与人文环境中进行的，受当前的经济与社会条件制约，必须在参照和借鉴国际先进经验的同时，依据全国甚至各地的实际情况，解决服务"本土化"的问题，以保证其有效性和持续性。[①]

首先，要克服中国"特色"的弊端。在我国，政府是广播电视公共服务的责任主体，各级播出和传输机构是广播电视服务的实施主体。在这样的体制内，媒体宣传、事业、产业基本上是一种三位一体的混合胶着状态，并没有功能上的明确区分，而且在不同阶段彼此之间的边界是移动的。意识形态宣传和产业经营占据了较大的份额，事业发展比较萎缩、缓慢。在公共项目的资金补贴上缺乏有效的监管和评估考核机制，公共领域与公共利益长期缺失与不足，无法有效发挥公共利益的平台与功能。只有把明确的分工负责与严格的督察问责结合起来，才能形成构建农村公共服务事业长足发展的制度保证。

---

① 张政法：《关于中国广播电视公共服务的战略思考》，《中国广播电视学刊》2008 年第 6 期。

其次，要发挥中国"特色"的行政力量。在中国，从现实角度出发，行政力量的推动可能是处于第一位的。

政府需要加大对农村广播电视公共服务的资金投入力度，建立政府主导的公共财政保障机制。各级政府是农村广播电视公共服务体系的主导者和责任主体。因此，应把这一工作纳入当地社会发展规划和财政预算，实现财政投入制度化。明确建设广电公共服务体系的重点在农村，必须改变当前普遍存在的重城轻乡的倾向，建立一套经费转移、补偿和激励机制。对于经济发达或比较发达地区有一定收入的省级专业对农广播电视，省级财政应视其为准公益事业给予一定的投入，或是出台相应的免税或返还政策；对于经济不发达省分的省级台专业对农广播电视（特别是基层广播电视）应视为纯公益事业，由政府投入，凡转播中央、省、地（市）、县节目的无线发射台，对其维护费（含电费）、设备更新费应由中央、省、地（市）、县各级财政予以补偿。建立社会资金投入机制，制定优惠的税收政策，引导和鼓励企业、公众投资农村广播电视网络等基础设施建设，实现投资主体的多元化。[1]

2. 与时俱进地提供农村广播电视公共服务

课题组对荆州市江陵县熊河镇广播电视公共服务展开的问卷调查以小见大，可以清晰地反映出农村广播电视公共服务的大致脉络。

首先，调查表明农民的媒介欲求随着生活水平的提高越来越强烈，因此，适应和针对三农的节目受到了欢迎和肯定。如荆州电视台的《江汉风》、《垄上行》等节目，不仅深受农民喜爱，还给农民带去了福音。应该鼓励更多的地市电视台借鉴荆州电视台在对农节目方面成功的经验，办出更多、更好的对农节目，更好地为农民服务。

其次，该镇农民们对广播电视发展的建议：要做到"有用服务，贴心服务"，对我们具有参考价值。其含义包括两个方面：一方面是要针对农民的新需求进行节目制作，尽量满足他们的新需求，比如很多农民反映想看地方戏剧等风土人情味的节目，媒体可适当在这方面加大投放力度。另一方面，有农民受众询问为何城市收视费比农村收视费还低，从表面看，这个问题是有不合理之处，但实际上与农村受众的居住地过于分散，导致有线电视入户费用的增加有关。就此而言，对额外的资金负担，可考虑由政府资助、媒体减免和社会多渠道捐助提供来解决农村有线广播电视公共服务问题。

---

[1] 张振华：《农村广电公共服务体系建设应该提速》，《中国广播电视学刊》2007 年第 6 期。

第三，我们的公共服务还应在新的历史条件下更新观念和服务方式。如问卷所反映出的外出打工返乡的村民，文化程度较高，年纪偏小，对于一般的农村公共服务的要求也有所不同。他们在返乡后，都遇到了家乡环境与在外生活环境存在较大差异的情况，他们在外的媒介接触不同，职业规划不同，自然对于媒介的要求也不尽相同。城乡一体化进程加快后，农村的农民受众们变得越来越不像农民，因此，我们也需要与时俱进地改变对农服务的方式。我们必须致力于实现农村受众与城市受众的信息获取均衡化，因为信息的相对满足带来的是社会心理的舒缓，公共服务均等化不仅仅是一个概念，公共服务均等化是对农民社会同等地位的强化，是社会心理沟通的纽带，是使一个社会相对和谐的有机体的一部分。

3. 中国农村广播电视公共服务应对农民工群体特殊关照

农民工，是中国在特定的历史时期出现的以农民身份担任工人职务的一个特殊社会群体，既与乡村有着天然联系，又与城市密不可分。在城乡一体化进程中，农民工群体处在中间地带，是一个天然的中介，有着双重的受传者身份。一方面，农民工多数时间生活在城市，他们的信息需求和接受视野与长期在乡村从事农业生产的农民有着明显的不同。另一方面，他们无法改变的农民身份使得他们多数要进行定期不定期的乡村回归，即使定居城市，他们与乡村的天然联系也使他们必然接受相当数量的乡村信息。2006 年初，国务院颁发的《关于解决农民工问题的若干意见》中，明确提出要把农民工纳入城市公共服务体系，统筹考虑长期在城市就业、生活和居住的农民工对公共服务的需要。同时，要求"新闻单位要大力宣传党和国家关于农民工的方针政策，宣传农民工在改革开放和现代化建设中的突出贡献和先进典型，加强对保障农民工权益情况的舆论监督"。我们在健全农村公共文化服务体系时，还需要特别重视在城市就业、生活和居住的两亿多农民的文化需求，从长远看，这是广播电视传播工作的重中之重。①

调研采访中发现，有过进城务工经历的农民工在接受调查时表现出与常年在农村的受访者不同的媒介需求和内容需求，他们普遍反映看不了报纸、上不了网或者是收看不到在城里爱看的频道等一系列问题。荆州广播台在调查了返乡农民工的结构变化之后，针对这些受众增开了娱乐类的节目，当地网络公司

---

① 杨飚：《健全农村广播电视公共服务体系——基于四川省的案例分析》，《西南民族大学学报》2009 年第 1 期。

还根据民工潮的时间调整有线资费方式和缴费时间，方便常年打工返乡农民过年期间的电视收看。这样一系列的举措都体现出了广播电视在对农公共服务上的"分众"和"分流"倾向，既满足了农民工的公共需求，也促进了自身的长足发展。

信息鸿沟和媒介素养差异在现实中普遍存在，但是作为公共服务体系的建构，当下应重点关注农民群体平等享有媒介信息接收的权利。广播电视作为公共传播媒介，理应肩负起对农公共服务的责任，加快对农公共服务的力度和建设步伐，这样既吻合了农村人口媒介素养和媒介需求的变化，又实现了社会信息的均衡分配。公共服务实质上就是对每一个公民平等享有信息权的关怀，公共服务的社会意义即在信息满足的前提下促进和谐社会建设，消除社会心理落差，强化社会有机体的身份认同。

广播电视的对农公共服务是一个系统的工程，它需要政府主导，给予政策支持和机制保障；它需要媒介推进，给予产品数量和产品质量的满足；它需要市场调节，给予传输网络和配套机制的长效发展。广播电视的对农公共服务是一个艰巨的工程，它需要在事业和产业、体制和机制、城市和乡村、公益和效益的矛盾博弈中寻求平衡。广播电视的对农公共服务是一个动态的过程，它更需要随着社会的发展和技术的进步而呈现出不同的需求，在迈向均等化的过程中，逐步实现差异的消弭。

第三节 农村广播电视公共服务的提升

我们从公共服务的视野下关注农村广播电视，既看到了城乡之间、不同地域和民族的农村之间广播电视传播的差异，也看到了农民频率（频道）节目内容的缺失以及国家"两大工程"的战略意义。同时，我们通过第一手的调查资料分析，对中国农村广播电视公共服务的接触和需求状况进行了点、线、面的全面展现。这就使得我们能够更加清晰地、有的放矢地采取措施，提升农村广播电视公共服务。

一、农村广播电视公共服务的基础设施提升

提升农村广播电视公共服务，首先是对农村广播电视公共服务基础设施的提升，这是农村公共服务的物质基础，包括提升农村广播电视的传输通道和终端设备两个方面，二者相辅相成，缺一不可。

（一）提升农村广播电视的传输覆盖

广播电视传输就是利用地面无线发射、有线网络、直播卫星等设施，将广播电视信号发送到用户的接收终端。目前，我国承担广播电视传输的主要是无线发射台、有线网络公司和卫星通信公司等。提升农村广播电视的传输通道，首先是一个技术问题，传输技术一直制约着广播电视的发展。从世界电视发展历程看，电视诞生之初都是通过地面开路广播，电视信号不稳定影响了受众收看电视。1948 年有线电视开始出现，主要是靠共用天线系统接收电视节目，之后，有线电视历经闭路电视阶段、有线网络电视阶段，目前正陆续过渡到有线数字电视。[①] 广播电视传输技术的发展和演进，直接影响着广播电视的服务质量的提高。没有公共服务的物质基础，公共服务内容将无从依附和传播，就不可能有公共服务的提升。因此，要提升广播电视公共服务，就首先要完善和提升农村广播电视的传输通道。

中国广大农村受众面临的首要问题是信号传输问题，传输通道是否具备、是否畅通，对于广大农村来说至关重要。正是由于我国以往电视传输重城市而轻农村，导致城乡差距日益拉大，甚至在很多农村尤其是西部的广大农村出现覆盖盲区，这完全不符合广播电视公共服务基本均等化的原则，损害了广大农民同胞的利益。面对很多农村只能收到少数几套电视节目的落后传输现状，改善传输通道必须成为广播电视发展的首要课题之一。

过去我国也一直在不断完善广播电视的传输通道，从村村通工程可见一斑。正是为了改善农村的广播电视传输，提高广播电视在农村的覆盖率，广电总局于 1998 年提出"到二十世纪末基本实现村村通广播电视"的宏伟大略，保证农村每个盲点能够看到两套电视节目和收听到一套中央广播节目，成为一个量化标准。从现在的实施情况看，很多农村盲点的传输通道从无到有，从收看节目两套提高到收看 8 套电视节目，表明传输覆盖得到了进一步完善和发展。

提升农村广播电视公共服务，一个方面通过村村通工程提高广播电视在农村的覆盖率，另一个方面应从技术选择层面全面提升。地面传输、有线传输、卫星传输等技术的运用应当根据各个地区甚至各个不同村落采取不同的发展策略，但是我国农村传输技术的选择方面却呈现出明显的"重有线和卫星传输，轻地面传输"的特征。有线传输的确有很多优点，如传输节目套数多、质量优，可以适当收费增加广电收入和获得维护费用，但是出现了"村通户不通"

---

① 李志坚：《中国电视公共服务的传输体系研究》，上海交通大学出版社 2009 年版，第 46 页。

的现象，由于付费等各种原因导致真正接入的农户较少，维护较为困难，甚至一些地方出现返盲。同样，卫星传输也有很多优点，如传输功能更强大，更方便覆盖偏远地区，但是同样存在很多问题，如接收的合法性问题、传输的安全性问题、租用卫星的昂贵费用问题等。因此，必须因地制宜，根据不同情况采用最合适的传输方式，不应一味偏向于有线传输和卫星传输技术，还可以强化模拟地面电视的数字化改造，也能够提升地面传输的质量，从而保证基本的农村广播电视传输通道。

（二）提升农村广播电视的终端设备

提升农村广播电视的传输覆盖的同时，还必须提升农村广播电视的终端设备，这样才能更好地让广播电视公共服务内容得到顺利"传通"，使得农民顺利接收对农服务节目，才能真正从信息服务层面促进"三农"事业的发展。

广播和电视的终端设备的不同，决定了我们要区别对待，采取不同的方式加以提升。

对于广播而言，传统的接收终端设备就是收音机。收音机在当今中国农村仍然具有重要的地位，随着收音机的日益微型化，将越来越便于携带和便于收听。对于农民而言，如果能够提供农民种田时方便携带收听的广播接收设备，将大大增强广播各个时段节目的有效传播，收听率将飞速提高，也将更有利于提供更多的对农服务节目。

除了传统的收音机接收设备的改进和提升之外，我们还有必要利用新媒体不断开发其广播功能。比如手机，虽然拥有手机的广大农民用户更习惯于将其作为信息通讯工具来使用，但是广播接收功能插件的植入，使得手机成为接收广播的又一个非常方便的终端设备，只需改变他们的广播接收习惯就可以了。

对于电视而言，作为第一媒体，在广大农民看来具有无可替代的地位和作用。随着电视机的更新换代以及各类电视信号覆盖的全面加强，绝大部分农民都可以收看到电视节目了。电视机早已作为家庭必备的电器走入农村千家万户，而且农户都在不断更新功能更多更强的电视机。"家电下乡"活动的火热开展也大大促进了农村电视机的迅速普及。由模拟信号电视机到数字信号电视机再到高清宽频数字电视机，农民的电视终端接收设备将得到越来越快的提升。

另外，随着农村经济水平的不断提高和电脑产品的不断普及，农村中使用电脑的农民用户将越来越多，实际上在很多农村，电脑已经成为越来越多的农村年轻人结婚的新三件之一。这样，电脑又成为一个重要的新兴电视节目播出的终端设备，这也为农村公共服务提供了更宽广的信息平台。手机在农村的日益普及，使得手机电视也可以成为对农公共服务节目的播放平台。对于农民而言，利用手机收看视频将更加方便，即便在田间地头干农活，也可随时打开手机电视收看节目。甚至利用手机媒体的互动性，直接帮助解决和指导农民在种田过程中亟须回答的问题。

因此，只要能够提供农民喜闻乐见的广播电视公共服务节目，就有足够的终端设备和播放平台供农民选择收听和收看。诚然，提升农村广播电视的终端设备，不是一朝一夕能够完成的，它需要长期的坚持和努力。随着社会的不断发展和繁荣，相信在农村的广播电视终端设备将得到越来越快的提升。

二、农村广播电视公共服务节目的创新

湖北省荆州电视台的《垄上行》节目是对农电视节目创新运作的成功案例，它对农村广播电视公共服务的创新提供了有益的借鉴经验。我们在走访荆州电视台时，就《垄上行》节目进行了相关访问。通过访问我们深入了解了《垄上行》节目以及陇上频道的不断创新。经过数年的发展，《垄上行》已经由单一的电视节目发展成为专业的对农频道，目前正在探索一条"频道+渠道"的市场化转型之路。

（一）内容创新：节目贴近农民

2002年4月26日，荆州电视台《垄上行》节目开播，以"三农"为宗旨，具有浓郁的地方特色。初期每周播出一次，每次20分钟，后来每周延长到30分钟，每周播出三次。开设有"三农新闻"、"农家乐园"、"走村串户"、"农事调查"、"致富故事"、"农民维权"、"王凯热线"等子栏目。

与一般的对农服务节目相比，《垄上行》节目的一大创新就是追求节目贴近农民，这是每个节目组成员共同遵守的守则，而且具体落实在了每期节目制作的过程中。

为了做到节目贴近，每期节目力求在"第一现场"采制，在生活原生态中发现"镜像"，从生活场景中提炼信息，让节目亲切、实在。《垄上行》开播九年以来收到群众来信3万多封、短信200多万条、电话7万多个，有几十万农民参与过现场节目录制，可见《垄上行》节目深受广大农民的喜爱。

《垄上行》在步入节目成熟期之后，开始拓展服务外延，给予农民更为贴近的全方位服务。每年春秋两季，栏目组深入田间地头，分别举办《春天垄上行》和《金秋垄上行》大型活动，"在春天一起培育希望，在秋天共同分享收获"。《春秋垄上行》大型户外活动情况统计如表5.18。

表 5.18　《春秋垄上行》大型户外活动情况

时间	地点	活动
2003 年 3 月 21 日	公安江南新区	《春天垄上行》
2003 年 10 月 30 日	监利县程集镇	《金秋垄上行》
2004 年 3 月 18 日	松滋市斯家场镇	《春天垄上行之播种希望 相约松滋》
2004 年 11 月 8 日	石首桃花山	《金秋垄上行之欢乐桃花山》
2005 年 3 月 25 日	荆州区李埠镇	《春天垄上行之春风八面来》
2005 年 11 月 18 日	洪湖老湾回族乡	《金秋垄上行之洪湖岸边是家乡》
2006 年 4 月 1 日	公安县屠陵新区	《春天垄上行之春风又绿江南岸》
2006 年 12 月 1 日	江陵沙岗镇	《金秋垄上行之大地欢歌新江陵》
2007 年 3 月 18 日	石首市桃花山	《春天垄上行之石首江南桃花节》
2007 年 10 月 18 日	松滋卸甲坪乡	《金秋垄上行之花开十度别样红》
2008 年 4 月 8 日	公安县花基台	《春天垄上行之春到花基台》
2009 年 2 月 27 日	洪湖戴家场镇	《春天垄上行之百里洪湖涌春潮》

　　由表 5.18 可以看出,《春秋垄上行》大型户外直播活动的足迹遍布荆州各乡镇,而且从未间断。从 2003 年开始以来,《春天垄上行》和《金秋垄上行》规模逐步扩大,现场观众从每场 3 万人增加到每场 10 多万人。《垄上行》节目通过与观众的近距离沟通交流,为节目培育忠实的观众群和支持者起到了重要的推动作用。

　　(二) 定位创新：专业对农服务频道

　　经过多年的磨练与打造,《垄上行》已经初显品牌效应,积累了数量可观并且稳定的收视群体,节目在江汉平原以及周边省市有了一定的影响力和美誉度。为扩大影响和服务效力,荆州电视台决定在原《垄上行》栏目运作的基础上,发展成立专业对农频道——垄上频道,全天候制作播出对农节目。2009 年 1 月 8 日,垄上频道正式开播,成为全国第一个地市台对农专业频道,这毫无疑问是一种大胆的尝试,围绕"专业对农服务"的频道定位,垄上频道进行了更为深入和全面的建设。

　　垄上频道的对农节目涉及农事信息、科技资讯、市场动态、买卖信息、乡村维权、情感故事等,主要栏目有《垄上行》、《有么子说么子》(方言类)、《垄上故事会》(故事类)、《走四方》(播出其他省市优秀对农节目)、《温暖到农家》(电视公益行动)、《垄上 110》、《燕子看农事》、《垄上气象站》、

《媒体互动组》等。《垄上行》栏目也就此全面改版，由半小时扩充为一小时，每天以直播方式播出。从垄上频道的节目编排情况来看（见表 5.19），各种类型的节目交叉编排，丰富多彩，以农民的兴趣和需求为中心，根据不同时间段农民需求情况编排节目，灵活而有效。

表 5.19　垄上频道节目编排情况

时间	节目名称
06：30	有么子说么子
07：00	垄上行
08：00	垄上故事会
08：30	电视剧
10：50	垄上行
11：50	有么子说么子
12：40	电视剧
16：58	有么子说么子
17：30	垄上故事会
18：00	电视剧
18：50	垄上气象站
20：00	垄上行
21：00	电视剧
21：47	垄上故事会
22：15	有么子说么子
23：00	垄上电影院

　　垄上频道的节目编排收到了良好的收视反应，据 CSM 数据显示，垄上频道在 2010 年荆州电视市场所有频道中位居黄金时段收视率第 2 名，收视市场份额达 13.7%。垄上频道的收视竞争力可见一斑（见图 5 - 9）。

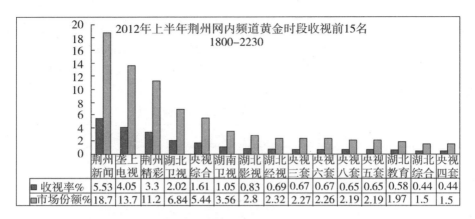

图5-9 垄上行频道黄金时段荆州市场份额排名第二

从垄上频道的自办栏目同时段排名情况看，据 CTC 数据显示，垄上频道播出的《垄上行》、《垄上故事会》、《垄上气象站》、《有么子说么子》等栏目在 2010 年上半年荆州电视市场的收视排名中皆为第一名（见表 5.20），显示出了该频道对农服务诸栏目的竞争实力。

表5.20 垄上行频道部分自办栏目排名情况

节目名称	收视率	收视份额	同时段份额排名
垄上行	9.78	19.63	1
垄上故事会	2.65	11.63	1
垄上气象站	7.58	18.85	1
有么子说么子	2.16	10.60	1

（三）运营创新："频道＋渠道"的产业化模式

垄上频道在运营策略方面有较大突破，频道对农节目不再是《垄上行》的单打独斗，而是形成了阵容强大的对农节目播出带，使频道竞争力大大增强。此外，在对农公共服务的基础上，寻求对农公共服务与市场服务的对接，实现一条龙的服务体系。就在垄上频道成立短短两个月之后，荆州电视台与内蒙古永业集团合作，既弥补了对农公共服务的资金不足，又开拓了对农电视市场化运作的新路径。

2009 年 3 月 6 日，荆州电视台旗下荆视传媒有限公司、湖北江汉明珠新媒体有限公司以《垄上行》品牌等资产入股，与拥有高科技产业集群、纳斯达克上市公司的内蒙古永业集团合作，共同成立湖北垄上行新农村服务有限公司。在江汉平原建立起"垄上行新公社"新农村连锁服务体系，真正渗透到乡村，以最便捷的方式为农民朋友提供全方位的服务。

荆州电视台目前正在探索"频道＋渠道"的产业化运作模式。频道运作上，分为在线传播和离线传播。在线传播是指编辑记者通过制作贴近性强、质量高的对农节目，培育稳定的收视群体；离线传播则是指制作团队走向田间地头，举办各种活动，让农民真正参与到节目制作当中来，切实感受栏目乃至频道魅力。通过在线、离线两种方式扩大垄上频道影响力，实质上也是在培育农村市场。

现阶段的垄上频道已经在受众心目中有良好的口碑和美誉度，社会认知度高，从而具备了一定的市场号召力。在拥有了"垄上行"品牌之后，下一步的工作则是推进制播分离。从目前垄上频道运作方式上来看，仍是制播一体，并未引入第三方力量投资制作电视节目。制播分离是垄上频道今后可以尝试的发展方向之一。

在渠道运作上，湖北省垄上行新农村服务有限公司就是垄上频道在制作节目之外拓宽渠道，进行产业化转型的新尝试。垄上频道最大的优势在于广大农村受众的认可，而且它能够有效整合当地丰富的资源，包括公共关系资源、信息资源、智力资源、客户资源、新媒体资源、产品资源等等，依托种种优势，垄上频道在与纳斯达克上市公司的内蒙古永业集团合作时就能够有效打开市场，在新业务的经营上取得经济效益。

目前新农村服务公司的主要业务有：1. 垄上新公社。主要功能是农产品的销售、农村信息中转站、农民农业技术服务站。2. 金融服务。主要是为农民提供小额贷款及相关金融服务。3. 创立"垄上行"品牌的农产品和食品。

虽然"频道＋渠道"的产业化模式现在仍在摸索中，但是垄上频道的"试验"与创新让我们看到了对农节目市场化运作的希望。

《垄上行》在发展过程中，兼顾了经济效益和社会效益：1. 广告收入逐年增长。从 2002 年到 2009 年，垄上频道带动的农资广告全年总额已突破 1500 万元，占据全台经营类别的最大比重。2. 社会效益同时显现。除了制作节目之外，《垄上行》还切实帮助农民解决生产生活中遇到的各种问题，如成立 100 多人的农业专家服务团，在种植、养殖、植保、农产品加工、卫生防疫等方面常年免费为农民提供农时、农事服务，帮助当地农民解决技术难题；凝聚社会力量，参与新农村建设，据不完全统计，《春秋垄上行》大型电视直播活动共获捐助资金、物质达 100 多万元。

虽然取得了一定的经济、社会效益，但是否就意味着它实现了对农的电视公共服务，这却很难界定。广播电视公共服务不仅是一档节目或一个频道的运营，它还需要政策支持、制度保障等等。《垄上行》和垄上频道作为内容服务体系中的一环，已经为农民提供了高质量的对农节目和服务，但是仍有一个问题不容忽视：节目制作者乃至电视台领导层是否将"公共服务"作为制作对农节目的基本理念。只有以"公共服务"为中心，才能持续不断地为农民服务，避免在市场环境下偏离方向。

目前垄上频道已经迈出了市场化的步伐，今后的改革力度也会加大。其发展趋势必然是频道与渠道的深度融合，电视节目参与市场竞争。这就在市场竞争过程中不可避免地面临单纯追逐经济利益而忽视对农节目公共服务的风险。在实施产业化过程中，应始终坚持以公共服务为方向和出发点。在获得经济效益之后，要以此来支持、反哺对农电视公共服务。唯有如此，才能保证对农电视节目（频道）的可持续的、高质量的公共服务。[①]

三、农村基层广播电视机构的管理强化

在整个农村广播电视公共服务体系中，县乡广播电视机构起着很关键的基础性作用。因此，在目前县乡广播电视机构普遍较弱的情况下，理应得到特别强化。而且县级广播电视机构与乡镇广播电视机构之间的关系必须明确，应当实行垂直管理，这样才能更好地协调和促进整个广播电视系统的对农公共服务建设。

早在 2007 年 8 月，中共中央办公厅、国务院办公厅印发《关于进一步加强公共文化服务体系建设的若干意见》（中办发［2007］21 号），明确要求完善农村广播电视基础设施建设，积极创造条件，推进县对乡镇广播电视的垂直管理运营体制建设。建立以县为中心、乡镇为依托、服务农户的农村广播电视公共服务覆盖网络。

县乡垂直管理体制是符合广播电视公共服务要求的重要举措，两者既是指导与被指导的上下级关系，又是各自分工合作的公共服务体系的两个相对独立的环节。这就有必要进一步明确县乡广播电视机构在农村公共服务中的职能定位："县级广播电视行政部门行使公共服务的规划、指导和监管职能，负责农村广播电视公共服务资金的筹集、安排和使用监管；县级播出机构在完成转播

---

① 部分资料整理自荆州电视台访谈记录以及荆州电视台自办杂志《垄上集结号》。

中央和上级台新闻节目任务的同时，加强自办节目为巩固农村基层政权服务、为县域经济社会发展服务、为满足农村群众多样化需求服务。此外，作为县域范围内的广播电视事业单位，接受县级广播电视行政部门的委托，承担广播电视公共服务的运营维护职能。乡镇广播电视机构则主要负责村村通日常建管维护工作，同时在有条件的地方办好和管好农村广播，并为县乡党委政府提供宣传技术平台。"①

强化农村基层广播电视机构，除了明确县乡广播电视机构的职能定位之外，一定要切实给予财源保障，方能顺利实行县乡垂直管理机制。县乡广播电视机构作为农村基层广播电视机构，纳入到整个国家的农村公共服务体系之中，其财政来源应该是由中央、省、市、县各级财政共同提供，因为农村公共服务是各级政府和各级广播电视机构的共同任务。同时，对于西部等不发达地区，可以在财政方面予以倾斜，以促进不发达地区县乡基层广播电视机构公共服务的顺利开展。

县乡广播电视机构在节目内容制作方面，有着相当多的自制节目的发展空间，尤其是最易于贴近农村实际、贴近农民需要，它比中央、省、市级广播电视机构在制作当地农民喜闻乐见的节目上更有优势，其针对性更强，贴近性更高。从这点来看，县乡广播电视机构的作用是无可代替的。

我们应该进一步理顺县乡广播电视机构的垂直管理体制建设，并严格按照垂直管理体制的要求和各自职责分工认真执行，务必促进农村基层广播电视机构的不断强化，从而有力推进整个农村广播电视公共服务体系的构建及其功能的全面发挥。

---

① 国家广电总局发展研究中心：《2010 年中国广播电影电视发展报告》，新华出版社 2010 年版，第 233 页。

第六章

广播电视公共服务体制：分营

西方国家广播电视产业普遍实行"双轨制"，即公共广播电视和商业广播电视共存，这两种体制"划江而治"，各司其职。公共广播电视满足社会多元化和多样化的需求，把受众当成"公众"或"公民"，注重广播电视的社会效益和文化、教育功能，维护公共利益，主要靠收视费和财政收入维持运营。商业广播电视把受众当成"消费者"，满足甚至迎合受众的需求，以广告为主要收入来源，追求经济效率和商业利润。公共广播电视和商业广播电视的"双轨制"是平衡公共利益与商业利益、社会普遍利益和企业特殊利益以及社会福利和市场效率的一种比较合理的制度设计，也是西方国家广播电视体制的普遍选择。

第一节　西方广播电视分营体制

由于广播频率资源的特殊性和稀缺性，广播从诞生之日起就受到严格的规制。在西方国家，依据不同的法理产生了不同的广播电视体制，包括公共广播电视和商业广播电视体制。

一、分营体制的理念和法理依据

在英国，广播电视体制缘于电波频率的稀缺性和传播范围的无边界性，政府不得不就不同的波段分配进行协商，从而在广播和电信之间进行配置。广播作为技术性通讯媒介，与电话、邮政和公共交通一样，成为"公用事业"，是政府提供的一种公共服务。[①] 在美国，1927 年美国无线电法规定：美国的广播不应该由政府经营、私人垄断或成为无限制的竞争的纯自由的事业。法案授权

---

① Andrew Goodwin, Garry Whannel, Understanding Television: Studies in Culture and Communication, 11 new fetter lane, London EC4P 4EE. 1990, PP. 20 ~ 21.

建立一个由五人组成的联邦无线电委员会管理无线电，联邦政府继续控制着一切频道，对具体频道颁发为期三年的频道执照，只有在有利于公众、方便于公众或者出于公众需要的前提下，提供"公正、有效、机会均等"的电台才能获取营业执照。① 在广播产生时期，按照美国的自由主义和民粹主义的传统，美国选择了私有制。1922 年第一次华盛顿无线电会议对广播确立了三个基本的信条：第一，频率资源属于大众，属于全体国民；第二，由于广播频率有限，联邦政府应该在广播频带中建立秩序，管理和约束广播行为；第三，私人所有的电台也可以为公共利益广播，他们应该而且必须提供公共服务。而且在以后的历次通讯法案中，把公众的利益、便利和必需作为广播的准则。②

西方国家把电波作为公共资源，获得执照许可的广播电视机构是"公共委托人"，必须履行公共服务的义务，只不过美国选择了私有制，而以英国为代表的欧洲选择了公有制。但是无论哪种体制都对广播电视实现严格的监管，原因是广播电视产品具有公共产品的属性，同时具有外部性、信息不对称性，容易导致市场失灵和道德风险。因此，合理的广播电视体制建构显得尤为重要。西方国家的广播电视分营体制基于如下理念和法理依据。

1. 资源稀缺和公共产品理论。广播电视最初的传播介质是无线电波，无论是调频广播或调幅广播，还是电视的广播频段都是有限的，即使是数字化、融合化的时代，这种资源也不是无限的，广播电视频率数量上的稀缺性，属于公共资源，政府必须就这种有限的公共资源进行配置。美国沃伦·伯格大法官在"基督教联合会通讯处诉 FCC 案"中发表的意见，体现了法律制定者对于广播管理的一贯理念："广播寻求并获准自由、排他地使用公共领域有限的、有价值的部分，在接受这种特许的同时也意味着富有强制性的公共义务。报纸可以随经营者想法运营，广播却不能。"③ 另外，广播电视服务是一种准公共产品，具有消费上的非排他性和非竞争性，完全市场供给容易导致"市场失灵"，必须设计合理的制度和规制政策。为了保证广播电视产品和服务的稳定和可靠的供给，使用电波这种稀缺资源的广播电视媒体必须承担一定的社会责任和公共服务的义务。西方国家为了实现普遍服务的原则，满足公众信息接近权利，实行广播电视"必须传输"原则，以确保每个地区都在广播电视的信

---

① ［美］埃德温·埃默里、迈克尔·埃默里：《美国新闻史》，中国人民大学出版社 2009 年版，第 318 页。
② 郭镇之：《中外广播电视史》，复旦大学出版社 2008 年版，第 39 页。
③ 梁宁、范春燕：《媒介法教学参考资料》，清华大学出版社 2004 年版，第 289 页。

号覆盖范围之内，同时保证每个公众能够通过各种渠道获取各类信息。

2. 公共利益与公共领域理论。美国《公共政策词典》认为，公共利益是指社会或国家占绝对地位的集体利益而不是某个狭隘或专门行业的利益。公共利益表示构成一个政体的大多数人的共同利益。它基于这样一种思想，即公共政策应该最终提高大家的福利而不只是几个人的福利。① 广播电视作为公共资源，理应符合公共利益标准。在美国 1925 年第四次年度广播会议上，赫伯特·胡佛首次表述了广播通讯中的"公共利益"概念，他写道：天空是一种公共传媒，它的使用必须是为了公共福祉的需要。只有在公共福祉存在的情况下，电台频道的使用才具有正当理由。② 公共利益是广播电视媒体存在的一个前提和基础，为了调和公共利益、政治利益、经济利益和文化利益的矛盾，协调媒体、政府、企业、社会和公众的关系，西方国家实行公共广播电视与商业广播电视共存的分营体制，实现不同的价值目标和利益诉求。另外，广播电视作为信息传播的载体和意见表达的平台，在西方自由主义传统看来，是民主社会的组成部分，在公共领域中承担着不可替代的责任。作为受众人数最多的媒体广播电视，既具有鼓励和保障大众参与公众生活讨论、表达各自意见的自由权利的功能，又具有对国家机器和民主进程行使批判和监督、维护公共领域的重要功能。公共领域是指介于国家和社会之间的一个公共空间，公民们假定可以在这个空间中自由参与公共事务而不受干涉。西方国家通过公共广播电视模式和独立的监管机构确保编播的独立性和新闻报道的客观性，以及充分的信息传播和各种信息的自由表达，从而对公共事务做出正确的判断，维护公共领域和公共利益。

3. 信息不对称理论与外部性理论。信息不对称是指在市场经济活动中，各类人员对有关信息的了解是有差异的，掌握信息比较充分的人员，往往处于比较有利的地位，而信息贫乏的人员，则处于比较不利的地位。该理论认为掌握更多信息的一方可以通过向信息贫乏的一方传递可靠信息而在市场中获益。信息不对称造成交易关系和契约安排的不公平和市场效率降低等情况，造成市场交易双方的利益失衡，影响社会的公平、公正和资源配置的效率。由于广播电视频谱资源的稀缺性，作为广播电视频谱资源的拥有者和公众之间是委托—

---

① ［美］E. R. 克鲁斯克：《公共政策词典》，上海远东出版社 1992 年版，第 30 页。

② Erwin. G. Krasnow. Jack. N . Goodman, The Public Interest Standard：The Search for the Holy Grail, 50 Federal Communications Law Journal 605 （1998）.

代理关系，委托人是普通的公众，而广播电视机构是代理人。由于代理人的信息的优势，造成信息不对称，导致利益分配的不均和道德风险增加，新闻传播过程中虚假广告和新闻广告就是信息不对称的表现，造成对公众的损害。另外信息不对称还表现在，观众只有消费了广播电视公司的节目以后，才知道是否值得，但是他们一旦看了电视节目，就再也没有什么能够促使他们付费的动机了，总之，人们直到看了节目才知道要"买"什么，然而看了就再也不需要购买了![①] 所以，在信息不对称的情况下，广播电视媒体存在道德风险，并不一定制作高品质的优良节目，而是提供平均成本低而吸引眼球的节目，甚至是鱼龙混杂、粗制滥造的节目，而受众则因为信息贫乏而可能逆向选择了这些"营养不良"的节目。所以，西方国家对于广播电视的内容进行规制，包括对于议会辩论、公共事务的必须传播，色情暴力节目的禁止，儿童节目比例以及选举中的公正传播原则等。另外，广播电视产品和服务具有外部性，外部性或称溢出效应，指的是企业或个人向市场之外的其他人所强加的成本或效益。[②] 当公司从事某种活动的私人成本与社会成本不一致时就产生了外部性，企业污染就是典型的负外部性，广播电视也具有负外部性，例如"三俗"现象和暴力色情内容是典型的负外部性，败坏社会风气，腐蚀正确的价值观和道德观。广播电视也具有正外部性，例如公共事务的报道，促进民主政治、参政议政和科学决策，纪录片、教育和文化节目，有助于提高受众的品位、见识和能力，而这种教育功能是潜移默化的。但是受众往往愿意消费那些不太"好"的节目而不是那些对他们有长远好处的有教育和培训作用的节目，因此在自由市场情况下，正外部性的节目往往供应不足。[③] 鉴于此，美国要求公共广播网必须播放一定量的科学类、文化类、教育类、信息类和纪实类节目。欧盟一直积极维护广播电视服务的传统价值观，包括多元化、文化和语言的多样性以及维护消费者的选择权，全面实现广播电视服务的社会、文化和政治功能。

4. 言论自由与国家信息安全理论。广播电视与公众的言论表达自由密切相关，也与国家的信息安全、文化安全密切相关。西方通过公共广播电视模式和独立的监管机构来保证编播的独立性、言论自由和意见的多元化，与党派、

① Graham, A. and Davies, G. Broadcasting, Society and Policy in the Multimedia Age, Luton: John Libbey. 1997, P. 19.

② ［美］保罗·撒缪尔森、威廉·诺德豪斯：《经济学》，肖琛译，人民邮电出版社 2008 年版，第 31 页。

③ ［英］吉莉安·道尔著：《理解媒介经济学》，李颖译，清华大学出版社 2004 年版，第 46 页。

利益集团和政府机构保持一定的距离，促使公民通过广播电视获取真实的信息和表达自己意见的自由，从而对公共事务做出正确的判断。同时，西方国家从维护民族传统文化和主流价值观出发，给予本国的广播电视产业特殊的保护，对外国企业的参股、兼并和控制等行为进行严格的限制；对外国节目的播出时间的比例进行限制，例如法国、加拿大等国家通过财政、税收等措施鼓励本国的广播电视产业的发展，维护国家的文化主权和信息安全。广播电视还与国家的文化安全、民族和社会的凝聚力有关，例如，欧洲对广播电视节目实行配额制，《电视无国界》规定，专为保护本土节目制作产业而制定的强制性欧洲生产节目配额，要求所有欧洲电视台确保所播放的节目中至少有50%是欧洲原产的，有的国家通过公共资金资助生产正外部性的节目的制作商。《电视无国界》第四条款规定：成员国应在切实可行的情况下，运用恰当的手段，确保电视台为欧洲作品保留……大部分的播放时间，这不包括播放新闻、体育活动、竞赛、广告和字幕的特定时间。播放欧洲作品的时间比例……应该照适当的标准逐步实现。①

二、西方国家广播电视体制模式

由于广播电视的准公共产品属性，同时具有资源稀缺、外部性、信息不对称性，西方国家基本都实行公共广播与商业广播二元分营的双轨制。我国学者郑涵、金冠军根据社会大众基本政治力量结成的不同的政治调控关系形成彼此相异的体制类型，把公共广播电视分为国有公营型、国有国会主导型、社会联合公营型和国有政府主导型等四种类型。②

（一）西方公共广播电视三种类型体制

本研究基于公共广播电视的社会目标、法律地位、预算方式和收入模式的不同，按照公共广播电视在国家广播电视体系中的不同地位，把公共广播电视分为主导式公共广播电视、补充式公共广播电视以及平衡式公共广播电视；根据公共广播电视机构的数量、类型和构成特征，把公共广播电视分为单一垄断型、二元分营型、多元混合型等三种公共广播电视体制，这有利于更清楚地分析公共广播电视的公共服务提供路径和模式。

单一垄断型的公共广播电视体制。即一个国家只有一个公共广播公司，是

---

① Television without Frontiers（The Broadcasting Directive）97/36/EC. Chiplin，B.，and Strrgess，B.（1981）Economics of Advertising, London：Advertising Association.

② 郑涵、金冠军：《当代西方传媒体制》，上海交通大学出版社2008年版，第56页。

执照费或者公共财政拨款的唯一获取者，担负着纯粹的公共服务的义务，主要包括英国、日本、加拿大、瑞典等西方国家。如成立于 1926 年的日本广播公司（NHK）运营 5 个全国性的电视频道、3 个全国性的广播频道、教育电视台和 2 个对外的广播电视频道。英国广播公司（BBC）是单一组织的公共广播电视的垄断者，是执照费的唯一获取者，是提供公共服务的主体，但是英国商业广播电视也必须承担公共服务功能，例如第 4 频道主要服务于小众和边缘化的群体，播放独立节目制作公司的节目，是非营利性的商业公共广播电视公司，其收入主要来自独立电视台（ITV）的广告收入拨付，独立电视台（ITV）和第五频道也承担公共服务的义务。加拿大广播公司（CBC）是加拿大唯一的公共广播公司，经费主要是政府专项经费和广告收入，拥有 4 个全国性的公共广播网和电视网，通过卫星、有线和各地方电视台和附属台，用英语和法语向全国播出。

二元分营的公共广播电视体制。二元分营体制指一个国家有两个独立不同的公共广播公司，承担不同的公共服务义务，治理方式和经费来源也不相同，主要包括澳大利亚、意大利、匈牙利等国家。澳大利亚公共广播电视系统由 2 个独立的公司组成，他们各自依据不同的法律进行运作，一个服务于全国的白种人，一个服务于全国的少数民族；一个可以从事商业广告经营，一个完全禁止播出任何商业广告。澳大利亚广播公司（ABC）创立于 1929 年，旨在通过它提供的高水准、创新、综合的广播电视服务，促进民族的认同，并反映澳大利亚多样性的文化，禁止播出商业广告，经费来源 80% 由政府公共财政拨款，其余 20% 来自服务收入。创立于 1976 年的澳大利亚专门广播服务公司主要是向全国 460 万少数民族居民提供多文化、60 多种语言的公共广播服务，允许其进行商业经营，大约 70% 来自公共财政拨款、其余 30% 的运行经费来自商业广告。① 意大利也有两家彼此独立的公共广播公司，专门服务于德语社区的广播电视公司（RAS），其经费全部来自公共财政拨款，而意大利广播公司（RAI）几乎是商业经营收入与公共财政拨款各占其经费的一半。

多元混合的公共广播电视体制。一些西方国家建立了多元化的公共广播电视体系，既有全国性的公共广播电视，也有地方性的公共广播电视，不仅公共广播电视参与执照费或公共财政的分配，而且商业性广播电视机构也参与到公

---

① 陈中原：《世界公共服务传媒管理体制浅析》，中国人民大学新闻学院主编的《新闻学论集》22 辑，经济日报出版社 2009 年版。

共服务基金的竞争，共同竞标公共服务节目的基金，从而体现了公共服务内容提供的公平性和多样性。但是这种体制也带来了管理的成本和压力，如法国、荷兰、美国、俄罗斯等西方国家。法国公共广播电视系统由三个独立的电视台、二个独立的广播电台等 9 家机构组成，承担教育、文化和社会功能，其中电视二台、三台必须保护儿童和少年，促进社会正直、独立和多元化，这些公共服务媒体的节目由法国电视播送公司（TDF）统一转播，由政府专门机构广播电视视听委员会（CSA）统一监督。其经费的 70% 主要来自收视费，不同公共广播电视的收视费标准和收视费分配比例都由议会决定，如法国电视一台为 48%、法国电视二台为 60%。法国公共电视台一台私有化以后，为了平衡公共广播电视与私营广播电视的力量，1994 年创建了"政治、教育和就业"频道，同时又设立了"议会频道"，加强了视听传播格局中的公营成分。2000年法国将电视二台、三台和五台整合为法国电视控股集团，使公营电视台得到了更大的发展。① 最重要的是 2000 年法案重新使用"公共服务部门"来界定公共频道，重新强化了其承担公共服务使命的内核，公共电视频道通过与国家签订"目标和方法合同"来保障这一使命的完成。

（二）西方公共广播电视二元分营体制

西方国家从公共利益、公共服务、公共领域等不同的理念出发，实行了广播电视的分营体制，以弥补商业广播电视的缺陷和市场失灵。但是由于各国的历史传统、执政理念、政策范式不同，广播电视的分营体制也不尽相同，特别是两者在广播电视体制中的地位、影响力和受众规模等相差甚远。根据公共广播电视和商营广播电视在广播电视中的比重、重要性以及各自履行的不同功能和职责等，分为如下几种类型：公共广播电视主导的二元体制、商业广播电视主导的二元体制以及公共广播电视与商业广播电视相对平衡的二元体制。

1. 公共广播电视主导的二元分营体制

公共广播电视主导的二元分营体制以英国、日本为代表，其中英国广播电视体制的发展经历了三个阶段：BBC 垄断阶段（1927～1954）、公商双轨制阶段（1954～1978）、多元化分营阶段（1978～至今）。

（1）BBC 垄断阶段。1922 年的 BBC 原本是一家由许多无线电制造商和财团共同投资、旨在获取商业利润的公司，主要的收入来源是收音机的税收和执

---

① 张咏华、何勇等：《西欧主要国家的传媒政策及转型》，上海人民出版社 2010 年版，第 242 页。

照费，由英国的邮政局监管。但是由于用户规模小，逃税现象严重，BBC 肇建阶段收入来源、治理和盈利模式出现了问题，英国邮政部组织了塞克斯委员会和克劳福德委员会调研 BBC 的经营状况，并提交报告。在报告的基础上，英国 BBC 改组并获取皇家宪章许可，英国广播公司由 British Broadcasting Company 改成 British Broadcasting Corporation，即由营利性质的公司改为为公众服务的公共性质的公司，其宗旨就是最大限度地为公众提供信息、教育和娱乐节目。这种公共服务原则设计的哲学基础是英国政治和文化传统对集权、等级的宽容和精英文化旨趣，超越利润和娱乐的狭隘视野。因为广播频率作为稀缺的资源，就像邮电交通一样属于公共事业，为了更好地为公众提供服务，英国精英分子认为应成立独立的公共服务机构，免于广播电视落入政府和商业公司手中。由此，英国成为世界上最早实现公共广播服务的国家。BBC 第一任总经理约翰·里斯提出这样的广播理念：第一，娱乐不能作为广播的唯一目的；第二，广播有责任将人类努力和成就的一切最美好的事情传达给更多的家庭；第三，广播应当引导大众趣味而不是迎合大众的趣味；第四，广播者可以和教育机构达成协议，共同传播知识。① 里斯的思想反映着早期的英国精英分子试图发挥广播的教化和文化功能，这种对于广播的精英主义的观点可以理解为：① BBC 不是一个按自由市场原则建立的传媒机构；②它以节目"质量"作为权衡成功的标准；③BBC 的节目内容力求丰富多彩，融知识性、教育性、娱乐性于一体；④BBC 的观众包括各阶级、各阶层、各社会团体的所有公民；⑤BBC 强调对于社会边缘人群和弱势群体的覆盖；⑥BBC 力求在政治上不偏不倚，对工党和保守党都一视同仁；⑦BBC 反对政治功利性，提倡新闻媒体的学术批判；⑧BBC 尽量用开放的、理性的方式表现社会问题等等。从以上几点我们可以看到，BBC 是通过高质量、品质、影响力和创新的节目达到如下的使命：民主价值，藉由公正的新闻与信息，巩固成熟之公民社会；教育价值，鼓励创新和学习，拓展国人视野和提高国人的素养；社会价值，联系不同群体，促成多元包容的社会。

（2）公商双轨制阶段。BBC 的治理模式可以说在世界上是一次创举，体现了公共服务的精神和社会责任的理念，其节目一向以格调高雅和制作精良著称，是精英文化的代表。但是，BBC 高高在上的文化优越感和训教式的说话方式引来不满。随着电视新媒体的涌现，出于打破垄断和倡导竞争的动机，英

---

① ［英］詹姆斯·卡瑞、珍·辛顿：《英国新闻史》，清华大学出版社 2003 年版，第 90 页。

国保守党政府在酝酿多年后于 1954 年提出电视法案，并在 1954 年 7 月通过了《独立电视法案》，该法案规定成立一个与 BBC 性质相近的机构管理商业电视台。随后 1954 年 8 月成立了独立电视局 ITA（Independent Television Authority），这是一个公共机构，委员由邮电大臣任命，任期五年。经过一年的筹备，1955 年由"联合电视"和"联合播映"两家独立联合公司联合创办的独立电视台（ITV）在伦敦开播，英国广播电视体制从此步入双轨制阶段。独立电视台秉承了为公众提供信息、教育和娱乐公共服务的传统和职责，编辑方针保持公正中立，不过运营经费通过出售广告时段来获取。播放广告的独立电视网，也被纳入公共服务的管理体系，其节目规范以 BBC 为蓝本，也必须履行公共服务，提供多元化的节目内容。为此，独立广电管理局有权干预广电媒体的节目表、禁止特定节目的播出、甚至撤销违规的电视台的执照。1973 年的《独立电视委员会法案》也相应地提出"独立电视委员会应确保电视和地区广播"作为公共服务，传播信息，提供教育和娱乐。从某种角度讲，由于商业电视台对广告收入的依赖会导致其有逃避公共责任的取向，所以法律对商业电视台在公共服务方面的规定更加详细，比如，独立电视台的有些节目，像短小的儿童节目、宗教节目和教育节目一度被规定不能夹带任何广告。①

（3）多元化分营阶段。尽管 ITV 在成立之初秉承了公共服务的传统，但是商业机构的本质目的是获取高额利润，其节目制作的主要意图是为广告商制造受众。这是制度安排的一个悖论，一方面，ITV 要塑造社会价值和道德水准、尊重公共权利、满足公民不同的需求，一方面又要为广告商服务。为此，1960 年 6 月皮尔金顿委员会（Pilkington Committee）对整个英国广电产业格局与节目内容发展趋向等问题进行了调研，1962 年 6 月发表的调研报告批驳了 ITV 所倡导的"公众所需即我们所要提供"的观念，认为这不过是一种民主假象，只是把公众当作大量的同质化的受众看待而已，这无疑低估了公众的品位，导致低俗化。② 皮尔金顿报告（Pilkington Report）给广电媒体下定义："广电媒体的概念就是一种服务，其全部特质，就是一个公共性质的组织，负责将社会中发展出来的各种活动和意见，以最完整的范围带给公众，让他们知晓世事"。

20 世纪 70 年代，双轨制越来越引起人们的不满，一方面这两个垄断机构

① 唐亚明、王凌洁等：《英国传媒体制》，南方日报出版社 2007 年版，第 148 页。
② 李继东：《英国公共广播政策变迁与问题研究》，中国传媒大学出版社 2007 年版，第 40 页。

越来越保守，迷恋于谋求和保护自己的利益，从而阻止了创新能力的进一步提高与富有创意和艺术产品的供给，未能很好地反映日渐多元化的英国社会文化，也忽略了老人等少数人群和黑人、亚洲人社区的需求；另一个方面，各党派政治人士、研究机构、学者等对当时电视节目内容存在的问题和公共责任感不强等提出了许多批判意见，认为琐碎化的政治类节目和娱乐类节目中的暴力和色情内容日渐频繁和直白，对产业和社会纠纷的报道失之公允等，都对公共道德、社会公正等产生不良影响，因此，亟需加强对节目内容进行规制，以提高媒介的公共责任。①

这个阶段，英国对双轨制下的节目道德水平、暴力、不公平、不客观等问题进行了文化抨击，其政策的导向就是要增强广播电视的社会责任感和"社会接近权"。

为此，安南报告（Annan Report）提议建立一个开放的广电机构，这个时期政策上最大的收获是引入第四频道。1982年第四频道的建立，作为一个在市场权力与品质之间的平衡，由独立电视局的广告养活，独立于广告主，又担负公共服务使命，鼓励节目创新和照顾少数族群口味。

这样，英国的广播电视公共服务形成了多元化的分营格局，不同的服务主体承担不同的公共服务职责，BBC作为公共服务的主体，向全英国提供具有普适性、多样化和独创性的节目内容和服务。尽管受到新公共管理理念、自由市场和放松规制的冲击，以及凯利事件与何顿调查报告的打击，BBC还是通过了皇家宪章的审核，彭斯报告力图重塑数字化时代的BBC的公共价值。2007年生效的新的英国皇家宪章给予BBC新的8年的执照，并把BBC公共服务的目标列为六点：①维护市民权利和公民社会；②促进教育和知识；③刺激创造力和文化的卓越性；④代表英国不同的民族、地区和社区；⑤把英国带向世界和把世界带到英国；⑥把刚刚出现的传播科技和服务利益传递给公众，在数字化转型中起主导作用。② 第四频道主要服务于小众和边缘化的群体，播放独立节目制作公司的节目内容，是非赢利性的商业公共广电公司。ITV提供地方性的节目。这样，英国就形成了一个多层次、多元化和多样性的复合型的公共服务体制架构，公共服务的核心是BBC，其次是第四频道，再次是独立电

① Franklin, Bob. (2001). British Television Policy: A Reader. London: Routledge. p. 9.

② Broadcasting Copy of Royal Charter for the continuance of the British Broadcasting Corporation Presented to Parliament by the Secretary of State for Culture, Media and Sport by Command of Her Majesty October 2006.

视台。

英国公共广播公司要求每个记者都必须保持专业主义精神，独立、诚实、正直、正确的判断、开放的思想。在选择节目和其他服务时，公共广播服务要求高质量性，内容的质量可以从专业化的视角来判断，不仅包括卓越性、创造性、艺术性、准确性、平衡性、公正性、及时性、创新性、冒险性、彻底性、可信度和技术上的精湛性，同时还需考虑到内容的鼓舞、启蒙、教育、告知、挑战、娱乐和消遣功能。①

总之，英国公共服务理念建立在广泛地提升社会文化和知识信念上，基本哲学是普及服务、节目多元化、服务少数民族和其他弱势人群、塑造信息充分的选民、丰富的文化和教育意义等。英国广电规制的历史，就是一部围绕公共服务核心，充斥着商业化与反商业化斗争的历史。广播电视公共服务"必须不计代价地提供给整个社会的每一个部分，整个国家的每一个角落；要能够教育、告知，并提升公众，同时准备好引领公众意见，而不是跟在公众后面。商业电视组织的设计，也是为了公共服务。"②

日本广播电视事业的发展过程是从二战前 NHK 的广播垄断时代开始的。战后 NHK 与商业广播电视并存体制的确立，是源于对战前垄断体制的反省及以麦克阿瑟为首的联合国军最高司令部的存在。日本广播从 1925 年 NHK 的前身社团法人东京广播电台的开播开始，1926 年，在当时日本政府的广播事业主管部门——通信省的积极推动下，另外两家商业电台——大阪广播电台、名古屋广播电台与东京广播电台合并成为日本广播协会（英文缩写 NHK）。该协会在 1928 年兴建成为覆盖全日本的广播网，成为日本唯一的广播电台。1934年，日本广播协会进行彻底的改革，废除了"地方分权制"并强化了"中央集权制"。二战以后，联合国军最高司令部进驻日本，为了实现日本社会的民主化，实施言论自由和广播摆脱政府监管的政策。

1950 年在广播民主化的背景下，《电波法》、《广播法》、《电波监管委员会法》等"电波三法"公布，NHK 依照《广播法》进行了重组，从社团法人性质的广播机构演变为特殊公益性质的公共广播机构。《日本广播法》总则第一条规定：保证广播最大限度的普及到国民当中并发挥作用，保证广播不偏不倚、真实、自我克制，确保广播的表达自由，明确广播参与者的职责，使广播

---

① http://www.pbs.org/aboutpbs/aboutpbs_standards.html.

② James Curran and Jean Seaton, Power without Responsibility, London: Routledge, 2003, p.520.

有益于民主主义的健全发展。

　　与此同时，依据《电波监管委员会法》成立的电波监管委员会，于1950年12月公布了《广播电台设立的基本标准》，并于1951年4月向全国14个地区的16家电台发布了播出许可证，商业电台由此成立。商业电台的开播标志着日本进入公共广播与商业广播并存的时代。电视时代的开始是从1953年2月NHK实现了电视播出为标志，随后的1953年有读卖新闻背景的第一家商业电视台——日本电视广播网（现在的日本电视台）也开始了节目的播出。在其影响下，其他的商业广播公司也陆续成立，从此商业电视与公共电视并存的双轨制也建立起来了。日本电波法的主要目的是确保电波资源得到公平有效的使用，并且这种使用要有利于促进公共福利。

　　日本广播电视法赋予NHK五大使命，这也体现了NHK具有的核心功能。第一个功能是它的文化功能，即通过播出优质的节目来满足国民日益增长的精神文化需求，促进日本整体上的文化建设；第二个功能是它的全国性媒体功能，为保证全国覆盖和有效接收，法律允许NHK在全国各地设置3446座综合电视转播台，3371座教育电视转播台，同时全国各地有9742座电视共同接收设施供NHK传输节目之用，此外，NHK在全国各地还设置了353座广播转播台和520座调频广播台，NHK依法拥有9座卫星广播和电视台；第三个功能是它的地方性服务功能，这也是NHK在公营与民营媒体并存体制中应当发挥的弥补市场缺陷的功能；第四个功能是它的公共性调研功能，NHK拥有对日本广播电视媒介行业及国民视听状况进行调查的权力和责任，并有义务向社会公布调研结果；第五个功能是它的国际传播功能，NHK依法以公共广播电视媒体的身份开办与媒体有关的国际关系业务。①

　　NHK每年公布当年的承诺，并交由公正的第三方来负责检验执行成果。NHK的承诺与目标是由会长向经营委员会提出，经过同意之后，再委托目标评议委员会进行调查与评价。评价的方式由目标评议委员会决定，调查方式包含对观众、NHK的员工进行量化调查、专家学者访谈，以及目标评议委员会自己的专业评估。观众的调查委托给外界的公司，采取家户访谈和问卷留置的方法，NHK员工部分采用网络问卷调查。NHK每年的承诺包括：①节目的充实：利用民众所缴纳的收视费，制作丰富、优质的节目。包括提供观众充足的信息、充实紧急灾难报导、平衡区域发展、提供残障者与银发族友善的节目服

---

①　张志：《日本广电媒介制度的经济学审视》，《国际新闻界》2003年第1期。

务、协助儿童健康成长的优质节目。②彻底的公平负担：推动国民理解收视费制度，落实公平负担。③观众反应的声音：重视观众的意见，并且反应在事业营运中。④杜绝弊案、运作透明化。⑤经费缩减、提高事业营运效率。⑥数字技术成果回馈：推动数字普及，开发便利、新型态的服务。①

2. 商业广播电视主导的二元分营体制

商业广播电视主导的二元分营体制以美国为代表。美国是典型的少有的商业广播电视占主导的国家，其广播电视体制经历了两个阶段，即 1967 年之前是商业广播电视处于垄断地位；1967 年开始建立公共广播电视，即为公众提供公共服务的非商业电视台，从此美国进入了商业广播电视为主导、公共广播电视为补充的分营体制阶段。但是公共广播电视的市场份额一般在 5% 左右，因此美国是世界上少有的商业广播电视比较彻底的国家。美国古典自由主义意识形态信奉市场、自由主义、个人权利、法律和私有财产等传统价值观，在产业利益和公共利益的权衡之中，美国广播电视的政策选择了私有制和产业利益，但是一直把公共利益作为规制的最高准绳。

在广播产生时期，按照美国的自由主义和民粹主义的传统，同时由于美国商业电台院外游说活动，美国选择了私人所有制，并于 1927 年颁布了《无线电法案》。无线电法规定：美国的广播不应该由政府经营，私人垄断或成为无限制的竞争的纯自由的事业。法案授权建立一个由五人组成的联邦无线电委员会管理无线电，联邦政府继续控制着一切频道，对具体频道颁发为期三年的频道执照，只有在有利于公众、方便于公众或者出于公众的需要的前提下，提供"公正、有效、机会均等"的电台才能获取营业执照。② 这就是美国的广播电视法一直秉承的"公众利益、方便、需要"的原则。这也是典型的美国的"公共受托人"（public trusteeship）私有制模式。

在"公共信托"理论下，广播许可成为信托，公众成了"信托方"，广播电台就成了"受托人"，获得许可的广播电视机构要满足公共利益，履行社会责任，特别是社会各个阶层和少数族裔的利益。1927 年电台委员会解释"公共受托人模式"，即"虽然一个电台的经营的良心和判断掌握在个人手中，但电台本身必须仿佛操纵在大众手中一样。好像一个社区的民众拥有电台，并由

① 曹琬凌、彭玉贤、林珍玮：《公共广电问责体系初探：以台湾公广集团公共价值评量指针建构为例》，《新闻学研究》2008 年第 96 期。

② ［美］埃德温·埃默里、迈克尔·埃默里：《美国新闻史》，中国人民大学出版社 2009 年版，第 318 页。

最好的人根据公众的利益来做它。"同时，广播媒体必须履行公共载体的公共利益义务，即无歧视服务、最低服务限定和普遍服务规定。

虽然美国实行的是广播电视私有制，但是对节目的内容实行严格的规制，例如在1946年，联邦通讯委员会出版了题为《许可申请人的公共服务责任》的工作报告，对这份报告的通俗称谓是"蓝皮书"。报告提出了在处理许可延展申请时所需考虑的基准，以试图阐明联邦通讯委员会对公共利益标准的看法。蓝皮书认为公共利益要符合四个要求：第一，一定比率的"固定"节目；第二，当地新闻的实况转播；第三，要有致力于对当地公共事务讨论的节目；第四，削除过度广告。各类节目安排应当均衡合理，这是公共利益标准的必然要求。但是蓝皮书强调固定节目的合理比率，这可能会危及商业电台的利润率。① 后来，联邦通讯委员会认为有必要对公共利益标准做出额外的说明，并以1950年代后期举行的一系列听证会为基础，在1960年它颁布了"1960年节目政策声明"，开列出了如下通常为公共利益所必须的节目的十四项要素：（1）给予地方居民以表达自我的机会；（2）地方察赋的发展和使用；（3）儿童节目；（4）宗教节目；（5）教育节目；（6）公共事务节目；（7）社论；（8）政治广播；（9）农业节目；（10）新闻节目；（11）天气和市场报告；（12）体育节目；（13）对弱势群体的服务；（14）娱乐节目。这些类别之间有着一定程度的交迭和重合，而这些被认为是公共利益标准的证据。1960年节目政策声明中还规定广播公司要去确证公众的品味、需要和欲求，并设计制作节目以满足他们的需要。1960年节目政策后，FCC制定节目指南，限定最低公共事务节目、其他非娱乐节目数量，以及黄金时段接近媒介规定（鼓励非电视网新闻和地方节目）。

实际上，美国商业广播电视体制还是出现了"市场失灵"问题，作为公共资源的广播电视日益成为商业机构追求高收视率获取利润的工具，服务民主社会的信息、教育、社会和文化功能等公共服务理念和公共利益原则不断被消解。直到1934年《美国通讯法案》代替1927年的《美国电信法案》，联邦通讯委员会（FCC）才建议国会建立非赢利的公共服务机构，并于1945年成立了由执照费资助的非商业性教育广播台。即便如此，在将近20年里，美国政府并未建立稳定的财政机制以保证教育电台的正常运作。美国国会委托卡内基

---

① Erwin G Krasnow & Jack N . Goodman, The Public Interest Standard：The Search for the Holy Grail, 50 Federal Communications Law Journal 605 （1998）

委员会考察公共电视的可能性，1967年卡内基教育电视委员会发表报告——《公共电视：行动纲领》，支持把教育电视推广开来，成为公共电视。报告指出，电视作为公共启蒙和社会教化的工具具有许多功能，一是超越传统教育的范围，弥补传统教育的不足；二是在更普遍的意义上，用公共事务节目帮助美国人了解他们的生活时代，使他们成为更好的社会公民；三是有助于戏剧、音乐、电影和其他形式的实验，使先锋派的美国艺术家获得认可。公共电视的远大目标被确定为加强一个"以开放和多元为骄傲"的社会，他将成为"未被听到的声音的"讲坛，成为"辩论和争议"的讲坛，成为美国多样化的清晰体现。

1967年美国国会在颁布《美国公共广播法案》时表示，为了公众的利益，鼓励公共广播电视的发展，并鼓励公共广播电视促进教育和文化的发展。同时，为了公众的利益，鼓励发展有创造性的节目，使得不到广播服务和高质量广播服务的受众的节目需求得到满足，特别是儿童和少数民族。美国公共广播服务是一个非营利性的公司，其运营必须符合四个基本的内容服务原则，即编辑的正直、质量、多元化和本地站台的自治。只有当代广播电视台满足了当代社区的需要，才能发挥公共广播服务的巨大潜能，因为当代的需要和品位是不断发展变化的。美国《公共广播法》十三条规定，公共广播公司必须在1989年7月1日之前开始，每三年对少数民族和各种受众的需求做出评估；对公共广播实体和公共传播实体为满足这些需求做出计划；制定公共广播和电视所能帮助这些团体的办法；对公共广播实体和公共传播实体聘用少数民族雇员做出规划。需求评估应能反映不同少数种族和少数民族的需求，反映新移民的需求，反映那些以英语为第二语言人群的需求，以及缺乏基本阅读能力的成年人的需求。美国公共广播服务有356个成员，每周为美国6500万各行各业的受众提供广播电视和在线服务，内容包括新闻、科学、自然和公共事务，呈现不同视角的观点，优先播放世界一流的戏剧和演出，还有大量的可供家长和教师选择的鼓励和培养好奇心和爱学习的节目。

20世纪80年代美国里根政府上台以后，推行新公共管理理论，推崇市场化、自由化和放松规制，并以结构性规制代替内容规制，联邦通讯委员会废除了关于节目日志、商业节目的时间限制，对公共问题、非娱乐节目以及公正报道的要求。1996年《电信法案》作了历史上最彻底的修改，大刀阔斧地推倒行业壁垒、放松执照管制、放松所有权管制和节目内容管制，引起了广电媒体领域和电信业的大并购，所有权高度集中。其目标就是打破行业之间的壁垒，让美国电信业、广播电视业在世界上更加富有竞争力，从而使美国人民能够享受到便利、先进、快速、高质量和价格合理的电信服务。

3. 公共广播和商业广播相对平衡的二元分营体制

公共广播和商业广播相对平衡的二元分营体制以德国为代表。德国双轨制的存在，从政治上，可以防止极少数人或少数集团垄断、控制全国舆论，有助于保持政治的多元化，保护民主制度；经济上，公私并存，相互竞争，但分灶吃饭，从不同的渠道获取收益，避免从有限的广告市场上恶性竞争，相互残杀。在文化上，公共台的存在对保护本民族文化，避免外来文化和低俗的商业文化的冲击具有重要的作用。

由于德国特殊的历史文化背景，历史上德国邦国林立，封建割据，因此也产生了特殊的媒介生态，经历了四个不同特色的广播电视体制阶段：魏玛共和国时期的民主制的中央集权广播制度，纳粹独裁下的中央集权的广播制度，二战后至1984年公共广播电视垄断时期，1984年以后的公共广播电视和商业广播电视双轨制时期。

1918年德国爆发了"十一月革命"后，建立了德国历史上第一个资产阶级共和国，直到1933年希特勒上台，德国都是魏玛共和国时期。这个时期的广播制度的特点就是国家控制、中央集权、向公众收取视听费、独立于商业利益，建立了国有公营制度。这与德国长期的威权主义的传统和缺乏民主法治观念分不开的，社会公众逐渐接受了政府排挤私营资本的力量，形成政府主导的制度模式，并为希特勒纳粹政权的极权广播制度埋下了祸根。在希特勒在任的13年时间里，广播成为希特勒意识形态宣传的机器，也成为其鼓吹战争、推行文化专制主义、宣扬种族灭绝政策的工具，并留下了深刻的教训。

二战以后，战胜国英法美经过广泛的讨论，模仿英国BBC的公共广播制度，在联邦德国建立了非政府、非商业和去中心化的广播电视制度，这种制度与中央集权制相反，结合德国的联邦制的特点，实行分散的联邦地方公营制度，广播电视是联邦各州自己的事务。德国公共广播电视是地方联合式的典型代表，其体制涉及的根本理念是建立一个避免任何单一的政治势利控制传媒的传媒制度，基本立足点是防止传媒成为国家的附庸，反对传媒权力系统的集团化，确保传媒的多元主义原则。① 资金上主要依靠收听收视费，保证独立的采访播出权，彻底消除政府对广播电视的影响。1950年，为了促进和维护广播

① Beterj. Humphreys. Media and Media Policy in Germany. USA：Oxford Providence. 1994. p. 4.

电视业的共同利益，实现共同开办电视频道的目的，并在节目中实现交流和共享，西德各州的广播电视机构组成了公法广播电视联合会（ARD），1954 年成立了第一个全国性电视频道——德国电视一台，各州签订协议，按照各州的收视费比例向它提供全德都能收看的节目。1963 年联邦各州建立了集中制的"德国电视二台"（ZDF），与公共电视一台（ARD）进行友好的竞争，给受众带来更多的文化选择。① 德国的广播电视公共服务在《德国广播电视州际协议》中有详细的规制，例如第十一条《委托责任》中规定：（1）公共广播电视作为传播过程的媒介和一部分，通过广播和电视的节目生产和传播，形成自由的个人观点和自由的公共舆论。他可以提供复制的节目和与节目内容相关的媒介服务。（2）公共广播电视应该在他的产品和频道中，提供广泛的国际、欧洲、本国、地区事件的概况，以及所有与人们生活相关的重要事件的报道。它的频道应该提供信息、教育、咨询和娱乐的服务。它的稿件应该尤其注重文化内容的提供。（3）公共广播电视应该保证实现其委托责任，即新闻报道客观性和非党派性的基本原则，舆论多元化以及节目的供需平衡。

80 年代，撒切尔和里根政府为代表的新自由主义理念成为公共治理理念的潮流，反对政府对市场的过多干预，放松规制，主张市场在资源配置中的基本作用。树立消费者主权观点，认为公共服务就是为了广播的听众和电视的观众服务，广播的目的就是满足个体消费者的兴趣和偏好，而不是集体市民的需要。新自由主义的理论认为，市场能够自动满足公共服务，只有打破公共垄断或双头寡居的格局，促使市场主体自由竞争，媒介业方能更具竞争性，更有效率，也更利于满足消费者的多种需求。在市场、技术和经济利益的共同推动下，1984 年德国卢森堡广播公司（RTL）和德国卫星电视一台（Sat. 1）成立，这是德国历史上出现的最早的私营综合频道，至此，在德国出现了非盈利性公法广播电视和商业性私营广播电视双轨并存的局面，即广播电视双轨制度。双轨制度中，公法电视和私营电视两大电视系统有着各自不同的财政来源和市场责任。公法电视的责任是为观众提供多元化的公共论坛和信息服务，其资金来源于收视费，并通过播放有限广告作为补充。私营商业电视以广告费等商业性收入为资金来源，它们在法律法规的控制下从事电视产业的经营，广告经济建构了私营电视赖以生存的基石。

纵观西方国家广播电视公共服务体制，我们可以看到，公共服务作为一种

---

① 何勇：《德国双轨电视制度研究》，中国传媒大学出版社 2010 年版，第 33 页。

传播理念和制度设计，是在西方议会政治和多党执政的背景下产生的，其含有丰富的政治、文化、教育和社会内涵。不论是英国精英主义的观点，还是美国"公共信托"理论和德国本民族文化保护功能的强化，对当今广播电视公共服务都具有较强的现实意义。鉴于西方国家公共服务的有关阐述和规制，公共服务的内涵包括以下几个方面：第一，公共服务是一种公共事业，这是在公共政策方面的经济性阐释，是政府提供的一种服务，就像城市和乡镇中供居民使用的电报、电话、电灯、自来水、邮政、公共交通等服务，成功的主要标准是信号质量、运营效率和可以普遍接入的分布网络。在早期的欧洲，这种对广播公共服务的理解占据主流，例如在挪威，广播服务的原则就是全国范围内可获取，这是广播作为公共部门的责任。第二，公共服务就是为了公共领域或者市民社会服务，在公共领域，公众的每个成员可以作为市民参加并就涉及公共利益的事情集体做出决定，广播公共服务就是保证所有社会成员能够获取履行他的市民义务所需要的信息和知识。第三，公共服务就是把公众等同于受众，公众成为了一种媒介的消费者，广播电视公共服务就演变成为为听众或观众服务，特别强调对于社会边缘人群和弱势群体的覆盖，满足消费者的个人的利益和偏好，而不是集体或者市民的需求，这种定义虽然在二十世纪八十年代受到广泛的质疑，但是，在数字化的今天，无论是执照费为财政来源的公共广播或者广告为来源的商业广播，这种定义都变得日益合法化。① 第四，公共服务应该提供信息、教育、咨询和娱乐的服务。它以节目"质量"作为权衡成功的标准，并力求在政治上不偏不倚，尽量用开放的、理性的方式表现社会问题等。

第二节　我国广播电视公共服务体制的建构

一个国家的广播电视制度主要取决于这个国家的整体政治制度和经济制度，由广播电视的所有权、主要目标、性质、定位等规范体系构成。我国广播电视兼具政治属性、经济属性和公共属性，从政府角度说，要成为党和政府的喉舌，有效地传播党和国家的方针政策；从信息经济角度说，广播电视属于第三产业，为经济发展做出重大贡献；从受众角度说，广播电视频率和频道资源

---

① http：//www.nordicom.gu.se/common/publ_pdf/31_syvertsen.pdf，Trine Syvertsen：The Many Uses of the "Public Service" Concept.

是公共资源，应该满足均等化、普适性的公共信息需求，维护公共利益。鉴于广播电视多元化的属性，就要充分平衡这三者的关系，设计出合理的制度和管理方式。

中国的广播电视体制经历了从纯事业单位、"事业单位，企业化经营"再到"公益性事业和经营性产业并行发展"的阶段，但是广播电视体制一直徘徊在事业体制、产业体制之间苦心经营，既没有充分显示广播电视产业的规模经济和范围经济的特点，也没有很好地发挥为公众服务的功能。由此，我国广播电视体制创新显得尤为必要，要逐渐形成政府主导公共服务事业，市场主导经营性产业的二元体制。

一、我国广播电视体制发展的阶段

新中国成立之前，由于复杂的历史背景、政治环境和传媒生态，我国广播呈现出多元化的发展趋势，广播机构的设置主体多元化，既有租界外国人办的商业性的广播电台，也有国内商人办的商业性广播电台；既有国民党中央办的官方广播电台，也有共产党人在延安办的人民广播电台。我国最早的商办广播是1922年，美国人奥斯邦在上海成立的中国无线电公司，并与美资英文报纸《大陆报》合作，创办了"大陆报——中国无线电第一座广播电台"，呼号XRO，于1923年1月23日晚间首次播出节目，成为中国境内第一座广播电台，播出的内容以音乐娱乐节目为主。外国人在中国办广播电台大部分集中在上海租界，播出的内容主要是以娱乐和宗教内容为主。中国人自己办的广播电台是东北的奉系军阀1926年在哈尔滨创办，每日节目包括新闻、信息、音乐和演讲。中国的商业广播电台首先出现在商业中心上海，1927年3月18日上海的新新公司设立了商业广播电台，同年底，北京也出现了商营的燕声广播电台。这些广播电台规模甚小，质量参差不齐，大多播出戏曲、音乐节目，借播放广告以谋利，文化格调不高。①

政党办电台是这个时期电台发展的主流，以国民党中央政府的电台为主，国民政府1928年8月1日在南京成立"中国国民党中央执行委员会广播无线电台"，每天播音3个小时，内容主要为新闻与演讲，演讲注重教育与时政，新闻信息完全来自官方的中央通讯社。30年代以后，国民政府的广播电台大规模发展，形成了中央系统、地方政府以及交通系统的广播电台，总数达到几

---

① 郭镇之：《中外广播电视史》，复旦大学出版社2008年版，第166页。

十座。① 中国共产党在不断内战和长期的抗日战争中建立了人民广播事业，1940 年中国共产党在陕北根据地建立了延安新华广播电台，于 12 月 30 日宣布播出，隶属于新华社，但是因条件的限制，播出质量和播出范围都极为有限，两年后停播了。在解放战争期间，解放军攻克了国统区，接收了一些国民党政府的广播电台，并建立了"人民广播电台"，到新中国成立之前，全国各地的人民广播电台已达 40 余座，人民广播事业得到发展。

从节目内容来看，解放前的广播节目内容以政治宣教类和商营娱乐类为主。政教类的内容包括政策的宣传、政令的发布以及鼓舞军队的军事动态信息。商营娱乐类的节目除了新闻以外，还包括音乐、戏曲和宗教节目，以盈利为目的。但是广播电台的功率有限，受众人数少，传播范围小，所以从广播公共服务的均等化和多样性的角度看，公共服务功能严重不足。

建国以后，我国对私营电台实行没收、改造，全部实行国有制和计划经济，财政拨款，不播广告。到了 80 年代，改为有限市场政策，可以播放广告和部分广告创收。1992 年党中央在《关于加强第三产业发展》的决定中，明确把广播电视作为第三产业。1998 年，全国九届人大第一次会议明确指出，国家对于广播电视在内的事业单位逐年减少拨款，三年内实现自收自支，广播电视逐步推向市场。2003 年国家确定了公益性事业和经营性产业并行发展的广播电视方针。总之，建国以后我国广播电视体制大体上经历了四个阶段：单一财政拨款的行政性广播电视体制；四级办台的部分拨款、创收体制；事业单位、企业化管理的广播电视体制；公益性事业和经营性产业并行发展的体制阶段。

（一）单一财政拨款的行政性广播电视体制（1949 年 – 1978 年）

在计划经济年代，我国的广播电视属于典型的国家主导的国营广播电视媒介，属于非营利性质的事业单位，是党的宣传工具和公益性事业单位，所有权归国家所有。当时，电视业所需要的全部资金、设备以及从业人员的工资福利等全部由国家提供，由国家全额拨款来促进广播电视业的发展。同时，广播电台和电视台还有国家制定统一的财务事业制度，这其中包括经费预算收支科目、预算级别和有关事业经费的领拨、运用、管理、监督，以及各种名目繁多的经费开支范围、开支标准等。②

---

① 郭镇之：《中外广播电视史》，复旦大学出版社 2008 年版，第 167 页。
② 胡正荣主编：《中国广播电视发展战略》，北京广播学院出版社 2003 年版，第 134 页。

新中国成立以后，根据1948年中共中央《对新解放城市中原有之广播电台及其人员的政策决定》的规定，新中国的广播事业应归国家经营，禁止私人经营，政府以赎买的方式消除私营广播电台。在私营广播电台大本营上海，政府先通过公私合营，后通过收购私股的方式，收购私营广播电台。建国初期，广播事业接受新闻总署的领导，确立了"发布新闻、社会教育和文化娱乐为主"的方向。1954年广播事业局成为国务院直属机构之一。到1956年，建立了中央、省、市三级社会主义广播体系，其中地方广播电台56座。广播事业围绕生产建设开办了许多对象性、教育性的节目，例如《对职工广播》、《对农民广播》，后来还开办了对少数民族和台湾的广播。1958年5月中国第一座电视台——北京电视台实验播出，当时北京市的电视机只有50架左右，覆盖半径只有25公里。新闻节目大部分来自中央新闻纪录电影制片厂制作的《新闻简报》，电影和戏剧占领了大部分时间，宣传政治、传播知识和充实群众的文化生活是这个时期广播电视的主要宗旨。

文化大革命期间，广播电视成为"革命"的对象，造反派对广播电视机构进行夺权，1967年1月14日，北京人民广播电台和广播学院的造反派强行进入广播电台技术区，播出"夺权声明"。同时，上海人民广播电台夺权，并在对内广播和对台湾广播中播放了"接管声明"，广播电视出现了混乱失序状态。

在"文革"期间，广播电视事业的建设还是取得了一定的发展，大部分省、自治区都建立了电视台，1973年5月北京电视台试播彩色电视。"文革"期间，农村的有线广播也有比较大的发展，到1973年，全国有线广播网基本普及，95%的生产大队和91.4%的生产队接通了广播，61.5%的农户家装有广播喇叭。截至1975年底，全国有电视机46.3万架，68%电视机分布在城市，32%分布在农村。相对于8亿人口来说，电视远没有普及，但是有很大的发展。收音机的拥有量到1978年底达到7546万架，受众的规模有很大的提高。①

1976年随着"四人帮"集团的被粉粹，广播电视节目又出现了新的生机，体育节目、卫生常识、儿童专栏和文化生活节目恢复播出，1977年北京电视台新办了《世界各地》和《外国文艺》等栏目，向中国人民展示了外国的风土人情。1977年底，北京电视台开办了电视教育讲座，由中央广播电视大学

---

① 郭镇之：《中外广播电视史》，复旦大学出版社2008年版，第187页。

开办，动用全国的优秀教师对更多受众进行文化知识的传播。1978 年元旦，《全国电视台新闻联播》正式开播，一个全国性的电视网初步形成。同年，北京电视台正式改名为"中央电视台"，成为国家电视台。同一天，西藏电视台试播成功，中国的电视事业在"文革"后逐步走上发展轨道。

（二）四级办台的部分拨款、创收体制（1978 年 – 1992 年）

1978 年是中国改革开放和以经济建设为中心的开创阶段，广播电视事业也放弃了"阶级斗争的工具"和"无产阶级专政的重要工具"的定位，强调广播电视宣传的中心任务是为经济建设服务、为实现四个现代化服务。同年，财政部批准《人民日报》等新闻单位实行"事业单位，企业化管理"。1979 年当时的中央广播事业局根据财政部规定实行了"预算包干"的财政政策，中央电视台作为试点单位试行了"差额补助，结余留用"的管理办法，在体制上开始了自行筹措部门经费的阶段。1979 年 1 月 28 日正月初一下午，上海电视台银幕上出现了即日起受理广告的通知，随即播放了中国电视历史上第一条商业广告《参茸补酒》，同年广东电视台也播放广告，电视成为一个可以创收的金矿。1979 年 11 月中共中央宣传部批准新闻单位承办广告，电视台获得播放广告的许可证。1984 年中央电视台的财务体制又从差额补助改为预算大包干，由国家按播出总时数核定事业费定额，在完成承包定额的前提下，超收部分按比例留成。1987 年，中央电视台和上海电视台的事业经费中，商业性收入与国家拨款的比例大约是二比一。商业化的倾向十分明显，对广播电视的公共性造成了挑战。

1983 年 3 月第十一次全国广播电视工作会议召开，会议制定了一个影响深远的政策，就是"四级办广播，四级办电视，四级混合覆盖"的政策。四级办广播电视释放了市、县两级创办广播电视的巨大的能量，市级电视台的数量从 1982 年的不足 20 个一下子扩展到 1985 年的 172 个市县级电视台，电视发射台和广播台从 1980 年的 2469 个增加到 12159 个。[①] "四级办"打破了原来僵化的体制，呈现出多样化、地方化的特点，满足了受众的多样化收视需求，同时，也形成了多层次、多样化的传播网络。

这个时期，新闻信息、知识、教育和服务类节目也日益增加，随着人民生活水平和消费能力的提高，一些在文革期间停办的生活服务类节目也开始创办，例如中央电视台的《为您服务》专栏，以新的形式服务于大众生活，增

---

① 郭镇之：《中外广播电视史》，复旦大学出版社 2008 年版，第 206 页。

加了知识性和趣味性，并译制和引进了大量的外国电视剧。各地电视台也开始动用自己的力量制作电视剧，特别是 1986 年电视剧生产实行"制作许可证"制度后，社会力量也积极参与到电视剧的制作当中来，电视剧的形式和风格呈现出多元化的趋势。这一时期，新闻报道手段不断丰富，电视直播不断涌现，国际新闻、体育节目、春节联欢晚会的兴起、香港电视节目的大量引进，繁荣了电视银幕，丰富了人民的生活。

1987 年中央电视台第二套节目向全国性"经济频道"转换，农牧渔业部、国家科委和国家计划生育委员会承办了三个专业栏目——《农业教育与科技》、《星火科技》、《人口与计划生育》，由中央台向全国播出。此外，随着《渴望》等"家庭剧"的走红，一些电视节目从精英文化向大众文化转型。

（三）事业单位、企业化管理的广播电视体制（1992 年–2003 年）

1992 年 6 月份，中共中央、国务院发布《关于加快发展第三产业的决定》，广播电视所属的文化事业被纳入除工业、农业以外的"第三产业"。在产业化的驱动下，广播电视媒体的经济功能、娱乐功能、商业功能得到彰显。1992 年，全国广播电视收入达到 20.39 亿元，相当于当年国家拨款的 85.7%，其中中央电视台创收 5.7 亿元。1993 年中国电视产业的广告收入第一次超过财政拨款，象征着我国电视产业经济上开始独立。到 2003 年，仅中央电视台广告收入就已达到 33.1465 亿元，约为 1992 年的六倍。上海广播电视局创建了"上海东方明珠股份有限公司"，发行股票 410 万股，筹得资金 2 亿元，建立了东方明珠电视塔，走上了资本经营的道路。

在节目内容提供方面，《焦点访谈》、《新闻调查》、《每周质量报告》等一批以舆论监督为宗旨的电视栏目不断出现，媒体的公共性得到加强。《实话实说》等谈话节目的兴起，使一些公共话题进入了公众视野，促进了公民对一些公共问题的思考。

在卫星电视覆盖发展方面，随着 1986 年中国实用通信广播卫星的发射成功，"中国教育电视"频道开始试播。1990 年"亚洲一号"卫星上天，使电视信号传送到许多偏远的山区，为省级卫视陆续上星创造了条件。到 1999 年，全国已有 30 家省级电视台综合频道上星。随着数字压缩技术的发展，卫星频道资源大大增加，省、市卫视成为央视的主要竞争对手。21 世纪初，媒介的集团化成为一种趋势，大量的广播电影电视集团成立，广播、电视、电影三位一体，有线、无线、教育三台合一，通过机构整合达到资源整合。

（四）公益性事业和经营性产业并行发展的体制（2003 年–至今）

中国广播电视作为文化产业重要部分的传媒产业，是国家广电总局未来规划的发展方向。这一阶段的开始之年——2003 年被广电总局确定为"广播发展年"和网络发展年，这一年，针对广播与电视发展的差距，全国新增加专业性广播频率 34 家，尽力使广播与电视媒体的公共服务大致平衡。中央广播电台从专业化入手，进一步推进了体制转型，试行广告公司承包经营方式，推出专业频率"音乐之声"，中央台只保留了节目的终审权。2003 年中央电台推出面向北京的生活资讯、娱乐服务频率的"都市之声"，面向港澳和深圳的"华夏之声"与"经济之声"广播，面向台湾的"中华之声"和"神州之声"广播，并且开办了"中国广播在线"互联网站，将 8 套节目同步在网上直播。2004 年被广电总局确定为数字发展年和产业发展年，总局发布了《广播电视有线数字付费频道业务管理暂行办法》，批准开办了 34 个付费电视频道和 7套付费广播节目，在全国 49 个城市和地区开始了有线数字电视试点。

多元化经营成为广播电视拓展空间的手段。在这一阶段，中央电视台开始进行"制播分离"的市场化探索，严格实行综合性的"末位淘汰制"，2003年因"经营不善"而淘汰了 4 个栏目：《地方文艺》、《音乐再现》、《原声影视》、《绝活》等。与此同时中央电视台的经营性公司——中国国际总公司经营业务也扩展到节目产业、节目代理、广告、举办央视各类活动、调查行业、实业经营、境外卫星代理、付费电视等，2006 年营业收入达 30.6 亿，利润6.4 亿元。2003 年 4 月上海文广新闻传媒集团与美国全国广播公司下属的 CN-BC 亚太公司签署建立了战略合作伙伴关系，协助财经频道的运营，原上海电视台财经频道和东方广播电台财经频率组成统一对外呼号的"第一财经"，并创办了《第一财经日报》，为全国首家面向投资者的综合性财经传媒。

2009 年在我国广播电视创收收入的构成当中，广告与有线网络收入所占比重较上年有所下降，其中广告收入跌破至 49%，网络收入比重为 26%，其它收入占比例达到 25%，但广告与有线网络收入仍然是广播电视产业的主要收入来源。

长期以来，制约文化发展的一个重要因素，就是把公益性文化事业和经营性文化产业相混淆，政府统包统揽。应该由政府主导的公益性文化事业长期投入不足，应该由市场主导的经营性文化产业长期依赖政府，束缚了文化事业和文化产业发展。2003 年，党的十六届三中全会通过的《完善社会主义市场经济体制若干问题的决定》，明确提出了文化体制改革的总目标，即按照社会主义精神文明建设的特点和规律，适应社会主义市场经济发展的要求，逐步建立党委领导、政府管理、行业自律、企事业单位依法运营的文化管理体制。《决定》分别提出了文化事业和文化产业的改革方向和目标：公益性文化事业单位要深化劳动人事、收入分配和社会保障制度改革，加大国家投入，增强活力，改善服务；经营性文化单位要创新体制，转换机制，面向市场，壮大实力。要健全文化市场体系，建立富有活力的文化产品生产经营体制。完善文化产业政策，鼓励多渠道资金投入，促进各类文化产业共同发展，形成一批大型文化企业集团，增强文化产业的整体实力和国际竞争力。《决定》第一次明确提出文化体制改革要形成一批大型文化企业集团。

二、我国现行广播电视体制的弊端

体制是国家机关、企业、事业单位的组织制度，广播电视体制就是社会制度中对广播电视活动直接或间接起着控制和制约作用的组织制度，具体来说就是广播电视在不同的国家表现出来的不同的结构方式、管理形式和经营体制。作为媒介的广播电视，具有很强的意识形态性，它取决于社会制度，不同的社会制度就有不同的广播电视体制。世界上大体有公有公营型、民有民营型、国有国营型和公商并营型等不同的广播电视体制。由于受政治、经济、文化等不同因素的影响，我国的广播电视在所有权、经营管理、社会控制和新闻传播方面表现出很大的差异。

政府和管理机构对传媒产业政策的设计、有效制度的安排以及操作的力度，都决定着我国传媒制度的发展和转型。但是我国广播电视的事业属性与产业属性、党性与媒体属性、政治宣传功能与社会公共利益服务功能难以区分。一方面广播电视媒体具有政治属性，广播电视资源是公共资源，由国家所有。由于我国是实行社会主义公有制，是共产党领导的新闻事业，广播电视资源即由政党所有，维护国家和政党的形象。另一方面，广播电视媒体又具有经济属性，广播电视事业实行"事业单位、企业化经营"的方针，依靠市场力量和广告收益维护其运营和增长。在党的领导下，广播电视主要依靠广告收入，只有极少数的财政拨款，这就决定了广播电视媒体的"政治喉舌"和"逐利商人"的双重属性。但是事业性质又决定了广播电视媒体必须是以社会效益为主、经济效益为辅的价值取向，满足公众的公共利益的诉求。这种混合的多元属性的媒介特征决定了广播电视媒体的多重功能定位和多种价值目标。然而，我国现行的广播电视体制在保障广播电视媒体的政治属性和经济属性的时候，社会属性和公共属性却日益式微，公共服务功能得不到体制性保障，我国现行的政、事、企三位一体的广播电视运营体制表现出一定的弊端。

（一）政事合一、政企合一、企事合一，导致定位不清、角色不明、职能混乱

我国的新闻机构实行的是全民所有制，新闻事业是党和国家整个事业的重要组成部分，是中国特色的社会主义事业的重要组成部分，强调媒体在党和政府的领导和控制之下，严格按照党的政治原则和组织原则办事，强调要坚持党管媒体的原则，并把增强舆论引导能力作为党的执政能力建设的重要方面。而广播电视的政治功能、社会功能和经济功能三种功能一体化，政治功能和经济功能得到保障，社会功能却不断被削弱。

中国的广播电视资源是按照行政级别为中心的分配制，根据行政权力的需要而不是根据市场的需要，一级政府建立一级广播电视台，这种资源配置方式限定了广播电视台的政治和文化身份、社会地位和拥有资源的传播价值、传播职能和市场范围。这种资源配置体制显出小型分散、自收自支、政事合一和粗放管理的特点，这种封建分割使得电视台在区域间相互封锁、市场割据，无法形成全国的市场，无法充分利用市场配置资源，无法发挥广播电视媒体的规模经济和范围经济效应，许多电视台为了生存而纷纷投入资源竞争，无暇顾忌文化责任，成为解构主流意识形态而陷入迎合媚俗的泥沼。

这种管理格局是计划经济模式下的产物，曾富有成效地保障了作为公共服务机构的广播电视事业的顺利发展，但是随着市场经济改革的深入，特别是加入WTO以后，传统管理模式的弊端逐渐突显：一方面，由于中国广播电视管理问题分别是创收、宣传和电视覆盖率，三头管理不仅难以形成管理合力，而且管理和被管理关系错位，造成政府定位不清、角色不明、职能混淆，无法有效对广播电视行业进行管理并实现公共利益的最大化。另一方面，管办不分、政事合一、企事合一，政府既是"裁判员"，也是"运动员"，出台的政策措施往往保护本级利益，损害下级利益，使得行政管理缺乏公正性、权威性和有效性。[1] 从管理学视角看，我国的广播电视管理出现了规制俘房和政商共谋，即规制部门保护的不是公众利益，而是商业利益、部门利益和地区利益，这也是我国广播电视媒体出现地区分割和条块分割局面的根本原因。

随着市场化的推进，广播电视媒体巨大的经济能量不断得到释放，广播电视产业作为国民经济的重要产业部门，促进了国民经济的发展。2009年我国

---

① 胡正荣、李继东：《中国广播电视公共服务体系：目标与实践研究》，中国广播电视出版社2010年版，第82页。

广播电视收入就达到 1852.85 亿元，广告收入 781.78 亿元，网络收入 418.85 亿元。广播电视媒体对于经济利益的诉求既来自媒体组织自身，也来自媒体组织的投资者政府，媒体组织在财政上"自给自足"的情况下，经济利益是媒介组织的生命线，广告和经营收入是其维持运转的基本条件，追逐经济利益成为本性。政府出于国有资产保值增值的需要，天然的对于经济利益有诉求。在繁荣文化产业，增强国家文化"软实力"的语境下，积极发挥市场机制的积极作用，培育骨干文化企业和战略投资者，鼓励和引导非公有制经济进入，发展新型文化业态，增强多元化供给能力，满足多样化社会需求，繁荣社会主义文化市场，推动文化产业成为国民经济支柱性产业，成为当下的主要议题。

在政治宣传和经济利益得到保障的情况下，广播电视媒体的公共利益和社会功能却在日益消解，媒体的社会责任不断解构。具体从公共服务视角看我国的广播电视媒体的频道频率设置和节目内容，存在很多不合理的地方。中国广播电视频率频道设置数量虽然很大，但是类型欠丰富，各种频率频道定位和内容相似，大部分为新闻综合、影视剧、生活、体育、财经、少儿类，节目编排和栏目设计趋同，定位模糊，个性化不强，专业化和特色化程度很低。广播电视机构播出公共广播电视节目构成比例失调，电视剧、娱乐节目比例过高，泛娱乐化现象严重，新闻信息节目、文化类节目和教育类节目偏少，这种现象在省级电视台更严重。我国广播电视媒体定位于公共媒体，但公共性并不强，公共服务的特点并不突出，存在一些缺失和盲点，相反的是商业性甚为明显，因此，节目编播中的公共服务自觉亟待加强。

西方社会责任理论认为，大众传播具有很强的公共性，必须在法律和制度的范围内进行自我约束，媒介机构必须对社会和公众承担、履行一定的责任和义务。20 世纪 40 年代美国学者建构的媒体社会责任论，取代了自由主义理论，成为西方多数国家的主导性理论。美国报刊委员会在《一个自由而负责的报刊》中要求报刊对全社会负责，并提出五项具体要求：1. "对每日的事件给予真实的、全面的和理性的报道，并将他们置于显示其意义的特定的前后联系之中。"2. 要成为"交换评论和批评的论坛"。3. 要反映出社会各个集团的典型画面。4. 要澄清和提出社会的目标和价值观。5. 要"完全接近每日的信息"。[1] 以信息传播为主要功能的广播电视，理应在信息传播、文化传承、社会教育、价值观念和精神塑造方面发挥着独特而重要的作用，特别是在文化

---

[1]　李良荣：《新闻学概论》，复旦大学出版社 2001 年版，第 7 页。

公共服务方面起到核心作用。一个适应现代市场经济发展要求的公共文化服务体系的核心精神应该是，政府退出公共文化产品的"垄断性生产和提供者"的地位，创造各种体制条件、政策条件、社会条件，保证文化产品和服务能够有效提供。这套体制的成功建立在超出文化体制之外，取决于宏观体制环境的变化，法治环境和公民社会的成熟。①

（二）公共服务节目弱化，社会文化功能消解，"三化"（低俗化、媚俗化、泛娱乐化）倾向严重

随着广播电视财政从"全额拨款"到"自收自支"，广告就成为广播电视媒体的主要收入来源，有的甚至是唯一的来源。而广告的投放主要依赖收视率指标时，收视率的恶性竞争、价值取向的商业化以及商业利润至上就成为广播电视媒体铁定的规律，广播电视媒体的公共性、公益性、社会责任受到挑战和消解，教育、文化和社会功能也遭到解构。按照大众文化研究者约翰·费斯克的"两种经济"理论，当代中国电视注重和追逐的是电视的交换价值和金钱的流通，弃置的是电视的使用价值、意义的流通和社会的认可，即完成着"金融经济"的过程，"文化经济"过程则无人问津了。在商业化、市场化的语境下，广播电视媒体出现了一些媚俗、低俗、庸俗的现象，甚至是泛娱乐化现象。有学者总结娱乐化的狂潮为"六风"："豪华风"，是"电视传播贵族化的典型"；"滥情风"，是"对道德底线的公然洞穿"；"戏说风"，是"任意涂抹历史的典型"；"聊天风"，是"倾听与倾述的旁门左道"；"竞猜风"，是"知识传播的变种和异类"；"案件风"，是"渲染腐败、黑暗、血腥"。而专题、新闻和一些严肃的文化、艺术类节目则被边缘化。媒体之间竞相模仿，同质化倾向越来越严重。虚拟取代了真实，快感取代了意义，及时行乐取代了人生理想，情绪宣泄取代了社会责任。当代电视影像扭曲和解构了现实生活的丰富、深刻和思考，正如皮埃尔·布尔迪厄所言，"电视求助于双重意义上的戏剧化，其结果却导致了千篇一律和平庸化。"② 事实上，节目内容"泛娱乐化"后，就为低俗化现象的泛滥打开了大门，甚至是消解了"娱乐"本身的积极意义而走向庸俗化：以"性"为看点，狂打擦边球；以残忍为噱头，发掘人性之恶；以极尽窥探之能事，挖掘公众人物隐私；以恶搞、整人娱乐观众；颠覆传统，挑战道德，发掘"丑闻"、"丑态"；以奇装怪行、言论无忌吸

---

① 李景源、陈威：《中国公共文化服务发展报告》，社会科学出版社 2009 年版，第 39 页。
② ［法］皮埃尔·布尔迪厄：《关于电视》，辽宁教育出版社 2000 年版，第 18 页。

引眼球，以高额大奖刺激观众收看，宣扬日、韩享乐方式。如今的娱乐节目"思想淡出内容，内容淡出形式，感性驱逐理性，夸张取代真实，搞笑胜过幽默，表象打败内涵，形而上的关怀让位于形而下的自娱自乐，"娱乐传播"繁华"的背后是思想和艺术的贫乏。① 尼尔·波兹曼的"娱乐至死"名言是对这种现象最悲观的预言。

为了收视率带来的广告效益，我国广播电视媒体不断利用明星大腕、制造娱乐狂欢，展示离奇荒诞、刺激窥视欲念，编制情爱细节、诱导肉体欢爱，以暴露个人隐私、调侃人生缺陷为乐事，正如布尔迪厄批评的：受众"用美好的感情，制造的都是收视率。"② 在一些文艺节目中，浮躁的商业功利代替了典型的艺术形象，浅薄庸俗解构了文化的意义，感官的刺激取代了艺术的审美。格调低下、煽情媚俗，克隆跟风、粗制滥造，价值扭曲、导向偏误成为娱乐节目的主要问题。可谓是在模仿中失去了自我，金钱追逐中失去了文化，流行中失去了深刻，感官快乐中失去了意义。急功近利的浮躁和行业垄断的优越感，使中国电视从来就缺乏真正意义的人文关怀，要么在虚无缥缈的艺术理想中自言自语、自娱自乐（艺术类），要么在权威的圣坛上居高临下、宣教布道（社教类），要么在金钱的大潮中推波逐浪、忘乎所以（娱乐类）。③

按照委托—代理理论，广播电视媒体是代理人，而公众是委托人，广播电视媒体不能只顾部门利益，而忘了公共利益；不能把公众全部当成消费者，而应该看成公民；不能完全成为娱乐的工具，而且要发挥传播信息、引导舆论、教化民众的基本功能，同时也承担着推动社会文明进步的责任。作为主导文化话语权的广播电视，要建构一种与社会的文明进步、与民族的整体利益一致、与主流价值观相适应的文化生态，理应承载着民族内在的精神特质和外在的气韵风貌。

（三）电视节目市场出现"市场失灵"，涉及弱势群体的节目偏少，影响部分受众的基本文化权利

我国电视媒体的"唯收视率论"成为一种普遍现象，收视率成为衡量节目的唯一标准，"收视率末位淘汰制"成为电视台管理的重要手段。自 1996年"央视–索福瑞"的诞生和 AC 尼尔森落户中国后，通过对电视节目的量化

---

① 李安安：《文化工业下的新闻娱乐之舞》，《青年记者》2007 年第 1 期。
② ［法］皮埃尔·布尔迪厄：《关于电视》，辽宁教育出版社 2000 年版，第 52 页。
③ 沈卫星：《受众视野中的文化多样性》，北京师范大学出版社 2010 年版，第 130 页。

评估，使电视管理更加科学化和规范化，并促使媒体从以传播为中心转化为以受众为中心。但收视率的激烈竞争也产生了一些负面的影响：第一，"收视率至上"把受众当成消费者，而不是受众；第二，收视率采集的农村地区样本较少；第三，在中国，高收视率的节目往往是低文化人群喜欢的节目，节目的"三俗"现象严重；第四，收视率是收视电视节目人群的数量统计，而不能反映符号学所分析的霸权式解码、协商式解码和反抗式解码三种心态；第五，在收视率的主导下，节目内容同质化严重，满足了所谓"细分受众"的需求，而普适性得不到满足，弱势群体的节目供给不足。我国已经进入老龄化社会，但是针对老年人的节目非常稀少。新闻节目、专题节目与纪录片等承载精英意识的严肃类新闻节目在娱乐节目和电视剧的挤压下逐渐边缘化。

我国有8亿农民，但是专门针对农民的频道很少，全国只有河北、吉林、浙江、陕西、河南等为数不多的省级电视台设置了农民或农村频道，农民的有效需求得不到满足。国家广电总局发展研究中心的课题组的一项调查显示，农民对广播电视节目的需求按重要程度依次是实用技术（99.8%）、农业政策（99.7%）、新品种（99.6%）、教育培训（99.4%）、人才招聘（97.2%）、市场信息（40.7%）、气象信息（30.5%）、法律（17.6%）、文艺娱乐（8.6%）、其他（2.2%）。① 然而，我国电视媒体频道设置针对"三农"的很少，而且节目不能满足受众的多样化的内容需求。同样问题也出现在广播领域：（1）广播台和广播频率进入市场，靠广告创收，造成运行目标单一，服务功能趋同，频率定位、节目定位同质化。（2）相当部分的广播频率公共服务功能弱化，不能适应社会转型期多阶层受众，特别是中下层或弱势群体的多元有效服务功能的需求。我国有庞大的农村人口，又正在逐步进入老龄化社会，他们作为弱势群体，广播频率必须予以关注，覆盖和服务这些人群的问题也必需提升至机制、体制保证层面。②

（四）公共服务节目与商业性节目内部交叉补给，导致公共服务节目供给的自愿性很强，约束性不足，缺乏制度性保障

公共服务节目内容提供方面出现了结构失衡：一是服务类节目和娱乐类节目失衡。在公共服务中，需求量较大的节目是服务类（主要是信息和教育）

---

① 国家广播电影电视总局发展研究中心：《2009中国广播电影电视发展报告》，新华出版社2009年版，第204页。

② 曹璐：《广播新闻理念与实务创新研究》，中国广播电视出版社2007年版，第268页。

和娱乐类。但是，目前广播电视尤其是电视的娱乐类节目大大超过了服务类节目，出现了泛娱乐化的倾向。二是节目服务对象失衡。出现了"四重四轻"现象：重城市轻农村、重成年人轻少年儿童、重消费能力强的人轻消费能力弱的人、重健全人轻残疾人。三是节目制作和播出的结构失衡，2007 年影视剧生产量仅占全年电视节目生产总量的 4%，但是从实际播出时间来看，影视剧播出量占全年总播出量的 45%。导致这种状况的原因的是影视剧播出比重过大，必然挤占其他节目播出资源，致使大量其他类型的电视节目不能播出。四是各类节目内部微观结构失衡，如影视剧结构失衡：历史剧偏多而现实题材剧偏少；反映都市生活的影视剧偏多而反映农村生活的影视剧偏少；综艺类节目偏多而服务信息类节目偏少；娱乐类节目偏多而人文类节目偏少。[1]

中国广播电视出现这种现象，是因为广播电视媒体过分依赖广告作为收入的来源，过分的关注经济效益而忽略了社会效益。一些媒体一边大量播出医疗广告，而新闻节目里面则出现大量医疗事故造成人员伤亡的深度报道，新闻媒体出现了"人格分裂"。又如一些电视节目出现了价值观的冲突，虽然多数新闻和社教节目，坚持了弘扬主旋律的方针，积极宣传爱国主义、集体主义、社会主义思想；抵制拜金主义、享乐主义、极端个人主义思想；倡导先进文化，批判落后腐败的文化；"追求真理，反对谬误；歌颂美善，反对丑恶；崇尚科学，反对愚昧；坚持创新，反对守旧"。然而，有的节目，对个人主义的鼓吹，对封建权力的崇拜，对权谋异术的推崇，对性和暴力的欣赏，对奢靡腐化的依恋，对违法乱纪的展示，对人格尊严的作践，对民族历史的篡改，对文明科学的贬低……[2]对电视媒体的社会教育、社会文化功能产生了消解。

三、我国广播电视二元体制建构

文化事业产品具有鲜明的公共性和准公共产品特性，不同的文化活动准公共性也具有明显的差距。公益性文化活动以满足社会文化需求为目标，着眼于提高全体公众的文化素质和文化水平，既给公众提供最基本的文化享受，也是维护社会生存与发展必需的文化基础和条件。营利性文化以满足一定的群体或个人的文化消费需求为主要目标，具有明显的商品性、营利性，从而形成文化

---

① 国家广播电影电视总局发展研究中心：《2009 年中国广播电影电视发展报告》，新华出版社 2009 年版，第 205 页。

② 沈卫星：《受众视野中的文化多样性》，北京师范大学出版社 2010 年版，第 116 页。

市场。① 对于广播电视来说，西方是通过建立公共广播电视和商业广播电视的双轨制来满足受众对广播电视公共产品的需求，消除市场失灵。根据我国文化体制改革精神，我国要建立广播电视事业和产业协调发展、良性互补的格局，即公共服务广播电视事业与经营性广播电视产业共同发展。发展公共服务广播电视事业的基本思路是以政府为主导，增加投入，实现和保障广大人民群众的基本文化权益；发展经营性文化产业的基本思路是面向市场，满足人民群众多方面、多层次、多样性的精神文化需求。

（一）公共服务广播电视与商业性广播电视的分营

由于广播电视的准公共产品性质，因此，在市场经济条件下，广播电视产品的供给方式有两种：政府与市场。而且，越接近纯公共产品，越需要政府来提供；越接近私人产品，越需要由市场来提供。所以，电视媒介也分为公共性质的广播电视媒介和商业性质的广播电视媒介。商业性质的广播电视是纯粹的企业，必须在市场竞争中生产发展，公共性质的广播电视媒介，是纯粹的事业单位，必须完全由国家提供财政支持。这种两级分离的制度安排就是中国广播电视媒介经济性质的解决方案。②

在市场经济条件下，由于存在市场失灵现象，一些向商业电视体制转轨的国家，无不保存着公共电视体制。在向市场经济转型的中国广播电视产业，中央提出公益型事业和经营型产业协调发展的方针，但是这两者具有不同的运营模式、行为准则和经营方式，必须实行事企分离，即"双轨制"。两者在经营主体、运作方式、目标取向、资金来源、调控方式上不同。在政府的主导下，商业广播电视和公共服务广播电视分类运营，一体两用，两极分离。商业广播电视以市场为导向，效率为尺度，放松经济性规制，提高竞争力，发挥经济效益；公共服务广播电视以公共财政、基金、赞助等收入为主，弥补市场失灵，在价值取向上以宣传、教育、社会和文化功能为主，满足均等化需求。

具体来说，广播电视公共服务应实行"频道制"，建立公共服务频率和频道是当今最合适的制度建构。公共服务广播电视频率频道注重节目的质量、品位，以普适性、满意度、均等化为主要衡量标准，而不是过分注重收视率。要兼顾效率与公平，把以前那些属于公共服务性质而电视台不愿提供的节目剥离

---

① 李军鹏：《公共服务学——政府公共服务的理论与实践》，国家行政出版社 2007 年版，第 274 页。

② 吴克宇：《电视媒介经济学》，华夏出版社 2004 年版，第 64 页。

出来，放入公共服务频道，政府对于公共服务性质的频道运营和覆盖实行财政资助和必须传输原则，在节目制作、人员管理、频道经营、经费使用、设备管理、节目传送、后勤保障等方面全面引进市场竞争机制，以提高公共财政的使用效率，消除政府失灵。

对于公共服务性质的频道或频率加强规制，规制的重点包括基本服务的质量、资金运用的效率、内部管理的透明化和对视听者的尊重。规制的手段包括节目标准制、评估制和问责制，公共服务频率频道承担主要的公共服务职能，必须提供包括针对儿童、老年人、农村节目以及公共事务的讨论等公共服务。每年通过第三方对公共服务的绩效实现评估，建立评估标准，对不符合标准的媒体，实行警告、罚款或者退出机制。对商业性的广播电视频率或频道，规制的重点转移到督促其履行普遍的服务上来，对于不履行公共服务义务的媒体，公众有权对其批评、抗议或申诉。

（二）公共服务广播电视投资的政府主导

公共服务广播电视由政府投资，可为公众信息、教育、文化及娱乐服务提供保障。公共服务频道的价值目标是为公众服务，而不是为消费者服务。广播电视公共服务内容以满足公众需求和知情权为宗旨，强调公益性的内容传播，着眼于社会效益和为公众服务，区别于商业性的利润至上和消费者为王的传播理念。公共服务内容的价值取向应该包括如下几个方面：节目的普适性，满足不同民族、种族、性别、年龄、地域公众的需求，特别是残疾人、老人、儿童、农民等弱势群体需求；节目的多元化和多样性，呈现意见和观点的多样性，构建公共领域，建构民主讨论的平台；节目的丰富性，新闻报道客观性、公正性和不偏不倚，理性平衡各方观点；节目的优质性，强调节目的文化、社会和教育意义，而不是迎合受众的低级趣味；节目的创意性，给予戏剧、音乐、电影等各类先锋性艺术作品和另类文化展示的空间。

我国的广播电视公共服务的内容建设目前应重点保证做好以下几点：第一，办好中央和省级新闻综合以及新闻频道频率，扩大覆盖范围，使之成为公众获取信息最重要、最及时的渠道和途径，成为党和人民的桥梁和纽带，促使"上情下达"、"下情上传"。第二，加强农业频道频率建设，做好中央"三农"宏观政策的发布和解读，深入了解和调查农民受众的需求，传播实用性的技术，实施农业科技培训，及时发布农业市场信息，满足农民对知识和信息的需求。第三，加强制作为残疾人、儿童、老年人、农民工等弱势群体和少数民族服务的公益性的节目。第四，要进一步强化广播电视公共服务在应对社会突发性公共危机和国家安全战略中的作用，在遭遇重大紧急或突发性事件如地震、台风、恐怖袭击时，通过启动广播电视应急系统，引导社会及时进行处置。[①] 各级广播电视公共服务频率频道要加强与科技、教育、司法、文化、卫生、体育、农业、林业、水利、气象等部门的合作，不断丰富节目资源，增加科技兴农、法律知识、卫生防疫、文化娱乐等广播电视节目，加强市场对广播电视节目的供给能力，并通过合作生产、项目外包、竞标制等多元化方式生产广播电视公共服务节目，消除政府失灵。

公共服务频率或者频道主要依靠公共财政拨款，节目不播商业广告，促使节目服务全民教育文化的发展；保持多元性，并维持不同形态的节目的均衡；保持客观性及公平性，提供社会大众及各群体公平参与及表达的机会；积极提供适合儿童、青少年、妇女、老人观赏，有益于其身心发展及健康的节目；新闻报道可兼顾国际性、全国性和地方性的新闻资讯。随着我国公共财政大幅度的增加，由公共财政支持广播电视公共服务完全有可能和必要。增加公共文化的投入是政府善治的必然要求，也是增强国家"软实力"的重要保障。2010年我国财政收入首次超过 8 万亿元大关，达到 8.3 万亿元，比上年增长 21%，而目前我国公共财政文化投入仅占公共开支的 0.3~0.4%。有专家指出："发达国家和地区通常大约将公共开支的 1% 左右用于公共文化的投入。"[②] 相比之下，我国公共财政支出还有较大差距和增长空间。

随着社会结构的变化，市场成长对社会带来的多样性的丰富，需要建构一个文化上宽容和新的价值认同的市民社会，需要建立一个和谐健康的公民社会和公共领域，需要提高政府和媒体的公共性和公信力。一个善治的政府是一个更强调协商管理和有限责任、更强调采纳民意和凝聚共识的公共部门，致力于建构一个由政府主导、共同协商管理广播电视公共服务事务，从而促进公共利益最大化的管理体制和机制。

（三）商业性广播电视的市场主导

商业广播电视属于盈利性的商业机构，收入来源主要靠广告，其价值目标是为消费者服务，提供多样性、多元化、多层次、多渠道的服务。按照现代企业制度运作，商业广播电视可以建立一些跨地域、跨媒体、跨行业、跨所有制

---

① 石长顺、程洪涛：《中国广播电视公共服务体系建构》，《河南社会科学》2010 年第 5 期。
② 毛少莹：《论公共文化服务中的"公共治理结构"》，2008 年深圳文化蓝皮书，中国社会科学出版社 2008 年版，第 140 页。

的传媒集团，做强做大广播电视媒体，实现广播电视产品的生产、流通和销售，完善产业价值链。

商业性广播电视在制播分离的基础上，通过兼并、联合、重组等经济手段，做强做大。制播分离改革可实行"两步走"的战略，先台内，后社会，即先把台内的节目制作部门剥离出来，组建节目制作公司，成为市场主体，建立现代企业制度，有效整合、配置电视台内外部的节目制作资源，实现生产要素的优化组合。第二步是将制作公司转变为完全意义上的独立法人主体，建立法人治理结构。在确保控股的情况下，推进产权制度改革，实行投资主体多元化，加快股份制改造，把原有的设备、资金和技术等生产要素以资产注入的方式参股制作公司，吸收社会资本。① 电视台与制作公司之间的关系是持股关系，依靠资本纽带连接，实现所有权和经营权的分离，使节目制作公司真正成为自主经营、自我约束、自我发展的市场主体。如 2009 年 10 月 22 日挂牌的上海东方传媒集团，率先实施广播电视制播分离，从"为播出而制作"转向"为市场而运作"，在 2010 年经营收入达 113 亿。上海广播电视台也正在从一个地方性电视台和电台逐步发展成为面向全国和海外华语世界的内容提供商、发行商和运营商。其旗下的财经、娱乐、体育、生活时尚等频道也实现了公司化运营，有的频道公司化运营后已实现了每年数亿元的营收和可观的利润，这些面向市场的独立公司转换经营机制，很快将做强做大。

制播分离以后将出现一些跨地域、跨媒体、跨行业、跨所有制的传媒集团，这些传媒集团以娱乐、音乐、游戏、动画、影视为内容，以电视、互联网、手机和其它移动传媒为平台，以创意、制作、包装、发行、广告和相关商业产品开发为商业价值链的运作体系，将完成从区域市场、国内市场、国际市场的"三级跳"战略，向多元化、市场化、专业化、集约化的方向发展。跨媒体传媒集团的成立带来规模经济效应，实现资源互补，品牌和创意共享，大大节约管理成本和节目开发成本。一些实行制播分离的传媒集团将从体制内向体制外演变，进入资本市场，向社会供给节目，走市场化道路。

建立公共服务事业和经营性产业分类运营是广播电视的准公共产品性质决定的，也是建构公共服务型政府和消除市场失灵的必然要求，是在确保舆论导向和党的领导的前提下，参考西方公共服务广播电视与商业性广播电视"双轨制"在我国的创新发展，也是对我国文化政策公益性事业和经营性产业并

---

① 刘祥平、肖叶飞：《制播分离时代的广播电视产业变局》，《当代文坛》2010 年第 5 期。

行发展的灵活运用。这将有利于维护受众的基本文化权利，提高社会的文化教育水平和凝聚力，促进社会的公平和公正，满足受众普适性、均等化、多样性的广播电视产品和服务需求，最终将有利于和谐社会的发展和市民社会的建立。

第三节　多元化的广播电视公共服务财政体制

稳定的资金收入来源是形成广播电视公共服务长效机制的保障，西方国家通过不同的公共广播电视的收入模式，保证公共服务供给的水平和质量。他们认为广告作为收入的来源往往使广播电视节目堕落，降低节目的品位，应通过多元化的财政体制支持广播电视公共服务节目的制作和播出。例如，世界上最早的公共广播 BBC 就摒弃了广告作为收入来源。英国《皇家宪章》规定，BBC 作为国有公共广播电视服务机构，其经费来源主要是受众交纳的收音机、电视机许可证费（从 1977 年起，收音机不再收费）；同时禁止 BBC 播放商业广告或播放任何形式的付费节目。如此规定，就是为了使其除了政治独立之外，还获得经济上的独立性，从而保证 BBC 免受广告商和商业利益的左右。[①]西方国家基本形成了公共广播电视和商业性广播电视的双轨制，商业性广播电视主要依靠广告费等商业经营性收入，而每个国家根据自己不同的历史传统、国情特征和管理理念，形成了不同的公共广播电视的资金收入模式。具体来说，包括以下五类：（1）以英国、日本为代表的单一的执照费收入模式；（2）以法国、德国为代表的执照费和广告为主的收入模式；（3）以加拿大、澳大利亚为代表的国家财政资助为主，广告费为辅的收入模式；（4）以南非、西班牙等为代表的广告等经营性收入为主的商业主导的收入模式；（5）以美国为代表的社会捐赠、国会拨款以及经营性创收等多元化的收入模式。大部分国家反对将广告作为公共电视的收入来源，这样会腐蚀公共广播电视，降低公共广播电视的品质和质量。无论是执照费的收入模式，还是国家财政拨款的收入模式，这种制度设计都是为了维护广大公众的公共利益，把依靠广告等商业收入的弊端最小化，体现公共服务的精神。

我国的广播电视收入来源经历了从计划经济时代的全额财政拨款，改革开放初期的以财政拨款为主、商业收入为辅时期，到 20 世纪 90 年代的自主经

---

　①　洪丽：《公共广播收入模式研究》，中国广播电视出版社 2010 年版，第 55 页。

营、自负盈亏的时期，直到现在，广告收入占到大多数广播电视台收入的90%以上。当商业性收入成为广播电视媒体主要的收入来源的时候，商业价值取向不可避免，公共服务的职责就会大打折扣，社会效益优先的原则就会成为"纸上谈兵"。为了确保广播电视公共服务功能，在公共服务事业和经营性产业相分离的基础上，加大对经营性广播电视产业的税收征收比例，增强对公共服务广播电视的公共财政的支持力度，建立各级广播电视行政主管部门主导的广播电视公共服务基金，成立广播电视公共服务委员会，加强对广播电视公共服务的职能、目标、运营、评估等制定和监管，同时可以接受商业赞助、社会捐赠和以及少量的节目经营性收入作为广播电视公共服务的部分资金来源。

一、西方公共广播电视收入模式

西方国家的公共广播电视的收入模式受到各国的政治、法律和文化的影响，根据政府、公众、商业等提供资金主体的不同，可分为国家主导、公共主导和商业主导的公共服务体制。不同的收入模式需考虑不同的出资者的需求，各有自己的优缺点，如表 6.1 所示。政府财政提供就要按照政府的意愿行事，受政治因素影响大；资金由市场提供，就要按照市场规律行事；资金由公众的执照费提供，就要按照公众的意愿行事，满足公众的需求。不同的收费方式各有利弊，执照费收入稳定，直接和受众挂钩，但约有 5% 左右的逃税率；政府的财政拨款受到政治气候和政治干预的影响大；赞助、广告收入和经营性收入，受市场因素的影响变化大；商业广播电视的频道占用费和电视付费等增值收入对公众产生负面影响，甚至导致拒交收视费；非政府组织、基金会、慈善组织的捐助与国家的公民意识和非政府组织的成熟程度有关，收入不稳定。

表 6.1　各类公共广播电视收入模式优缺点比较表①

资金来源	特点	优点	缺点
执照费	向受众收取	收入稳定、安全	机动性差，有逃税现象
商业广播电视的特许费（如频道频率占有费、执照费）	向商业广播电视收取特许费	随市场调整、机动性强	不稳定，无法预计

---

①　曹晚红：《德国双轨电视制度研究》，中国广播电视出版社 2009 年版，第 53 页。

续表

资金来源	特点	优点	缺点
公共部门拨款	国家编制预算、国会拨款	经费稳定、快速	依赖政治决定、受政治干预
广告收入	部分播出广告，收入多元化，不必经常调高收视费	机动性高	不稳定
赞助	接受企业等赞助	机动性高，随市场调整	赞助者可能影响节目
付费电视节目收入	公共服务的增值业务，拓展经费空间	新的付费模式，面对商业电视，保持竞争力	对公众产生负面影响，可能导致公众拒绝传统的收视费
捐助	接受非政府组织、基金会、慈善资助的捐助	不受商业和政治的影响	不稳定，与国家的公民意识和非政府组织的水平有关

（一）英国、日本为代表的执照费为主的收入模式

从某种意义上说，这是纯粹的公共广播电视。采用收视费制度是普遍实行的一种公共广播电视的收费模式，全世界大约有 70 多个国家或地区的公共服务广播电视依赖收视费，欧洲最为流行，占据 2/3 以上。他们认为商业广告是公共广播电视的腐蚀剂，将导致公共广播电视的堕落。

英国的执照费是通过法律形式强制收取的，拒缴者可能面临罚款或者牢狱之灾。英国的《皇家宪章》规定，BBC 是非营利性的广播电视机构，经费主要来源于执照费，由独立的理事会管理电视台，不接受广告和商业赞助，但接受商业捐赠，节目结尾可以鸣谢捐助者。收视费的预算要交议会讨论通过，增长幅度与物价水平相挂钩。近年来，BBC 实行了国内与国外分开运营的体制，国内实行公共服务模式，运营经费主要来自收视费，同时出售节目获取部分收入，但是经费接近 90% 来源于议会批准的公共财政资助。服务国外的频道实行部分有偿服务，为 BBC 外延式发展奠定了基础，2010 年英国的 BBC 的总收入为 47.9 亿英镑，其中执照费收入为 34.47 亿英镑，其他收入为 13.43 亿英镑。表 6.2 是英国 BBC 2009 年和 2010 年的财政收支的情况。

表 6.2　英国 BBC 2009 和 2010 年的财政收支的情况①

收入类型	2010 年（亿英镑）	2009 年（亿英镑）
执照费收入	34.468	34.944
其他的收入和收益	13.436	11.664
总收入	47.904	46.608
排除重组开支和额外津贴收入的运营开支	（45.405）	（44.696）
额外的津贴收入	3.341	—
重组开支	（0.619）	（0.403）
总的运营开支	（42.683）	（45.099）
运营盈余	5.2210	1.509

日本公共广播 NHK 也是依靠收视费作为收入来源，日本《广播法》规定："凡设置可接受 NHK 电视节目接受设备者，必须与 NHK 签订电视接受合同，并规定 NHK 在开展业务时，不得以盈利为目的，不得从事与他人营业有关的广告播出。"② 收视费是日本广播公司主要经济来源，占了全部经济来源的 96％以上，余下的部分来自节目内容出售等方面的收入。NHK 制定好收支预算和事业计划等之后，提交给邮政大臣，邮政大臣附上意见交给国会，国会经过众参两院的委员会审议做出是否批准预算的决议。2010 年日本 NHK 的总收入是 6655 亿日元，其中执照费的收入是 6533 亿日元，其它收入 122 亿日元（见表 6.3）。公共广播电视靠收视费为唯一收入来源的国家还有挪威、奥地利、瑞士、泰国、巴基斯坦等。

表 6.3　日本广播公司 NHK2009 年和 2010 年的财政收支状况

NHK 年度收入和开支	2009 年度（亿日元）	2010 年度（亿日元）	增长比例
广播执照费的收入	6490.4	6530.3	3.9
其他的营业收入	120.1	120.1	0
总的营业收入	6610.6	6650.5	3.9
总的营业支出	6280.8	6460.2	

① 　来源于网页：http：//www.bbc.co.uk/bbctrust/our－work/strategy/annua/report/2009－10.html

② 　秦建等译：《日本广播电视手册》，中国广播电视出版社 2002 年版，第 553 页。

（二）以德国、法国为代表的执照费和广告为主的收入模式

这些国家公共广播电视收入除了执照费以外，允许少量的广告作为收入来源。德国《广播电视州际协议》第 13 条第 1 款规定："公共广播的财政来源是视听接受费、广播电视的广告收入和其他的收入，视听接受费是最优先的财政来源。"虽然德国电视允许播出商业广告，但是受到严格的限制，商业广告的收入只占总体收入的 2% 左右。《广播电视州际协定》规定：（1）德国公共广播包括 ARD 和 ZDF 一年内广告播出时间每天平均不得超过 20 分钟，每天的播出上限为 25 分钟；（2）每晚 8 点后，周末和法定假日均不得播出广告；（3）广告应和节目明显区别，不得插播在节目中。①

与英国对于传媒的社会功能定位不同，法国有着一个明显的传统认识，即法国商业广播电视公司不能简单地把自己看成为纯粹的商业企业，而是看成具有公共服务功能的机构，必须承担一定的公共服务义务，以期促进广播电视节目更加多样化、质量更高、法语以及法国文化更广泛的传播。法国公共广播电视 70% 来自收视费，其余的来自商业广告收入和赞助节目的收入，这就决定了法国公共广播电视机构的多样性、经费来源的多样性、收视费分配机制的多样性。

法国公共服务广播电视系统由三个独立的电视台、二个独立的广播电台，即法国电视一台、法国电视二台、法国电视三台、法国广播台、法国国际广播台等 9 家机构组成。这些广播电视机构都属于国有，具有相同的法律地位。这些公共服务传媒机构由各自的董事会管理，董事会一般由 12 名成员组成，其中两名代表分别来自法国议会上议院、下议院，4 名代表来自政府机构，4 名代表由广播电视管理机构提名，2 名为媒体雇员代表。他们一般任期 3 年，各个媒体必须接受议会、政府和广播电视专门机关的管理。它们的节目都由法国电视播送公司（TDF）统一转播，它们的行为都由政府专门机构（CSA）统一监督。当然，这家播送公司也播送商业广播电视企业的节目。这些公共服务媒体的教育、文化和社会使命，由总统颁布的命令所规定。比如，法国电视二台、法国电视三台，依据总统命令，必须保护儿童和少年，促进社会正直、独立和多元化。法国二台、三台电视的广告时间严格

① Schulz, Winfried. Public - service Broadcasting in the Federal Republic of Germany. In Jay G. Blumler & T. J. Nossiter （ed） （1991）, Broadcasting Finance in Transition, Oxford University Press, p. 266.

限制，一小时一般不超过五六分钟，现任总统萨科奇甚至呼吁取消公共广播电视的商业广告。法国电视一台尽管早在 1986 年就已经私有化，但是必须承担公共服务的法定义务。2000 年议会立法阻止法国广播电视台追求收视（听）率，结果导致广告收入占公共服务媒体总收入的比例由 1998 年的 40% 下降到了 2004 年的 30%。

对于公共服务传媒的广告经营，法国议会立法明确禁止政治性广告，电视剧播出过程中不得被广告打断，且规定了各个广播电视台的广告时间限制。如法国电视二台播出广告时间平均每小时不得超过 6 分钟，绝对禁止播出超过 12 分钟的广告；法国电视三台播出广告时间平均每小时不得超过 5 分钟，绝对禁止播出超过 10 分钟的广告。法律规定，广告使用的语言必须是法语。

芬兰广播公司（YLE）运行经费由三块构成，80% 来自特许费、10% 来自补偿费、10% 来自专门基金。特许费实为收视费，补偿费为商业广播电视公司按营业额比例缴纳。向芬兰广播公司提供补偿费是芬兰境内的商业广播电视公司法定义务。为了保障几经变革的芬兰广播公司正常运行，芬兰议会批准设立《公共广播基金法》。商业广播电视公司向公共服务广播电视公司提供补偿费制度，成为世界公共服务广播电视系统中一个独特的制度。

（三）以加拿大、澳大利亚为代表的国家财政资助为主，广告费为辅的收入模式

这种体制称为具有公共成分的商业广播电视或者公共成分的国营广播电视。成立于 1936 年的加拿大广播公司，为了保护加拿大的政治、文化和民族传统，抵制美国商业广播电视的影响，加强他们的民族特色和认同感，成立了公共广播电视系统，由英语、法语两个广播电视系统组成，同时播出 8 种土著民族语言节目。加拿大广播公司每年通过通信部长向议会提交年度财政预算方案，由议会财政委员会批准或否决。其运行经费大约 66% 来自议会批准的公共财政拨款，其余来自商业广告收入。2010 年加拿大广播公司的总收入为 17.1 亿美元，其中国会财政拨款 10.18 亿美元，广告收入 3.09 亿美元，其他的融资和专业频道服务收入 2.58 亿美元，分期返还的延期资本投资收入为 1.25 亿美元（见表 6.4），其它经营收入的明显增加弥补了运行经费的短缺。

表 6.4　加拿大广播公司 2010 年和 2009 年的收入情况①

总收入与支出	2010 年（亿美元）	2009 年（亿美元）
国会的财政拨款	10.17587	10.70137
广告收入	3.09255	3.56248
其它的融资和专业频道服务收入	2.58426	2.55904
分期返还的延期资本投资	1.25086	1.15355
总收入	17.10354	17.97644
总支出	17.90219	18.47714

　　在澳大利亚，公共广播电视系统由 2 个独立的公司组成，他们各自依据不同的法令进行运作，一个服务于全国的白种人，一个服务于全国的少数民族；一个可以从事商业广告经营，一个完全禁止播出任何商业广告。澳大利亚广播公司（ABC）于 1929 年创立，1932 年被国有化变成全国性广播机构，旨在通过它提供的高水准、创新、综合的广播电视服务，促进民族的认同，并反映澳大利亚多样性的文化。当然，它承担着传播澳大利亚议会会议的法定义务。②《澳大利亚广播公司法》禁止澳大利亚广播公司播出商业广告。因此，澳大利亚广播公司日常运行的经费主要来自政府财政拨款，具体比例大概为 80% 经费为公共财政拨款，其余 20% 来自服务收入。董事会每年向国会提交下一个财政年度的收入和支出报告，议会表决通过其年度财政预算方案。2010 年澳大利亚广播公司（ABC）的总收入是 10.99 亿美元，其中政府的财政拨款是 9.15 亿美元，产品销售和服务收入为 1.51 亿美元（见表 6.5），还包括资产处理和利息等其他收入。

　　1976 年，澳大利亚议会修改了 1942 年颁布的《广播电视法》，正式确认成立澳大利亚专门广播服务公司，主要是向全国 460 万少数民族居民提供多文化、60 多种语言的公共广播服务。从 1989 年起，对澳大利亚专门广播服务公司进行改造，引入有限的商业赞助节目，以期把它建设成为一个独立的广播公司。1991 年，澳大利亚议会通过了《专门广播服务法》，③ 正式确立了其独立的公司法律地位。1991 年以后，法律明确允许进行商业经营，于是公司经费

① http://cbc.radio-canada.ca/annualreports/2009-2010/pdf/AR0910_e.pdf p.45.
② Parliament Proceedings Broadcasting Act.
③ Special Broadcasting Service Act.

结构发生了比较大的变化。目前，澳大利亚专门广播服务公司的运行经费大约70%来自公共财政拨款、其余30%的运行经费来自商业广告。

表 6.5　澳大利亚广播公司 2010 年和 2009 年的财政收支情况①

ABC 开支与收入	2010 年（亿美元）	2009（亿美元）
总的开支	11.01074	10.78755
来自政府的收入	9.15058	8.58411
货物出售和服务提供的收入	1.51339	1.75118
利息	0.08 664	0.11072
资产处理的净获利或损失	（0.00833）	0.17771
其他收入	0.25090	0.30261
总收入	10.99318	10.92633

（四）以南非、西班牙等为代表的广告经营性为主、执照费和财政拨款占很少比例的收入模式

南非议会于 1999 年颁布了全新的《广播法》，按照新的法律，南非的广播公司分为三类：公共服务广播公司、商业服务广播公司、社区广播公司。按照新的《广播法》，南非广播公司（SABC）从纯粹的公共服务广播公司向着兼顾商业服务、公共服务的有限责任公司转变，并依照南非《公司法》运作。从此，作为公共服务媒体的南非广播公司实行"一台两制"，公共服务职能机构与商业服务机构分开，分别实行独立运行；一部分完成法律特定的公共服务义务，一部分按照商业广播公司运行。法律要求南非广播公司利用商业经营的收入补助公共服务部分。

目前，南非广播公司通过其 3 个电视频道覆盖了全国 80% 以上的地区。南非电视台第二频道履行公共服务义务，第一频道和第三频道按照商业电视台运作，它的广播系统充分反映了南非文化多样性。在由 19 座广播台组成的广播网中，11 座广播台分别用南非的 11 种官方语言（包括英语）播送节目。依据法律，公共服务广播电视台必须提供所有官方语言的、高品质的节目，以期达到既促进南非的国家统一、文化融合，也反映南非语言及文化多样性的目的；必须提供面向儿童、妇女、残疾者的教育性节目等。尽管法律

---

① http://www.abc.net.au/corp/annual_reports/ar10/pdf/ar2009_10_financial_statements.pdf p.170.

规定所有电视用户必须缴纳收视费，但是收视费只占南非广播公司总收入的14%左右，大约10%来自公共财政拨款，余下的76%来自广告和其它商业经营收入。

南非模式并非非洲国家独有，亚洲、欧洲、北美洲、拉丁美洲等一些国家或地区的公共服务广播电视台的运行经费也主要依靠商业经营收入。如西班牙广播公司（RTVE）90%的运行经费来自商业经营，公共财政拨款大约只占10%。智利电视台（TVN）必须履行议会法令规定的公共服务，虽然属于国有，但是公共财政不提供资助，运行经费基本靠商业经营维持。

1989年，新西兰议会通过了新的《广播法》，将原来的新西兰广播公司的电视业务和广播业务分离，新成立的新西兰电视台尽管仍然国有，但是要按照商业企业运行，不再能够获得收视费补贴。与此同时，新西兰广播委员会成立，它不但负责收视费的收取，而且负责收视费的分配使用。收视费的分配使用采用项目竞标模式，面向全国所有广播电视机构和节目制作单位和个人。1999年，收视费取消后，新西兰广播委员会利用公共财政拨款继续资助公共服务、保护文化多样性（如毛利电视台）等方面的节目制作。2003年以后，新西兰电视台重新确立了公共服务传媒的地位，运行经费主要来自商业收入，并通过竞标从新西兰广播委员会争取部分经费。

（五）以美国为代表的社会捐赠、国会拨款以及经营性创收等多元化的收入模式

美国公共广播服务公司于1967年根据《公共广播法》成立，其职责是促进满足公共利益需求的公共广播和公共电视的发展，通过资助降低节目（特别是面向儿童和少数民族的节目）创作的风险，实现其教化、教育和文化的目的。目前，它的财政收入主要来自个人捐资、公共财政拨款、节目销售收入，每年大约70%以上经费直接资助上千家的地方公共广播电视机构制作节目。在得到公共广播服务公司资助的广播电视台中，450多家为大学附属的机构、450多家为非盈利的社区机构、150多家是州政府的附属机构、40家是地方政府的机构。与此同时，大约20%的经费资助节目制作者和发行者，余下经费用于包括版权保护、公共广播电视台之间的连接、公共广播电视台数字化技术改造等。这样的格局基本上反映了美国公共广播系统的结构。美国2009年的总收入约5.03亿美元，其中捐助约2.29亿美元，会员费约2亿美元，联邦补助0.53亿美元，录像收入0.37亿美元（见表6.6），还有版权和投资回

报等。①

表 6.6　美国公共广播公司 2008 年和 2009 年的收入来源

收入类型 ＼ 年限	2009 年（亿美元）	2008 年（亿美元）
个人捐赠	2. 28616	2. 53569
会员估价（Member Assessments）	1. 99830	1. 96262
公共广播公司和联邦补助	0. 53002	0. 53632
录像收入	0. 37317	0. 40539
版权、投资回报及其它	0. 16191	0. 48466
运营收入	2. 73958	3. 38899
总收入	5. 02574	5. 92468
总的开支	5. 82455	5. 96949

　　西方公共广播电视模式呈现出多样化、多元化态势，虽然各国情况有所不同，但不乏特色与亮点，如执照费为主、广告费兼收模式；国家财政资助为主，广告费为辅的收入模式；芬兰由商业广播电视公司向公共服务广播电视公司提供补偿费的制度；澳大利亚成立专门广播服务公司，向全国少数民族居民提供多文化、60 多种语言的公共广播服务制度；南非广播公司实行“一台两制”，将公共服务职能机构与商业服务机构分开，分别独立运行的制度等，对我国广播电视公共服务制度的建构具有较大的启示意义。

二、我国广播电视公共服务多元化财政体制的建构

　　我国广播电视的收入来源经历了从计划经济时代的全额财政拨款时期，改革开放初期的财政拨款为主、商业收入为辅时期，到 20 世纪 90 年代的自主经营、自负盈亏的时期。在计划经济年代，我国的广播电视是属于典型的国家主导的国营广播电视媒介，属于非营利性质的事业单位，是党的宣传工具和公益性事业单位，所有权归国家所有。当时，电视业所需要的全部资金、设备以及从业人员的工资福利等全部由国家提供，同时，广播电台和电视台还由国家制定统一的财务事业制度。

　　改革开放以后，国家逐渐缩减财政拨款，广播电视机构逐步自给。1983

---

　　① 　http：//www. pbs. org/about/corporate – information/financial – highlights/

年第十一次全国广播电视工作会议提出"四级办"广播电视的方针，确定对广播电视经费管理体制进行改革，在经费来源上放开搞活，由过去单纯依赖国家财政拨款，改为经费来源渠道多元化，广泛开辟财源，以弥补国家财政拨款的不足。各级广播电视部门一方面加强了广告经营，另一方面积极开展多种渠道的创收集资活动。与此同时，中央和地方财政对广播电视事业建设的拨款数额也在不断增加，1984年，全国广播电视财政拨款（包括事业费和基本建设费）为13.2亿元，到1987年时就达到了22亿元。不仅如此，各级财税部门还对广播电视系统实行了减免税收和免征"两金"（"能源交通重点建设资金"和"预算调节基金"）的优惠政策。海关总署也对省以上的广播电台、电视台进口广播电视专用设备免征进口关税。① 但是，收入的增加仍不足以使广播电视事业完全摆脱经费不足的困境（缺额一般占20%到50%）。为此，各级广播电视部门的自筹资金逐年增加。第十一次全国广播电视工作会议前的1982年，全国广播电视部门的收入还只有0.27亿元，十年后的1992年就已达到20.9亿元，增长了28倍多，相当于当年国家拨款的85.7%。但是从总体而言，除了一些经济发达的地区，财政拨款仍然是广播电视事业经费的重要来源。

1992年6月，中共中央、国务院发布《关于加快发展第三产业的决定》，正式把广播电视业列入第三产业，指出要"以产业化为方向，建立充满活力的第三产业自我发展机制，大多数第三产业机构应办成经济实体或实行企业化经营，做到自主经营、自负盈亏。现有的大部分福利型、公益型和事业型第三产业单位要逐步向经济型转变，实现企业化管理"。广播电视定位于第三产业，实行"事业性质、企业管理"，即形而上的上层建筑属性和形而下的信息产业属性。

近几年来，我国广播电视收入增长较快，为我国广播电视事业的发展奠定了强大的经济基础（详见表6.7）。

表6.7　我国广播电视2004～2009年收入情况

收入 年份	总收入 亿元	财政收入 亿元	广告收入 亿元	有线电视收视费收入 亿元
2004年	825	89	414	137

---

① 赵玉明、艾红红：《中国广播电视史教程》，中国广播电视出版社2009年版，第147页。

收入\年份	总收入	财政收入	广告收入	有线电视收视费收入
	亿元	亿元	亿元	亿元
2005 年	931	109	469	160
2006 年	1099	126	527	184
2007 年	1316	175	601	212
2008 年	1583	233	702	250
2009 年	1852	270	782	285

　　表 6.7 列出了历年总收入中的三种主要资金来源。虽然我国广播电视收入逐年增加，但实际上广播电视公共服务供给仍然明显不足。广播电视事业应该本着以"产业养事业"的方针，加大对广播电视公共服务的投入力度，从"效率优先"过渡到"公平优先"，以满足人们日益增长的对广播电视产品的公共需求。

　　（一）广播电视公共服务财政供给的原则

　　近年来，我国文化产业发展迅猛，成果显著，但是国家财政对文化事业的经费投入相对偏低，需要较大幅度的提高。有研究指出，到 2010 年、2015 年、2020 年，国家对文化事业经费的投入应分别达到财政总支出的 0.5%、1%、1.5% 的水平。文化事业经费占国内生产总值（GDP）的比重 2010 年至少达到 0.1% 的水平，到 2015 年至少达到 0.15% 的水平，最终在 2020 年以后稳定在 GDP 比重 2.0% 的水平。其中，群众文化事业费支出至少占全国文化事业费总支出的 20%，并最终稳定在 25% 的水平上。[①] 广播电视事业属于文化事业的重要部分，也需要加强对于广播电视公共服务的财政拨款的制度化和法制化建设，确保一定的经费比例，维持广播电视公共服务供给的水平和质量。广播电视公共服务财政供给要坚持如下原则：

　　事权与财权相统一原则。近些年来我国政府不断加大公共服务的财政投入，大大改善了基本公共服务的条件，提升了服务的品质，不过，仍存在一些亟待解决的问题。如分税制确立了各级政府财权划分的基本格局，但在实践中政府间财政支出的结构不尽合理，税权高度集中，财权层层上移，转移支付失当，基层政府财力趋微，导致各级政府财权与事权不匹配。公共服务的事权配

---

　　① 吴理财、朱春雷：《农村文化服务均等化及其对策研究》，《研究与咨询》2007 年第 9 期。

置是财权配置的基础，而财权配置又是事权履行的保证。改革政府间的财权配置应该合理划分政府间税收权限，改革转移支付制度。同时，扩大公共服务机构融资渠道，化解基层政府的财政风险，建立协调发展基金。① 公共服务的财权配置应根据市场经济条件下，各级政府的公共服务职能来确定，合理划分中央与地方的财权，适当安排政府间关于公共服务的财政收支，使各级政府的财权与事权相匹配。

加强财政转移支付原则。我国中央对地方转移支付主要分为两类：财力性转移支付（包括一般性转移支付、民族地区转移支付、农村税费改革转移支付、调整工资转移支付、县乡奖补转移支付等）和专项转移支付（包括社会保障支出、农业支出、科技支出、教育支出和医疗卫生支出等）。转移支付制度是实现公共服务均等化、调节收入再分配以及实现支付目标的重要手段。在分权化财政体制下，各地区的资源禀赋差异、收入分配的不对称以及包括要素投入价格和生产能力在内的成本差异都将导致财政差异的产生，在这种情况下，不同级别的政府在事权财权安排中有一定程度的不对称，以致影响到当地政府提供公共服务的能力和质量。为了改变这种状况，建立上级政府对于下级政府的纵向转移支付是非常必要的，甚至在特殊情况下，不同地区政府之间的横向转移支付也是可行的。考虑到各地区偏好以及行为存在差别的事实，均等化转移支付要求将财政能力均等化至全国平均水平，并对各地区不同的公共服务需求和成本予以补偿。对于中国这样一个幅员辽阔、人口众多、地区差异显著的低收入国家而言，可以在承认特定地区成本和需求差异的基础上，对地区内所有省份采用统一公式的做法，通过制定以支出需求为基础的最低标准的转移支付，使某些公共服务的财政需求更为简便和客观地得以补偿，同时提高简便性、透明度以及地方政府在公共服务提供方面的负责程度。②

我国的广电公共服务基本政策是，国家重点解决区域协调发展的问题，帮助中部贫困地区和西部偏远地区发展农村广播电视事业。省市两级重点负责解决广播电视转播发射台和有线电视干线网络的建设与维护问题，以及乡镇有线电视网络建设维护补贴、自然灾害救助等。县级作为直接对农村农户服务的平台，主要是解决分配网络的建设维护，对低保户、残疾人、烈士家属等困难群众，重点给予帮扶救济，使其享有基本的公共视听服务。县级是直接面向农户

---

① 刘厚金：《公共服务财权配置的问题分析与改革策略》，《行政论坛》2009 年第 5 期。
② 谷成：《基于财政均等化的政府间转移支付制度设计》，《财贸经济》2010 年第 6 期。

服务的部门，但是分税制以后，县级财政普遍比较困难，缺乏资金。要加大对县乡一级的广播电视公共服务的财政支持力度，完善提供公共产品为重点的公共财政体制，加大财政转移支付力度，使各级政府的财权和公共服务的职责相对称、财力与公共服务的支出相对称。行政上，要建立省、市、县垂直管理的农村广播电视公共服务体系，各级广电部门设立农村广播电视公共服务部门，三级政府财政要纳入预算，省级财政是关键，重点解决资金问题，县级是基础和平台。网路上，实行省、市、县、乡、村五级贯通，以县级服务平台为中心，做到体制顺畅、管理规范、服务高效。

均等化原则。"基本公共服务均等化"是党的十六届五中全会提出的重要改革命题，党的十六届六中全会将"基本公共服务体系更加完备"列为构建社会主义和谐社会的九大目标和主要任务之一。党的十七大报告进一步提出要"围绕推进基本公共服务均等化和主体功能区建设，完善公共财政体系"。逐步实现基本公共服务均等化，不仅是我国经济社会发展的客观需要和构建社会主义和谐社会的内在要求，同时也是我国现阶段公共财政建设的重要内容。基本公共服务均等化已成为完善公共财政体制，推动经济社会全面、协调、可持续发展的重要指导原则与基本导向。为实现基本公共服务均等化，满足社会公众对基本公共服务的需求，需要不断完善公共财政体系，明确中央与各级地方政府在基本公共服务供给中的职责，加大对基本公共服务的财政投入力度，完善政府间转移支付制度及县乡财政管理体制，形成可持续的基本公共服务财政支持机制。① 基本公共服务均等化，要求基本公共服务的内容和水平的均等化（消费均等和结果平等），服务设施和条件及资源占有的均等化（条件均等和起点平等），以及赋予人们相同的权利和机会（权利平等及制度平等），不因其身份的不同享有不同的待遇，这一标准并不要求各地方公共服务的一律化或绝对平均。同时还鼓励有能力的地方在满足人们基本公共服务要求的同时根据自身的条件向人们提供更优良的公共服务。这一基本公共服务均等化是从最低标准的角度来界定的，即人人都享有不低于他人或社会最低标准的公共服务。这不仅符合平等的基本要求，也符合人们公平与正义的原则。它将政府职责限定于满足人们最基本的公共服务，也使政府供给成为可能。② 基本公共服务均

---

① 彭健：《基本公共服务均等化视角下的财政体制优化》，《财经问题研究》2010 年第 2 期。

② 项继权：《基本公共服务均等化：政策目标与制度保障》，《华中师范大学学报》2008 年第 1 期。

等化不仅要求新增经费和资源的均等化分配，也要求缩小及消除历史形成的既有差距。一方面必须调整城乡之间公共服务财政投入结构，改变重城轻乡的投入体制，加大对农村及困难地区基本公共服务的财政投入；另一方面，也必须调整公共服务财政投入的内容和结构，投入的重点是绝大多数人们直接获益的基本公共服务。

目前，广播电视公共服务在传输和内容供给方面还存在一些问题。一是城市和农村之间存在较大的差距，资源分配不均，一些城市的高清电视、互动电视和数字电视如火如荼，而一些农民还在解决收看电视难的问题。二是地区之间的差距较大，江浙地区的农村有线电视的入户率达到50%以上，而西部边远地区还存在广播电视"盲区"。三是无线和有线用户之间的差距较大，农村无线电视用户只能收看几套节目，而城市有线用户可以收看几十套节目。内容方面，针对三农、一些特殊弱势群体的节目供给不足，各种节目类型同质化严重、比例失调等，这些都有待于在均等化原则指导下予以公平解决。

必须传输原则。"必须传输"原则，即对于公共服务性质的频道或频率，有线电视运营商或卫星电视节目服务运营商必须免费传输其信号，为广播电视公共服务奠定设施基础，保证公共服务的普遍服务与接入，这也是西方广电规制的普遍原则。必须传输的频率频道包括中央电视台的公共服务频道、中央教育电视台综合频道，本省、本地的公共服务频道。防止有线和卫星利用垄断资源权利寻租，保护节目的多元化和多样性，维护消费者和公众的利益。其它的付费频道和加密频道在"自愿平等和互利互惠"的基础上，按市场需求定价，受众付费观看。

（二）广播电视公共服务传输覆盖的财政制度建构

从经济学角度说，政府的功能就是提供公共产品，因为公共产品具有非排他性和非竞争性，市场供给会出现市场失灵，这是广播电视公共服务由政府提供或市场提供的逻辑起点。目前，我国广播电视硬件覆盖采取的供给模式是：无线覆盖属于公共产品，政府主导，财政拨款为主；有线覆盖属于准公共产品，采取政府主导，社会参与，减免营业税、所得税等激励措施；广播电视新媒体服务的供给属于私人产品，采取政府参与，市场主导，"谁投资、谁收益"的原则。

无线覆盖是加强农村广播电视公共服务的有效途径，也是作为广播电视向公民提供普遍服务的基本手段，但是一些地方存在"重有线，轻无线"、"重城区、轻盲区"现象。无线覆盖也面临着许多问题：一是资金投入不足，无线覆盖滑坡，维护经费不足，开机时间不足，发射功率不足。二是我国县级政府很难拿出资金来加强无线覆盖，一些地方财政不仅不增加投入，还从广电收入中抽取一定比例用于其他事业，忽视了无线覆盖的公益性和社会效益。三是发射台普遍存在挪用、挤占转播中央或省台节目频率频道问题，很多群众反映当地在转播中央节目时插播地方台节目和广告。面向广大农村的中央第七套电视节目覆盖率也很低，除了江西、宁夏在总局的支持下达到70%以外，其他绝大多数省份的无线覆盖最高的只有13%。① 在当前无线覆盖滑波的情况下，需要加大对广播电视无线覆盖的资金投入和监管。

我国明确把无线覆盖作为基本服务，由各级政府买单。凡是覆盖农村的无线发射台站，享受国家规定的非普工业类电价，不按用电峰谷分别计价，转播中央、省、市地、县节目的无线发射台的设备更新和维护经费，由中央、省、市地、县各级政府分级负责，给予补助，这改变了多年来形成的无偿转播政策。

无线覆盖为政府提供的纯公共产品。但是，技术变迁对广播电视公共物品的属性产生了影响，随着加密技术的发展，公共产品的非排他性排除了，使得市场参与无线的传输成为可能，可以改变政府在无线覆盖公共服务供给的垄断地位，发挥市场在农村地面数字电视公共服务供给中的作用，使地面数字电视和城市有线电视相互竞争和相互补充，完成我国广播电视数字化转换的任务。2007 年英国商业广电运营商天空广播公司推出了它的数字地面付费电视战略，美国、法国等国家也建立了数字付费频道。欧美开放地面电视的管制，主要原因是电视技术变迁所致：一是成熟的条件接收技术让地面数字电视运营商可以有效地向用户收费，从而能够吸引商业资金投入；二是数字压缩技术使无线频谱资源得到释放，有更多的电视频道可以使用，也使更多的创新服务有了发展空间。②

有线电视传输是准公共产品，实行优惠的有偿服务。根据我国的国情，在国家广播电视机构控股 51% 以上的前提下，鼓励其他国有、非公有资本投资参股县级以下新建有线电视分配网和有线电视接收端数字化改造。国有资本以广播电视经营实体的最大股东身份出现，社会资本参与网络建设、用户发展和

---

① 张海涛：《加强无线覆盖确保农村广播电视公共服务》，http：//tech. sina. com. cn/it/2006～09～27/1615112515. shtml

② 李志坚：《中国电视公共服务的传输体系研究》，上海交通大学出版社 2010 年版，第 62 页。

维修服务，各方以现金、设备或其他实物等形式投资，通过共建协议或投资协议明确产权关系，并根据投资比例对服务中所得收益进行分配。有线电视有外溢效应和公益性，我国实施税收优惠政策和覆盖农村地区广播电视的优惠电价政策。但是，在贫困地区和西部地区，市场参与有线电视传输力量薄弱的地方，仍需要加强政府公共财政的投入力度，满足受众的多样化广播电视服务的公共需求。

广电总局对直播卫星的定位是，在直播卫星发展初期，要首先利用卫星覆盖面大，覆盖成本低廉的优势，希望直播卫星作为有线和地面数字电视的补充和延伸，能够覆盖其达不到的区域，有利于解决农村和边远地区覆盖。卫星传播在我国的接收受到严格的限制，只是成为"村村通"工程的补充的传输手段。随着数字视频压缩电视直播卫星和有条件接收技术的开发，市场参与卫星传输成为可能，卫星成为有线传输的有效补充，卫星直播产业也将大力发展。到时候，国务院第 129 号令可适当进行修改。目前，一些西方国家，卫星直播产业相当发达，全球卫星广播电视领域已进入高速发展阶段，全球 30 多个国家和地区开展了卫星电视直播业务，付费卫星直播频道超过三千，产业规模已达千亿美元。另外，数字电视、付费电视、网络电视等新兴视听媒体等具有排他性，属于私人产品，意味着市场愿意提供这种产品，并注重成本与收益，提高经济效率，加强竞争，防止垄断而产生高价格。

（三）广播电视公共服务内容供给的财政体制建构

我国广播电视内容建设无论在丰富性、多样性还是质量方面都取得了长足的进步，但是，在公共服务供给方面还存在一些不足，内容结构失衡，电视剧和综艺节目的播出比例过大。具体表现为：服务类节目和娱乐类节目间的失衡，目前电视娱乐节目大大超过了服务类节目，出现泛娱乐化倾向；节目服务对象的失衡，出现了四重四轻现象，即重城市轻农村、重成年人轻少年儿童、重消费能力强的人轻消费能力弱的人、重健全人轻残疾人节目；节目制作与播出结构失衡，2007 年影视剧生产仅占节目生产总量的 4%，而实际影视剧播出量占全年总播出量的 45%；各类节目内部微观结构的失衡，如影视剧方面的历史剧偏多而现实题材偏少，反映都市生活的影视剧偏多而反映农村的影视剧偏少。① 导致这种现象的主要原因是收视率成为电视台的唯一的衡量标准，而

---

① 国家广播电影电视总局发展研究中心：《2009 中国广播电影电视发展报告》，新华出版社 2009 年版，第 204～205 页。

国家对于这种失衡状况又缺乏约束性的规制。

我国广播电视事业兼具公益性事业与经营性产业的特点，但在收视率成为衡量电视台节目唯一价值尺度的今天，收视质、满意度成为了"奢侈品"被高高挂起。如何在广播电视公益性事业与经营性产业分类运营的情况下，保障广播电视公共服务内容的提供及稳定健康的发展，成为本项目研究的重要课题。

首先，加大公共财政对公益性节目制作和播出的资助。公共财政的支出有利于缩小地区差异、城乡差异、民族差异和性别差异。特别是在我国针对 7 亿农村人口的广播电视公共服务供给严重不足，城乡的二元体制和二元财政不能提供财政保障。对此，可以采取加大公共财政的投入，尽快改善农村广播电视公共服务状况。我国现在仅有 20% 的省开设了"三农"对象性频道，而少儿对象性频道相对较好，在全国有 14 个省开设了少儿专门频道，包括北京、上海、福建、海南、河北、黑龙江、内蒙古、宁夏、山东、山西、重庆、江西、新疆、甘肃等，这是因为国家广电总局针对少儿频道的设置专门下发了通知，原则上要求每个省开设一个儿童频道。由于三农、儿童、科教等频道的设置和节目制播带有一定的公益性，缺乏市场机制的广告收入支撑，其制作资金来源主要依靠电视台内部交叉补贴。因此，为保证这种公共性节目的制作播出，稳定的政府财政资助是广播电视公共服务内容提供的制度化保证。

其次，创新广播电视公共服务投融资渠道，建立国家、省级、市级公共服务财政基金。首先运用公共财政作为"种子资金"，然后从各级电视台的广告经营中收取部分公共服务资金，运用财政手段和市场手段建立公共服务基金，即国家公共财政提供的预算内资金和按有关政策批准收取的预算外资金，为广播电视公共服务提供资金保障。我国 2000 年发布的《关于加强政府性基金管理问题的通知》规定，为支持某些事业发展，各级人民政府及其所属的部门按照国家规定程序批准，可以向公民、法人和其他组织征收具有专项用途的资金，包括各种基金、资金、附加和专项收费。① 公共服务基金由各级广播电视管理部门管理，政府和人大要加强对基金的监督和审计。

广播电视公共服务基金的征收可以包括两种渠道，一是广告费中征收，另一种是有线电视的税收中拨出部分公共服务资金。从广播电视广告费中收取部分公共服务资金的法理依据是，广播电视的频谱资源是公共资源，具有稀缺性

---

① 财政部：《关于加强政府性基金管理问题的通知》，《商业会计》2000 年第 5 期。

的特征，广播电视机构都获取了相应的频率，并利用这些公共资源开展商业经营，理应缴纳使用费。根据《物权法》第五十条规定，无线电频谱资源属于国家所有，各级电视台使用公共资源开展商业活动必须缴纳一定的费用，1998年发布的《无线电管理收费规定》中要求中央台 10 万元/每套节目、省级台 5 万元/每套节目的频道占有费明显偏低。频道占用费的多少应与广告费收入成正比例关系，实现"以商补公"的目标。2009 年全国广播电视的广告收入是 782 亿元，2009 年全国开办了 3985 套开路播出的广播电视节目，其中广播 2675 套、电视 1310 套，另外，付费电视 139 套、付费广播 39 套。① 目前，收取的广播电视频率占用费，只是象征性的收费，与广播电视媒体的经济利益极不相对称，因此，要提高收费标准，回馈公益事业。世界上很多国家，例如芬兰、荷兰和南非等国家都实行这样的措施，利用商业性的频率频道补偿公共服务频率频道。

有线电视的收费模式可以在原有线电视费的基础上另立项目对用户进行征收，也可以在原有线电视费中扣除一定比例的经费作为"公共电视的视听费"，后者不需要向用户另行收取，但需要政府相应政策的支持。2004 年我国颁布了《国家税务总局关于广播电视有线数字付费频道业务征收营业税问题的通知》（国税函 [2004] 141 号）。通知指出，根据《营业税税目注释》的规定，广播电视有线数字付费频道业务按"文化体育业"税目中的"播映"项目征收营业税。此营业税由直接向用户收取数字付费频道征收费的单位按纳税规定，向所在地税务机关缴纳。该方法可以说为公共电视发展资金提供了最为便利的条件，该营业税中的部分可以用于发展公共广播电视事业。②

再次，加强对广播电视公共服务的社会赞助和捐助。社会赞助的经费来源方式是最不稳定的收入方式，不容易获取充足的资金，对于赞助方没有强制性约束，赞助方主观性和随意性大，只能作为补充的资金来源。不过，广播电视公共服务接受社会赞助和捐款是国际普遍的做法，用于制作和播出弱势群体、教育文化类等正外部性比较强的节目，以及保护民族文化遗产和新锐文化的创新。美国是世界上社会赞助最为发达的国家，教育机构、政府部门、社会组织均有赞助公共广播电视的传统，并且有福特基金会、卡内基基金会等有志于社

会公益事业的第三方组织，公共服务理念深入到公民社会。

稳定的资金来源是广播电视公共服务长效机制的保障，由于我国的广播电视体制与国外有着根本的不同，没有收取收视费的传统，国外的资金模式只能作为参考。我国的资金来源应该加强政府公共财政的投入，在公共服务事业和经营性产业的双轨运营的基础上，对商业性广播电视频率频道收取一定的费用，以补偿公共服务的资金，同时拓展社会赞助、节目收入等其它的融资渠道，以保障广播电视公共产品和服务的供给。

第四节　广播电视公共服务提供者的运作机制

关于公共服务提供的理念，西方经历了三个阶段，官僚制阶段、新公共管理阶段和新公共服务阶段。官僚制的价值观是经济和组织效率，新公共管理的价值观是经济、效率和效能，新公共服务的价值观是民主、公民权、公共利益和效率。在三种不同的管理范式下，基于广播电视媒体的市场失灵、信息不对称性和外部性，广播电视公共服务的供给模式也相应的经历了三个阶段。

一、西方公共服务理念的三次转型

公共服务提供理念经历了三个阶段的转变，或者说是三次转型。

第一个阶段，上世纪 20 年代到 80 年代之前，"凯恩斯主义"的管理理念盛行，在官僚制和精英主义的主导下，除美国以外大部分西方国家垄断广播电视公共服务的提供，通过官僚制来提供公共产品，这时候西方大部分是实行公共广播垄断体制，不允许广播电视商业化，不播广告，财政来源主要依靠执照费和公共财政，强化内容规制，保障节目的高质量和品位。

官僚制又称为科层制，是由德国社会学家马克斯·韦伯提出来的，官僚制是现代资本主义经济合理性的高度体现，权力依职能和职位分工和分层、以规则为管理方式和组织体系。官僚制是一个实施组织管理的严密的职能系统，它把整个社会变成一架非人格化的庞大机器，使一切社会行动都建立在功能效率关系上，以保障社会组织最大限度地获取经济效益，一方面它使人们的行动逐渐淡化了对价值理想和意识形态的追求，专注功能效率，另一方面无情地剥夺了人的个性自由，使现代社会深深地卷入了以手段支配目的和取代目的的过程。

马克斯·韦伯提出的官僚制的理想形态是一个目标明确、分工专业、指挥统一、层级节制、权责相称、法规完备、高效合理的组织体系，与早期行政模式相比具有不可比拟的进步性，以韦伯的原则为基础的非人格化的制度可以完全消除专制。但是，官僚制在国家干预主义旗帜下试图以理性官僚制来代替所有的社会组织形式与运行方式，使市场的作用严重削弱，同时使政府机构组织膨胀、效率低下，经济运营困难等，极端的理性导致了非理性的出现。表现为：第一，缺乏竞争，管理机构垄断了公共产品的供给，缺乏节约成本、提高效率的压力；第二，缺乏监督机制，官僚机构在公共生产信息方面占有优势，监督者可能受到"被监督者"的操纵；第三，缺乏激励机制，由于公共产出的非市场性质，公共产出难以测量，官僚的目标并非利润最大化，而是预算规模最大化，个人效用函数最大化，造成公共生产过剩。

第二个阶段是八十年代至上世纪末，奉行撒切尔夫人的新自由主义和新公共管理时期，放松规制，实行绩效目标管理，引进竞争机制，取消公共服务供给的垄断，对某些公共服务部门私有化，让私营部门参与公共服务的提供，垄断的公共广播电视体制向双轨制和多元化方向转变。

随着人类社会从工业社会向后工业社会过渡，依据韦伯官僚制构建起来的传统公共行政组织因其制造惰性、缺乏进取精神、官僚作风、中庸和无效率而遭到批判。打破官僚制的垄断地位，引入竞争激励机制是消除政府失灵和提高组织绩效的必然选择。特别是 20 世纪 80 年代以来，面对科学技术发展变化、全球化和国际竞争加剧，西方各国政府部门遭遇到了前所未有的挑战，市场化模式顺理成章地走上了公共行政的前台，官僚制首当其冲地成为新公共管理运动抨击的核心。[1] 所以美国、英国、澳大利亚和新西兰等西方国家相继以新公共管理运动为指导重塑政府，提高市场的作用，以市场机制改造政府，以企业家的精神重塑政府，对极端化的官僚制进行有力的校正。

新公共管理最早由胡德（Christopher Hood）在一篇名为《一种普适性的公共管理》的文章中提出。新公共管理是一种公共管理的新范式及实践模式，将市场竞争机制引入公共部门而有效地降低公共行政成本，是西方社会全球化、信息化和市场化时代的必然产物，是工业社会到后工业社会的转变的必然趋势，是对公共管理的绩效的新要求。这次改革是重新定位政府与市场的关系，包括政府功能的定位，政府提供公共服务的方式的转变，政府内部的管理体制以及如何引进私营部门的管理技术等多个方面。通过公共部门

---

① 蔡岚：《经济学视域下的官僚制理论解析》，《江淮论坛》2009 年第 1 期。

引进顾客导向以及绩效评估等私营部门的管理方法，增强政府的回应力，提高政府的绩效；通过放松政府对经济活动的规制以及部分公共部门的私有化来优化政府的职能；通过公私合作、合同出租以及凭单制来打破政府对公共服务供给的垄断，实现公共服务供给的私有化、市场化，搞活政府公共服务机制，提高公共服务供给的效率，减轻财政的压力，对于长期困扰政府的效率低下、财政赤字和机构膨胀等沉疴取得了一定的疗效，民众对政府的满意度也提高了。

新世纪以来公共服务提供进入第三个阶段，既抛弃凯恩斯主义，也抛弃自由主义市场观点，奉行新公共服务理念，走"第三条道路"，注重社会公平，尽可能在市场动力的基础上重视社会福利机制。在新公共服务理念的引导下，西方普遍反思广播电视放松规制、市场化和私有化的弊端，在放松经济性规制的同时，加强了社会性规制，认为社会价值和民主价值不可忽略，因此改善了广播电视公共服务供给的质量和水平。

传统的"官僚制"追求的目标是组织效率，新公共管理的研究焦点是基于经济学的市场机制理论，即如何借用企业管理的手段和方法改进政府工作。新公共服务是在对新公共管理进行扬弃性批评的前提下所建构的一种新的公共行政理论，认为公共行政应是一种民主治理，即公众的自治行为，政府要用服务行政来满足公民社会的需要，促进公共利益的增长。

"新公共服务"是关于公共行政在以公民为中心的治理系统中所扮演的角色的一套理念，它试图在承认新公共管理理论对于改进当代公共管理实践所具有的重要价值、摈弃新公共管理理论特别是企业家政府理论的固有缺陷的基础上，提出和建立一种更加关注民主价值和公共利益、更加适合于现代公民社会发展和公共管理实践需要的新的理论选择。

二、公共服务的三种提供模式

公共产品供给目的是为了满足公共需求，实现公共利益。随着社会经济的发展和物品属性的变化，出现了市场和社会等其他供给机制和方式，导致公共物品的供给从"单中心"向"多中心模式"的转变。公共物品的生产、流通、供给等环节可选择多元化的供给主体，既包括选择何种资源配置方式来提供公共产品，也包括由何种类型的组织来生产公共物品的问题。电视服务的供给既要符合公共物品供给的一般规律，也要符合电视服务的特殊性。电视产品和服务的特殊性与复杂性要求公共物品供给的多元化。具体来说，公共服务的供给有如下三种模式。

一是公共产品供给的国家机制。公共产品的国家机制就是国家作为公共物品的生产供给主体，并以国家政治统治和社会管理工具为供给手段和方式。国家机制可以消除市场的副效应，可以通过税收等再分配手段和建立社会保障体系，维护社会公平和公正，消除地区、城乡和群体差异，保护社会弱势群体。其次，国家拥有社会治理的强有力的工具，手段上体现了公共物品供给的强制性，国家行为的出发点是公共利益，而非个人利益，国家提供公共物品的公益性和公共物品的公共性相一致。再次，国家掌握公共权力和社会资源，公共物品的国家供给可以满足政治诉求以及维护意识形态的安全。

但是政府供给的弊端也十分明显。首先，现代政府是有限民主的产物，其公众代表性也是有限的，由于受到利益集团的影响，以及政府决策者的偏好和利益倾向，将使公共物品的供给偏离公共性的轨道。其次，政府是非物质生产部门，政府供给很少考虑成本和收益，导致效率低下和资源浪费，如果缺乏行业规制、政府程序的控制和行政道德的约束，可能导致政府供给的非经济性。再次，政府科层制的组织层次多，集权化不仅加大了组织运营的成本，造成效率低下，而且官僚制的运营方式是对上不对下的责任制度，容易导致政府与公共服务的对象脱节，使公共服务的满意度下降。

国家机制用于广播电视公共服务可起到一定的保障作用，但也可能引发一系列问题，如在实践中的"政治至上"、效率不高等问题。为打破广播电视公共服务的垄断行为，国家机制必须做出调整：适当引入社会机制和市场机制；理顺内部组织机制，"政事分开"，即将政府的安排职能和事业单位的生产职能分开，加强事业单位的自治性；调整运行机制，就是要在理顺政事互动关系的前提下，调整政府部门和事业单位的职能运行方式和手段。①

二是公共物品的市场机制。公共物品的市场机制就是市场资源配置的基本方式，以市场经济主体作为公共物品的生产供给主体，并以市场规律等市场经济法则和各种经济工具作为供给手段和工具。相对于国家机制组织生产的计划工具和强制手段，市场通过供求机制、价格机制和竞争机制在资源配置中发挥主要作用。市场供给的优势明显，市场价格信号把生产、交换、消费环节的信息迅速地传递给生产者和消费者，使其做出决策。而且市场的优胜劣汰机制和产权分配机制促进了市场主体的积极性，不断地提高效率。另外，市场机制能够很快地反映消费者的偏好，提高供给的效率。市场机制能够通过"看不见

---

① 高慧军：《电视服务的供给与监管》，中国经济出版社2007年版，第61页。

的手"带来局部活动的高效率，但其自身难以克服的缺点也给社会活动带来了危害，特别是针对公共物品的供给。由于公共物品的非竞争性和非排他性的特点，"搭便车"现象严重，作为"理性经济人"的市场是无法提供公共产品的。另外，市场的垄断、外部性、信息不对称等也影响公共产品的公益性，市场追逐利润的本能和基于产权的分配机制导致贫富差距和两级分化，影响公共产品的公平性和公正性。

三是公共产品的社会供给机制。公共物品的社会供给就是以公民社会组织为供给主体，以使命为导向，以自愿为公益，通过非政府、非市场的途径生产和提供公共物品。随着公民自治意识的觉醒，公民社会的形成，非政府和非营利组织生产和提供公共物品也正在成为一种趋势。社会机制在志愿性、专业性的基础上，可以在一定程度上克服政府供给的无效率性和市场供给的无公益性，也可在一定程度上弥补公共服务供给的空缺。但是，由于社会供给人员的专业化程度不高，以及技术能力有限等原因，也影响了社会供给的效率问题。西方的公共广播电视就是社会机制的提供方式，是非营利性的机构，以提供信息、教育、文化和娱乐为主，不是以收视率为最终目标。相反，我国《广播电视管理条例》第十条第一款规定："广播电台、电视台由县、不设区的市以上人民政府行政部门设立，其中教育电视台可以由设区的市、自治州以上的人们政府教育部门设立，其他任何单位和个人不得设立广播电台、电视台。"行政法规实际上明确了我国广播电视传播机构的国有制，并排除了其他经济成分举办和参与举办广播电视台的合法资格。

公共机制、市场机制和社会机制是现代社会发展的三大动力机制和治理工具，三大供给模式相互补充、各有优势，多中心治理模式成为未来的公共物品的供给模式，这种模式融入了公共物品供给的多种主体和多种途径，但是仍存在协调多种机制关系的问题。参与到公共物品的供给包括消费者、生产者和提供者，下述各种公共服务的形式分别体现了不同的组织、对应不同的方式，也表达了不同组织可以对应服务的安排或是服务生产的思想。萨瓦斯将之总结如表6.8。①

---

① ［美］E. S. 萨瓦斯著、周志忍等译：《民营化与公私部门的合伙关系》，中国人民大学出版社2002年版，第70页。

表 6.8 公共服务提供的制度安排（1）

生产者	安排者	
	公共部门	私人部门
公共部门	●政府服务 ●政府间协议	●政府出售
私人部门	●合同承包 ●特许经营 ●补助	●自由市场 ●志愿服务 ●自我服务 ●凭单制

公共服务提供的制度安排（2）

服务安排	安排者	生产者	谁支付成本？
政府服务	政府	政府	政府
政府出售	消费者	政府	消费者
政府间协议	政府（1）	政府（2）	消费者
合同承包	政府	私营部门	政府
特许经营（排他）	政府	私营部门	消费者
特许经营（非排他）	政府和消费者	私营部门	消费者
补助	政府和消费者	私营部门	政府和消费者
凭单制	消费者	私营部门	政府和消费者
自由市场	消费者	私营部门	消费者
志愿服务	志愿消费者团体	志愿消费者团体	N.A（不适用）
有合同承包的志愿服务	志愿消费者团体	私营部门	志愿消费者团体
自我服务	消费者	消费者	N.A（不适用）

公共服务提供的国家机制为主或政府主导的模式，是国家机制处于主要地位，辅以社会、市场机制的模式，强调国家在广播电视服务供给中的主导地位和政府强制工具，广播电视服务供给组织的国有化和事业化程度高，民间志愿服务和市场化程度相对较低。以市场机制为主或私人主导的模式，是以市场机制为主、以营利目标推动、在企业化、私有化主导下的模式。如果鼓励市场运作，国家机制的生产和直接服务功能十分有限，而市场经济强大的力量也限制了民间志愿机制的功能，政府需要发挥产业监控作用，以确保服务的公益性。

以社会自愿机制为主的模式，在强调广播电视服务社会公益目标的理念下，排斥政府和市场力量对广播电视公益性的负面影响，主张以非政府、非营利的组织形态和运作机制生产和提供服务，但也强调政府的政策调控功能和私营机构的服务补充作用。社会机制需求以经济发展和公民社会相当成熟为基础，当这种状态尚未达到时，政府的调控和对非营利机构的扶持是必要的。①

三、我国广播电视公共服务的提供模式

自从 20 世纪 80 年代以来，为了应对财政赤字和政府信任危机，西方国家政府管理的运作发生了变化，由传统的、官僚的、层级节制的、缺乏弹性的行政，转向市场导向的、因应变化的、深具弹性的公共管理。政府确定公共目标，决策与执行分开，政策的制定是政府的职责，政策的执行可以由公共部门、私营部门、非营利部门共同承担。政府的政策制定体现公平，多种组织的配合协作体现效率，公共服务的决策和执行体现公平和效率的统一。

与此相反，我国在实践上将公共服务的政府供给诠释为政府不仅承担公共服务的投入和付费，也包揽了公共服务的生产、分配全过程，并同时承担着监管的责任。目前，我国广播电视公共服务总体表现为政府安排下的公共事业，是国家机制下的公共服务，其中的产业化经营和非国有经济成分的加入是对国有事业机制的探索。事实上，从国际范围来看，即使在发达国家，由政府提供的公共产品和公共服务也不一定由政府独立生产和供给。有的可以由政府和管理机构来提供；有的与私营生产者签合同，或与地方政府合作生产；有的通过特许经营方式来提供；政府公共财政的投入也有向生产者付费或向消费者付费等不同的方式。这些不同的方式有不同的结果、影响和要求。如向生产者付费简单方便，可以保证经费由生产者集中使用，但存在生产者虚高成本及降低质量的风险，需要加大对生产者的监管；向消费者付费可以增强消费者的选择权并加强对生产者的约束，但管理成本相对较高。因此，在公共服务的生产和供给中，政府必须审慎地选择最经济、最有效的生产和供给方式，以提高公共服务的效率和质量。采取何种方式应根据相关产品和服务的性质、特点及成本和效益来选择。

近年来，我国广播电视公共服务供给模式发生了一些变化，广播电视管理部门对于广播电视公共服务供给的市场机制和社会机制进行了有益的尝试。例

---

① 高慧军：《电视服务的供给与政府监管》，中国经济出版社 2007 年版，第 76 页。

如广电总局对现行广播影视规章和规范性文件进行了全面清理，根据《规章制定程序条例》的相关规定，决定废止不适应当前广播影视发展要求的规章和规范性文件：《〈有线电视管理暂行办法〉实施细则》、《有线电视管理规定》、《中外合资、合作广播电视节目制作经营企业管理暂行规定》、关于2001年电视台可申请通过卫星传送方式引进的境外电视节目来源范围的通知、广电总局关于加强广播电视节目制作管理的通知。另外，主要内容已被新规定取代予以废止的规范性文件包括：关于核发《广播电视节目制作经营许可证》和《电视剧制作许可证》的通知（广发社字〔1998〕653号）、关于印发《经营广播电视节目传送业务审批管理暂行办法》、《关于建立有线广播电视频道审批管理办法》、《网上播出前端的设立审批管理暂行办法》的通知（广发社字〔1999〕714号）、关于印发《信息网络传播广播电影电视类节目监督管理暂行办法》的通知（广发社字〔2000〕166号）、广电总局关于加强群众参与选拔类广播电视活动管理的通知等。总之，在引进市场机制方面做出了有益的尝试，对于社会资本、外资进入相关领域放宽了限制，促进了公共服务的供给多元化，增加了消费者选择的权利，进一步推动了广播电视事业和产业的发展。

（一）广播电视媒体的设立

鉴于广播电视产品和服务的意识形态属性，我国广播电视媒体设置的主体仍是国家垄断，不允许社会机制和市场机制参与到广播电视的设置。例如，《广播电视管理条例》第十条规定，广播电台、电视台由县、不设区的市以上人民政府广播电视行政部门设立，其中教育电视台可以由设区的市、自治州以上人民政府教育行政部门设立。其他任何单位和个人不得设立广播电台、电视台。国家禁止设立外资经营、中外合资经营和中外合作经营的广播电台、电视台。第十一条：中央广播电台、电视台由国务院广播电视行政部门设立。地方设立广播电台、电视台的，由县、不设区的市以上地方人民政府广播电视行政部门提出申请，本级人民政府审查同意后，逐级上报，经国务院广播电视行政部门审查批准后，方可筹建。

但是，对于广播电视台内部重组和转制的企业单位，可以吸收社会资本和外资，以增加供给主体的多元化和多样性。2003年12月，在全国广播影视集团化建设座谈会之后，国家广电总局正式颁布实施了《关于促进广播影视产业发展的意见》，电台、电视台和广电集团（总台）内部重组或转制为企业的单位，在确保控股的前提下，可吸收国内社会资本进行股份制改造。条件成熟的广播电视节目生产营销企业经批准可以上市融资，包括我国的广播电视台和国有广播电视节目制作机构和其他国有文化产品制作机构；私有制的广播电视节目生产机构，即各种民营广播电视节目制作机构和其他民营文化产品制作机构；合资或股份制的电视节目生产机构，表现为公私合资和中外合资的电视产品制作机构。

（二）广播电视信号传输的供给

从经济学角度说，政府的功能就是提供公共产品，因为公共产品具有非排他性和非竞争性，而市场供给则会出现市场失灵，这是研究广播电视产品由政府提供或市场提供的逻辑起点。目前，我国广播电视硬件覆盖采取的供给模式是，无线覆盖属于公共产品，政府主导，财政拨款为主；有线覆盖属于准公共产品，采取政府主导，社会参与，减免营业税、所得税等激励措施；广播电视新媒体服务的供给属于私人产品，采取政府参与，市场主导，"谁投资、谁收益"的原则。

广播电视无线传输覆盖业务是利用无线传输覆盖网传送广播电视节目信号的活动。广播电视无线传输覆盖网（以下简称无线传输覆盖网）包括广播电视发射台、转播台、差转台、收转台（站）、微波站、节目传送台（站）、广播电视卫星、卫星地球站、监测台（站）等部分。《广播电视无线传输覆盖网管理办法》第四条规定，无线传输覆盖网由县级以上广播电视行政部门按照国家有关规定组建，并应确保本行政区域内广播电视传输覆盖的安全和质量。下列机构可以申请《广播电视节目传送业务经营许可证（无线）》：1. 经广电总局批准设立的广播电视播出机构；2. 经广电总局批准设立的广播影视集团（总台）及所属机构；3. 具有无线广播电视传输覆盖能力的国有或国有控股机构。我国的无线覆盖成为政府提供的纯公共产品，负责农村地区、少数民族和边远地区的公共服务覆盖。但是，技术变迁对广播电视公共物品的属性产生了影响，随着加密技术的发展，有条件接收成为现实，公共产品的非排他性排除了，使得市场参与无线的传输成为可能，可以发挥地面数字电视在农村公共服务供给中的功能，使地面数字电视和城市有线电视相互竞争和相互补充，完成我国广播电视数字化转换的任务。

有线电视传输是准公共产品，实行优惠的有偿服务，根据我国的国情，可以建立国有资本控制、社会资本参与的公共服务体系，国有资本以广播电视经营实体的最大股东身份出现，社会资本参与网络建设、用户发展和维修服务，各方以现金、设备或其他实物等形式投资，通过共建协议或投资协议明确产权关系，并根据投资比例对服务中所得收益进行分配。有线电视有外溢效应和公益性，我国实施税收优惠政策和覆盖农村地区广播电视的优惠电价政策。《广播电视管理条例》第二十三条规定，区域性有线广播电视传输覆盖网，由县级以上地方人民政府广播电视行政部门设立和管理。《有线电视管理暂行办法》第四条规定，机关、部队、团体、企业事业单位，符合条件的，可以申请开办有线电视台。但是，个人不得申请开办有线电视台、有线电视站。同时有线电视的传输要符合七个标准，包括符合当地电视覆盖网络的整体规划要求；有专门的管理机构，专职的采访、编辑、制作、摄像、播音、传输以及技术维修人员；有可靠的经费来源；禁止利用有线电视站播放自制电视节目。第二十九条规定，县级以上人民政府广播电视行政部门应当采取卫星传送、无线转播、有线广播、有线电视等多种方式，提高农村广播电视覆盖率。

卫星电视广播地面接收设施，作为广播电视覆盖的补充，其申办也有严格的管理规定：单位设置卫星地面接收设施的，必须向当地县、市人民政府广播电视行政部门提出申请，报省、自治区、直辖市人民政府广播电视行政部门审批，凭审批机关开具的证明购买卫星地面接收设施。卫星地面接收设施安装完毕，由审批机关发给《接收卫星传送的电视节目许可证》。个人不得安装和使用卫星地面接收设施。如有特殊情况，个人确实需要安装和使用卫星地面接收设施并符合国务院广播电影电视行政部门规定许可条件的，必须向所在单位提出申请。卫星传播在我国的接收受到严格的限制，它是"村村通"工程的补充传输手段。随着数字视频压缩电视直播卫星和有条件接收技术的开发，市场参与卫星传输成为可能，卫星成为有线传输的有效补充，卫星直播产业也将大力发展，必要时，根据广播电视公共服务发展情况，对相关法规予以适当修改。

（三）广播电视节目的供给模式

我国逐步放宽了广播电视节目制作的准入标准，允许民营资本和中外合资的形式参与广播电视节目的制作，增强了广播电视节目供给的多元化和多样性。但是，广播电视时政新闻及同类专题、专栏等节目只能由广播电视播出机构制作，其他已取得《广播电视节目制作经营许可证》的机构不得制作时政新闻及同类专题、专栏等广播电视节目。2004年《广播电视节目制作经营管理规定》第六条规定，只要符合国家有关广播电视节目制作产业发展规划、布局和结构，具有独立法人资格，有符合国家法律、法规规定的机构名称、组织机构和章程的组织都可以申请节目制作、交易等业务，可以从事专题、专栏、综艺、动画片、广播剧、电视剧等广播电视节目的制作和节目版权的交易、代理交易等活动。

"规定"可以引进境外的电视节目。境外电视节目是指供电视台播出的境外电影、电视剧及教育、科学、文化等其他各类电视节目（以下称其他境外电视节目）。与此同时，可以境内外合作制作电视剧，包括联合制作、协助制作和委托制作三种形式。联合制作是由境内方与境外方共同投资，共派主创人员，共同分享利益及共同承担风险的制作方式。联合制作应当坚持以境内方为主的原则，双方共同确定剧本，共同投资；境内方主创人员不少于1/3；境内方必须全程参加制作工作；版权由双方共同所有，双方共同署名。协助制作是由境外方出资并提供主创人员，境内方提供劳务或设备、器材、场地予以协助，在境内拍摄全部或部分场景，双方根据协议进行利益分配的电视剧制作方式。委托制作是境外方委托境内方按有关规定在境内制作的方式。

电视剧由持有《广播电视节目制作经营许可证》的机构、地市级（含）以上电视台（含广播电视台、广播影视集团）和持有《摄制电影许可证》的电影制片机构制作，但须事先另行取得电视剧制作许可。电视剧制作许可证分为《电视剧制作许可证（乙种）》和《电视剧制作许可证（甲种）》两种，由广电总局统一印制。《电视剧制作许可证（乙种）》仅限于该证所标明的剧目使用，有效期限不超过180日。特殊情况下经发证机关批准后，可适当延期。《电视剧制作许可证（甲种）》有效期限为两年，有效期届满前，对持证机构制作的所有电视剧均有效。

总之，我国的广播电视公共服务供给从单一制向多中心供给模式转变，增强了公共服务供给的竞争性和效率，形成了国家机制为主、市场机制、社会机制为辅的体系。国家机制是我国电视服务供给的主导力量，因为电视服务是一种特殊的公共物品，其消费特征需要由政府出面供给，明显的政治意识形态特性需要政府以一种强制性的方式和机制来控制，如无线信号的覆盖，广播电视台的设立和新闻专题节目的制作播出等各个方面。在有线电视传输的供给和电视剧等电视节目的制作方面引入市场机制，在制播分离的基础上，呈现出多元并存，竞争发展的态势，增强了消费者的选择机会，同时要引导非营利、非政府的社会团体参与到公共产品的供给，形成政府、市场和社会并存的兼顾效率和公平的多中心供给模式。

第七章

广播电视公共服务管理：规制

广播电视公共服务涉及范围广、影响面大，无论是由政府部门、公共媒体或是民间机构提供，都需要依法强化对广播电视公共服务的监管，包括法规监管、服务供给监管和公共服务评估监管。

第一节　法规管理

法律制度建设是传媒制度建设的关键，也是保障广播电视公共服务的措施之一，只有树立广播电视的法规观才能做到有法可依，促进广播电视公共服务的发展。在西方国家，通过延续许可证、制定节目规范进行引导和事后审查，维护广播电视公共服务。对于公共服务频率频道实行"必须传播"原则，保留一定量的频率频道供教育、文化和公共事务类等公共服务节目的传播。在我国，相关法规有待健全与完善。目前的状况是部门规制和规范性文件较多，约束性、规范性和稳定性有限。从规制的手段来看，行政命令式较多，行业自律、社会监督、司法手段较少。从法规的内容来看，意识形态、舆论导向、信息安全的规制较多，而涉及公共服务、弱势群体的保护、节目类型的多样化和意见的多元化等很少提及。从传输管理的法规来看，对于无线覆盖的保障体系、农村地区覆盖、公益性频道的义务传输等缺少明确的界定，对于广播电视公共服务的传输和内容供给缺乏法律层面的保障，因此，必须将广播电视公共服务纳入法制化轨道，做到有法可依，有法必依，违法必究。

一、西方国家广播电视公共服务的法规

西方国家普遍通过立法手段和司法手段维护广播电视公共服务，调节广播电视的市场结构和市场行为。一方面，以宪法为基础，制定广播电视专门法，对广播电视媒体的设立、存续和传播活动做出限制性规定，形成宪法、法律、法规的法律体系。另一方面，公民可以通过司法手段向有关广播电视媒体提出

司法诉讼，从而维护自己广播电视公共服务方面的权益。

（一）广播电视公共服务的立法依据

广播电视立法的目的既是为了维护国家的信息安全与文化安全，也是为了维护广大公众的知情权，提供广播电视公共服务信息服务，使公众参与到国家的政治、经济、社会和文化建设中来。广播电视公共服务的立法依据包括以下几点。

首先，广播电视频谱资源是有限的稀缺资源，不是每一个人都可以通过广播电视频谱资源进行传播。为了满足受众的公共信息需求，必须进行立法规范，合理配置资源。

其次，言论自由理论。新闻自由，或称新闻自由权，通常指政府通过宪法或相关法律条文保障本国公民言论、结社以及新闻出版界采访、报道、出版、发行等的自由权利。这一概念也可以延伸到保障新闻界采集和发布信息，并提供给公众的充分自由。美国上个世纪 70 年代通过《阳光普照法案》和《会议公开法》保障了公民的新闻自由，新闻自由来自于天赋人权理论、观点市场理论、民主促进理论以及第四权利理论，公共服务立法也是保障新闻自由的体现。

再次，公共利益理论。广播电视频率作为公共资源理应为公共利益服务，美国历次的广播电视立法把"公共利益、便利和必需"作为立法监管的基础，并且在 1960 年颁布节目指导原则，列出 14 种公共利益标准的节目清单，将公共利益节目比例的多少作为是否授予广播电视机构许可证延期的重要指标。在三网融合时代，广播电视是否符合公共利益仍然是广播电视规制的核心，例如美国政府在推动模拟电视向数字电视转换时列出的主要目标是：（1）维护自由而普遍的服务；（2）鼓励迅速有序地过渡到数字技术，使公众可以得益于数字电视，同时考虑消费者对现有电视机的投资；（3）允许为提高频谱使用的有效性而回收毗邻频谱段，允许公众从频谱中充分收益；（4）确保改进型电视系统以及回收频道最大限度服务于公共利益目标。①

第四，市场失灵论。广播电视产业市场失灵主要表现在自然垄断、外部性、公共产品和信息不对称等，容易导致资源配置无效率或不公平，需要政府加强规制，提高效率，实行公平，这就是政府规制的理论基础。

广播电视产业不仅具有规模经济和自然垄断性的特点，而且具有显著的范

---

① 唐纳德·M. 吉尔摩等著、梁宁等译：《美国大众传播法：案例评析（下册）》，清华大学出版社 2002 年版，第 635 页。

围经济的特点。广播电视企业，随着公司的消费规模日益扩大而平均生产成本降低，实现了规模经济；为某个市场而创造的传媒产品可以重新改变形式，然后通过另一个市场销售，使其成为另一类观众的新产品，这就产生了范围经济。[①] 所以，西方国家允许媒体一定的集中度，但是为了防止操纵市场，影响媒体的公正性，又禁止过度集中，在各类媒体、服务、渠道和市场之间保持竞争性。

广播电视产品和服务是一种准公共产品，具有消费上的非排他性和非竞争性，如果采取完全的市场供给容易导致"市场失灵"。为了保证广播电视产品和服务的稳定和可靠的供给，使用电波这种稀缺资源的广播电视媒体必须承担一定的社会责任和公共服务的义务。为了实现普遍服务的原则，满足公众信息接近权，西方实行广播电视的"必须传输"原则，确保每个地区都在广播电视的信号覆盖范围之内，同时保证每个公众能够通过各种渠道获取各类信息。

广播电视产业具有明显的外部性，不能仅以经济效益作为唯一的衡量标准，而要充分考虑社会效益和社会成本。一些低俗、庸俗、媚俗的节目，虽然收视率很高，电视台赚取的广告费很多，但是败坏社会风气，不利于社会文化教育水平的提高，腐蚀了社会主流价值观。反之，有的节目能够促进社会民主，繁荣科学文化，提高社会教育水平，增强社会凝聚力，这就是正外部性。因此，美国要求公共广播网必须播放一定量的科学类、文化类、教育类、信息类和纪实类节目。欧盟一直积极维护广播电视服务的传统价值观，包括多元化、文化和语言的多样性以及维护消费者的选择权，全面实现广播电视服务的社会、文化和政治功能。另外，西方通过公共广播电视模式和独立的监管机构来保证编播的独立性和新闻报道的客观性，与党派、利益集团和政府机构保持一定的距离，促使公民通过广播电视获取真实的信息和表达自己意见的自由，从而对公共事务做出正确的判断。同时，西方国家从维护民族传统文化和主流价值观出发，给予本国的广播电视产业特殊的保护，对外国企业的参股、兼并和控制等行为进行严格的限制；对外国节目的播出时间的比例进行限制，例如法国、加拿大等国家通过财政、税收等措施鼓励本国的广播电视产业的发展，维护国家的文化主权和信息安全。

广播电视规制的核心理念是：公共利益原则。美国早在《1934 年通信法》就规定，广播为了公众的利益、便利和要求提供服务。公共利益原则进一步衍

---

① ［英］吉莉·安道尔：《理解传媒经济学》，清华大学出版社 2004 年版，第 11 页。

生出三个原则：自由观点的市场原则、普遍服务原则和地方主义原则。自由观点的市场原则是指公民可以通过广电媒介自由表达自己的意见和观点，这是形成民主机制的基础，并由此产生了多样性和竞争性的要求。普遍服务原则是指所有公民都可以享受广播电视媒体提供的视听服务，可以在思想和观点的市场上自由选择。美国联邦通信委员会（FCC）通过交叉补贴、许可证条款规定、普遍服务资金、政府直接资助等形式，使所有美国民众享受广播电视服务，包括农村、高成本的地区和岛屿居民。地方主义的原则就是指广播电视服务应该尽量满足地方的需求，照顾到地方的利益。①

最后，社会责任理论。从根本上说，新闻自由是以责任为前提，新闻媒体在享有自由权利时，要恪守对于社会、公众的义务和责任。社会责任实际上是公民知情权和表达权的延伸，社会责任论则强调"为最大多数人谋最大之福利"，权利与义务（责任）已由个人转移到社会，由理性移转到良心与宗教伦理。它的目标在于促使社会更易于发挥各种功能，使人类获得最大的快乐。

（二）广播电视公共服务的法规涵盖范围

西方国家对于广播电视公共服务的规制涉及诸多方面，最根本的是许可制度，虽然美国等西方国家执照期限延伸到 8 年，但是执照到期时必须对公共服务进行评估，这加强了广播电视媒体自律的自觉性。另外，广播电视公共服务涉及硬件传输和内容供给，同时，对于广播电视媒体工作人员的责任和义务等要求，形成了广播电视公共服务硬约束和软约束相结合的机制。

1. 许可证制度。许可证制度是各国广播电视法规定的行业准入制度，是广播电视监督制度的重要组成部分。因为广播电视频谱资源的稀缺性，不可能人人都能开办广播电视，所以掌握频谱资源的人必须符合公共利益，承担社会责任，广播电视公共服务成为许可证发放的一个重要的指标。美国 FCC 在许可审批和更新审批时需要考察的项目包括：设立该台是否符合公共利益，是否播放了一定量的非营业性的节目，是否留有适当的时间用于讨论社会公共问题，广告数量是否过多等。许可证规制是一种通过市场进入规制来控制市场行为，兼具有结构控制和行为控制的属性。在节目设置方面，广播电视法有严格的要求，例如地面广播电视具有一定的区域性，许多国家和地区要求广播电视开办节目方面必须符合本土化、大众化和多样性的要求，维护文化的多样性和

---

① 国家广播电影电视总局：《国外广播影视体制比较研究》，中国国际广播出版社 2007 年版，第 37 页。

公共利益。在广播电视所有权方面，为了维护多元化，防止出现舆论一律、市场垄断，许多国家对所有权进行控制，例如限制无线电视网、有线电视网的全国人口覆盖比例，限制在同一市场内拥有电台、电视台的数量，限制同一市场内地面广播电视经营者同时拥有有线电视系统、报纸杂志等其他媒体。另外，对于少数民族提供平等的就业机会，对青少年儿童实行特殊的保护，节目不能出现暴力和淫秽的节目内容等。这些内容都是广播电视许可条件中除了技术条件和经济能力之外的主要内容。国外基本都在广播电视法、通讯法和行政程序法等法律中对于广播电视许可程序进行明确的规范，有利于公众对于广播电视的经营者进行监督。规制部门在网站上公布广播电视台的运作文件，公众可以在规定的时间内提出异议，包括是否有利于实现公共利益，节目设置是否合理，是否体现本土化和多元化，以及其他的技术和经济条件要求等。例如在美国，不遵守节目规则可能让执照持有人在续期时失去广播电视执照，但是联邦通讯委员会很少施加这种处罚，联邦通讯委员会拥有大量的其他的处罚措施，可经常对违反规定者施加管制。联邦通讯委员会的处罚措施包括（处罚强度从轻到重）：（1）申诉信。该信归入执照持有人的档案，在续展执照时可以发挥作用。（2）禁止令。可以阻止广播电视台不该做的事情。（3）罚金。数额从几千美金到数百万美金不等。（4）短期续展（6个月到2年），联邦通讯委员会在这个期间内研究广播电视台的纪录，以决定是否应该续展执照。（5）不续展执照或吊销执照（但极少作为处罚措施使用）。①

2. 节目规制。节目是广播电视公共服务规制最复杂的部分，也是广播电视法律规制的重点与难点。节目内容关系到言论自由、信息安全等宪法问题，也关系到广大公众的视听权利和公共服务均等化等内容，因此，平衡言论自由与公共服务、消费者主权与公民知情权、经济竞争与文化多元等关系显得尤为重要。为了保护国家安全、维护公共利益、保障公民权益，各国都制定了本国广播电视节目播放标准规范，明确了应该播什么、限制播什么、禁止播什么，规定了义务播放的内容。广播电视公共服务义务包括如下内容：

第一，各国对广播电视播出节目做出的原则性和导向性的规定。日本广播法要求日本广播协会尽最大能力广播丰富优良的节目，满足受众期望，提高文化水平，保护历史文化，普及新文化。除了编播全国性节目，还要有地方性节目，要求所有广播电视业者必须安排教育节目，保持新闻节目、娱乐节目、教

---

① 唐·R. 彭伯著：《大众传媒法》（第13版），中国人民大学出版社2005年版，第559页。

育节目等各类节目相互协调。美国 FCC1946 年发表了广播电视持照人公共服务责任的政策报告（"蓝皮书"），指出了广播电台、电视台违背公共利益的四种情况（一是广告过多，二是过度依赖广播网的节目，三是公共事务的讨论性节目数量太少，四是节目类型总体不平衡），报告了合宜的四类节目（一是播放非赢利性节目和非赞助性节目，二是播放地方现场节目，三是播放有争议问题的讨论节目，四是播放较少的广告）。1966 年 FCC 在"蓝皮书"基础上制定了《节目指导原则》，要求持照人必须考虑服务公众的趣味、需求和愿望，必须考虑 14 个方面的节目类型，完善和平衡节目内容。①

第二，保护残疾人等特殊人群的节目播放规范，日本《广播法》要求日本广播公司应当尽可能地向盲人提供语言服务、向聋哑者提供影像服务，帮助他们更好地理解电视节目内容。在灾难爆发时，广播电视应当及时进行广播，以减少其危害。

第三，为了保护国家利益和社会公众利益，一些国家广播电视法要求广播电视媒体义务播放某些节目和公告。瑞士广播电视法要求广播电视传播者必须及时播放政府当局为保护重大利益而发布的警报和警察局的紧急公告。俄罗斯大众传媒法第 35 条规定，国有大众传媒必须即时按照俄罗斯内务部国家消防局的要求，无偿报道消防安全、紧急状态和消除自然灾害等方面活动的内容。

第四，儿童节目。少年儿童是广播电视的重要的受众，也是重要的受众市场，广播电视对于儿童的成长影响力巨大，《联合国儿童公约》规定：鼓励大众传媒传播在社会和文化方面有益于儿童的信息和资料，鼓励大众媒体特别注意少数群体或土著居民的儿童在语言方面的要求。由于儿童的消费能力有限，广播电视法规规定了儿童节目的播出时间，限制儿童节目中的广告。同时，为了防止广播电视对未成年的负面影响，广播电视实行分时段分级制度，以及对于暴力和色情节目进行惩治。

第五，一些国家广播法要求广播电视媒体保持政治上的中立，美国规定如果广播公司允许一个法律上合格的候选人在竞选任何公共职位时使用电台和电视台，必须向竞选那一个职位的所有其他候选人提供平等的机会，使用同样的电台和电视台。另外，公共事务报道也是公共服务的义务之一。

3. 所有权规制。广播电视频谱是社会公共资源，国家所有权是广播电视所有权的一项基本制度，西方国家基本经历了国家授权成立公共法人制度，后来

---

① 马庆平：《外国广播电视史》，北京广播学院出版社 1997 年版，第 156～159 页。

逐渐放松到准予商业所有权的广播电视机构。一些国家除了成立了公共广播电视和商业性广播电视，还成立了社区类广播电视机构、学校等公益性广播电视机构。公共法人广播公司是依据广播法和特许状的规定设立的公共法人实体，相对独立于政府，一般向国会负责，以满足社会的公共服务需求为最终目的，实现财务的收支平衡，每年就年度报告、账目报告、资产负债、事业计划和收支预算等通过政府提交给国会审议。公共广播公司一般设有理事会和总经理层，理事会是决策监督机构，总经理层是日常运营机构。例如英国在 2005 年设立托管委员会，取代过去的理事会，代表交纳电视收视费的公众的利益，负责监督 BBC 的发展战略、政府投资和公共利益。为了维护思想文化的多元化和所有权的多样性，限制商业广播电视媒体的跨媒体经营和所有权集中。

4. 网络覆盖规制。为确保广播电视普遍服务，1934 年美国联邦通讯法规定，"尽可能为全体美国国民提供合理的价格、充足的设施，以享受快速、有效的国际或国内有线与无线通信服务"，这一立法宗旨体现了普遍服务的宗旨。[①] 即每个国民都有权通过方便途径、以可以承受的价格、获得非歧视性普遍服务。推行普遍服务制度是消除贫困、缩小贫富差距和信息鸿沟、实现生存权和发展权、保证人类社会可持续发展的重要措施。美国联邦通讯法规定：特许权管理机构在授予特许权时，应该确保该地区居民住户中任何潜在的订户都不会因为收入原因而不能享受到有线电视服务，可以要求有线电视服务系统经营者将部分频道容量供公共、教育与政府使用。各国采取的无线电频率的分配方式是行政制配置方式，以保护用户的权利，有线电视系统经营者、直播卫星系统经营者和电信系统经营者之间保持竞争的态势，防止垄断与不正当竞争，最大限度地满足用户的多样需求，保证用户的选择权、知情权和监督权。有线电视系统拥有频道所有权，但是频谱属于社会公共所有。有线电视系统经营者在频道使用上有如下的义务，如美国联邦通信法第 611 条规定，特许权的管理机构可以制定供公共、教育和政府使用的频道容量，规定有线电视系统落实供公共、教育、政府使用的服务、设施和设备。有线电视"必须传播"的节目包括：当地无线电视台的节目，必须传播公共电视台的节目，必须传播教育电视台的节目，承担社会责任，履行公共服务的义务。

5. 从业人员的义务。记者编辑是广播电视媒体从事新闻采访报道的专业人员，是新闻活动中最为活跃的主体，担负着报道事实、传播信息、记录社会

---

① 涂昌波：《广播电视法律制度概论》，中国传媒大学出版社 2008 年版，第 200 页。

等任务。国际新闻记者联合会在《记者行为原则宣言》中规定记者的权利有：尊重真理及尊重公众获取真实的权利，维护忠实收集和发表新闻的自由，维护公平评论和批评的权利。新闻的专业主义是美国政党报纸解体之后在新闻同行中发展起来的"公共服务"的一种信念，它最突出的特点，是相信可以从非党派、非团体的立场客观地报道新闻事实。媒体营利并不能成为全部目的，还必须是社会公器，是"群众的喉舌"。新闻从业者有为公共利益奋斗的决心，则意味着新闻从业者要不畏强权，不受利诱，能根据公众的需求提供客观、准确、生动的新闻报道和公正、务实、深刻的评论。[①]

（三）广播电视公共服务的规制手段

西方国家采取多种手段规制媒介，硬规制和软规制互相补充，经济性规制和社会性规制彼此呼应，构成完整的规制体系。

1. 立法规制与司法规制。西方国家普遍通过立法手段规制广播电视的产业行为和市场结构，一是以宪法为基础，制定广播电视专门法，对广播电视媒体的设立、存续和传播活动做出限制性规定；二是对广播电视的政府监管机构或独立规制机构的设立、权限、职能等做出规制，间接达到监管媒体的目的，并形成宪法、法律、法规、政策的完整法律规制体系。司法规制，是指司法机构通过诉讼审判等方法规制广播电视行为的法治手段，例如法国的埃尔·纳马尔公司播放煽动民族仇恨的节目，法国视听最高委员会（CSA）对其采取废除合同、停止播出的措施。

2. 自我规制与社会监管。自我规制一是通过行业协会或者行业规章制度进行的规制，如英国的广播公司2005年颁布了《编辑指导原则》；二是通过媒体的内部治理机制和内部的监管机制实现自我规制。例如英国的通信办公室所属的广播电视标准委员会（BSC），监管各类广播电视机构的执行情况。英国广播公司（BBC）理事会也专门设立了"节目投诉委员会"，接受和处理社会对节目内容的投诉。英国商业广播公司每年就公共服务义务的履行情况自我评估，包括是否提供了多样性的节目；是否满足了不同群众的喜好和需求；是否提供了平衡、公正的节目；是否提供了高质量的、高标准的节目。社会监管主要是通过多种渠道和手段，使公众参与对广播电视的行为的监管，例如派代表参与媒体的管理、直接向媒体反映意见或投诉媒体，也可以向监管机构、司法机构投诉。

---

① 吴飞：《新闻专业主义研究》，中国人民大学出版社2009年版，第88页。

3. 独立规制与行政规制。西方国家普遍设立独立的广播电视规制机构，独立于政府并具有一定的行政权和准司法权、准立法权。例如，美国的联邦通信委员会、韩国的广播电视委员会、英国的通信办公室、德国的州媒介管理局、法国的最高视听委员会。其中大多数国家对通信业和广播电视业实行统一的监管，这些监管机构和政府、议会保持着或多或少的联系，但保持一定距离。一些西方国家政府部门设立专门的广播电视行业的监管机构，对广播电视进行规制。例如日本总务局下设信息通信政策局、综合通信基础局两个专门委员会，另外还设立电波监理审议会和信息通信审议会，承担广播电视规制方面的调查、审议、劝告和建议等事务。

4. 经济性规制和社会性规制。经济性规制是指针对那些容易产生垄断和信息不对称的行业，为了防止资源的低效率配置，确保消费者的利益，规制机构对于相关企业的进入和退出、价格、服务质量以及投资、财务等商业活动进行干预。例如规制机构对广播电视的所有权和进入退出的规制，美国 FCC 在许可审批和更新审批时需要考察的项目包括：设立该台是否符合公共利益，是否播放了一定量的非营业性的节目，是否留有适当的时间用于讨论社会公共问题，广告数量是否过多等。许可证规制是一种通过市场进入规制来控制市场行为，兼具结构控制和行为控制的属性。社会性规制是指政府或独立规制部门从维护公共利益出发，针对容易产生外部性的行业所建立的干预机制及制度，例如对于广播电视内容的事后监管和对公共媒体的规制。因社会性规制的成本较大，西方国家普遍加强了经济性规制，减少了社会性规制。

二、我国广播电视公共服务规制的改革

观照西方国家广播电视规制的特点和方式，我国广播电视规制还存在诸多需要改进与完善的方面。一是资源的垄断性。相对于整个社会资本的多元化结构，我国广电媒体部门资源在一定程度上仍然带有单一的国营体制的色彩。加之政事合一与宣传、经营合一的管理体制的历史深层次原因，政府的行政职能与事业的宣传职能、企业的经营职能紧紧结合在一起，形成了以行政权力为基础的高度垄断性产业。二是市场的封闭性。广电部门基本上是以行政区域为单位的自我封闭体系，未能形成全国一体化的趋势，更未形成与国际接轨的资源统一配置、产品互为流通的大市场。长期以来，对国际市场半封闭状态，既用种种办法限制境外媒体的进入，又对国内媒体的产品输出未能引起足够的重视。国内行政区域之间各自为营，条块分割，以块为主的管理方式，闭关自守。三是结构的分散性。一级政府一级电视台，同一行政区域内又根据行政权

力者的主观意愿随意设置若干电视台，形成了全国 3000 多家电视台的小型分散的产业格局。各自为营，在有限的市场空间中，过量的市场竞争者的进入，造成了市场被严重分割，规模效率降低，节目设置雷同，低水平的重复建设等问题便凸显出来了。① 究其原因，关键在于我国相关规制缺乏科学性。

（一）我国广播电视公共服务规制的特点与不足

我国现行的广播电视法律法规主要分为三个层次，一是广播电视行政法规；二是广播电视部门规章；三是广播电视规范性文件。总体而言，我国的广播电视法规为确保广播电视媒体的双重属性，坚持正确的舆论导向和社会责任，起到了重要作用，但也存在一些有待完善的地方。例如法规的层次较低，大部分是部门规章，涉及公共服务的明确法规基本缺失，即使对于农民等弱势群体的公共服务保障，也是依靠行政文件进行协调，因此完善广播电视公共服务法规，建立公共服务长效机制显得十分必要。

梳理我国关于广播电视公共服务内容与传输播方面的相关法规，涵盖如下。

第一，关于儿童节目的规定。2004 年中共中央、国务院下发了《关于进一步加强和改进未成年人思想道德建设的若干意见》。该《意见》规定：各类大众传媒都要增强社会责任感，把推动未成年人思想道德教育作为义不容辞的职责，为加强和改进未成年人思想道德建设创造良好的舆论氛围。各级电台和电视台都要开办和办好少儿专栏或专题节目，中央电视台要进一步办好少儿频道，各地要切实抓好中央电视台少儿频道的落地、覆盖工作，省（区、市）和副省级城市电视台要创造条件逐步开办少儿频道。少儿频道要符合少年儿童的欣赏趣味，适应不同年龄层次少年儿童的欣赏需求，做到知识性、娱乐性、趣味性和教育性相统一。据统计，31 个省级电视台有 24 个开设了少儿频道，26 个省会城市电视台有 5 个开设了少儿频道，较好地满足了少儿的收视需求。

第二，广播电视许可证制度。虽然对申办广播电视媒体的许可条件规定严格，但是对于节目的设置和公共服务责任等没有明确的规定。广播电视是我国党、政府和人民的喉舌，国有制在我国广播电视领域占主导，广播电视媒体实行事业单位所有权，应以社会公益为目的。虽然我国的广播电视管理条例规定，广播电视事业应该坚持为人民服务、为社会主义服务的方向，新闻宣传必须坚持党性原则，坚持实事求是，坚持团结鼓劲、正面宣传为主，牢牢把握正

---

① 吴曼芳：《媒介的政府规制》，中国电影出版社 2008 年版，第 192 页。

确的舆论导向等，但是对于新闻、娱乐、教育和文化等各类节目的比重和构成没有导向性和原则性规定。而西方国家则普遍规定了节目的本土化、大众化和多样性等，以维护公众的公共利益和文化的多样性。在体制方面，往往通过公共广播电视和商业广播电视"双轨制"来平衡商业利益与公共利益的关系，并对于民营的广播电视所有权的过度集中进行限制。另一方面，为了维护思想文化的多元化和所有权的多元化，对于报纸、广播和电视的跨媒体经营也进行了限制，对于单一广播电视媒体的受众覆盖率设置上限，例如英国 1996 年《广播法》设置的上限是 15%。

第三，信息公开。2007 年国务院发布了《中华人民共和国信息公开条例》，对政府信息的定义、公开的范围、公开的方式和程序、监督与保障等进行了规定，要求行政机关应当及时、准确、主动公开政府信息，应该通过政府公报、政府网站、新闻发布会以及报刊、广播、电视等便于公众知晓的方式公开。

第四，广告。我国广播电视广告播放规范的主要内容是：广告时间、广告插播和公益广告等规定。国家广电总局 2011 年 10 月下发了《关于进一步加强广播电视广告播出管理的通知》（以下简称《通知》），《通知》针对近年来广播电视广告出现的影视片头和片尾插播广告、超时插播广告、传送转播节目时插播游动字幕广告、广告夸张宣传和时政类新闻节目商业冠名等问题的反弹现象，再次进行了规范，进一步加强广播电视广告的管理工作。

第五，农村广播电视信号覆盖和内容供给。2006 年《国务院办公厅关于进一步做好新时期广播电视村村通工作的通知》，将广大农村地区无线覆盖纳入广播电视村村通范围，对无线转播的节目套数、资金投入和用电政策作了详细的规定。要求充分发挥各地现有广播电视无线发射转播台的作用，通过加快设备更新改造、增加转播节目套数、加强运行维护，大力提高农村地区广播电视无线覆盖水平，使广大农民群众能够无偿收听收看到包括中央第一套广播电视节目和第七套电视节目，以及本省第一套广播电视节目在内，共 4 套以上的无线广播节目和 8 套以上的电视节目。通知还要求广播电视应坚持贴近农村实际、贴近农村生活、贴近农民群众的原则，逐步增加节目播出时间，提高节目制作质量。各级广播电视部门要加强与科技、教育、司法、文化、卫生、体育、农业、林业、水利、气象等部门的合作，不断丰富节目资源，增加科技兴农、法律知识、卫生防疫、文化娱乐等服务"三农"的广播电视节目。少数民族地区要提高译制能力。鼓励距离城镇较近、有条件的农村采取有线光缆联网方式进行建设，边远、居住分散地区采取共用卫星接收方式进行建设。据统计显示，我国目前针对"三农"的频率（道）非常少，除了央视 7 套农业、少儿、军事频道以外，省级电视台仅有七套，包括浙江电视台公共新农村频道、河北电视台农民频道、山东电视台农科频道、河南新农村频道、陕西电视台农林科技卫视、吉林电视台乡村频道和刚刚开播的湖北垄上频道（2011.8）等。据调查，所有的省级卫视和省会电视台开办针对三农的栏目仅有：山东卫视 30 分钟的《乡村季风》，新疆卫视的《农牧新天地》，辽宁卫视的《黑土地》，长春电视台的《希望的田野》，哈尔滨电视台的《新农村》，杭州电视台的《我们的新农村》等，时间多安排在 18：00 到 18：30 之间。总的情况是开办的三农电视频道稀少，与全国三千多个电视频道相比不成比例，且栏目时间不长，影响力不大，收视率不高。另外，针对老年人、残疾人、妇女等群体的广播电视节目更少，省级台仅有四川电视开办有妇女儿童频道。查看我国相关法规，关于保护弱势群体视听权利的规定几乎没有，这是应当修订和改进的部分。

综上而言，可以看到我国广播电视公共服务法规的不足：相关法规的条款偏少，行政性手段大于法规性手段；法规的层次偏低，大部分是部门规章；对农传播和对弱势群体的保护不足；对于舆论导向的规定较多，但是对于公共服务性内容缺乏原则性与指导性规定。其次，在基本公共服务保障方面，我国《广播电视管理条例》对于义务播放没有特殊的规定，但是在实践当中有义务播放的惯例，包括直播或转播党和国家的重大政治活动，播放政府对自然灾害等突发事件处理的公告，播放交通管制、紧急事件处置公告等。然而，我国对于有线电视传播公益性内容则做出了具体的规定。在《全国有线电视数字化进展的情况通报》中强调，有线电视带有自然垄断的性质，也是城镇居民收看电视的最主要手段，要坚持有线电视的公益属性，担负公共服务的义务，保证有线电视的公共服务。在实施数字化整体转换的过程中，要保留至少 6 套模拟电视节目，供没有机顶盒的用户免费收看，确保最基本的公共服务。这 6 套节目应包括中央电视台第一套、中国教育电视台第一套、本省电视台第一套、本市电视台第一套节目和当地发射、转播的其他无线电视节目，同时要确保这些模拟节目的传输质量。在上调有线数字电视基本收视维护费方面，规定前提条件是必须增加服务内容和服务项目，并为用户免费配置一台数字机顶盒。有线电视数字化后还应包括原网络传输的所有模拟电视节目转换而成的数字节目、数字化后增加的其它省（区、市）的卫视节目，包括中央、本省市广播节目以及电子政务、新闻资讯、社会教育、文化娱乐、交通旅游、生活信息等公共资讯服务。虽然在有线电视公共服务规制方面有所强化，但仅是"情况通报"，法规的层次偏低。

（二）加强与完善我国广播电视公共服务的规制

法律作为社会的基本制度框架，以规范人们的行为和调整人们之间的利益为目标，具有普适性、规范性和稳定性的特点。在我国，通过法律来保障广播电视公共服务是国家治理法制化的必然要求。法律是广播电视公共服务的最强有力的手段，也是保障公民权益的最后防线，具有强制性。一旦法律规定的权利受损，公民可以拿起法律武器保障自己的权利。我国广播电视媒体虽然都是事业单位，但是对于公共服务节目缺乏法律规制，以致"三俗"化、同质化和泛娱乐化的趋势明显，出现了市场失灵和规制失灵的问题，而建立广播电视公共服务法律保障体系是维护广播电视公共服务均等化和公平性的最佳途径。

当前，我国广播电视领域缺乏基本的法律，施行的只有国务院的行政法规和广电部门的规章及规范性文件。由于缺乏广播电视法或者传媒法这样的专门法，导致广播电视公共服务的主体、基本原则和保护的程度缺乏基本的确定，无法最终落实，缺乏权威性和强制性。其次，也缺乏评估和监督，常规性的监督机制的缺乏，使得政府在履行职能的过程中始终难以摆脱"既当运动员又当裁判员"的角色定位，无法将监督落到实处。而服务对象未能成为监督主体的一部分，又使得监督结果不够全面和公正，不能为制度的进一步完善和发展提供具有建设性的评价结果。另外，现有监督机制的设计是从政府管理角度出发的，没有考虑到其他的监督主体，很难发挥各种主体包括社会监督的作用。[1] 由于立法的缺位，权利主体和责任主体没有明确，目前广播电视公共服务的执法和司法的实践还处于空白阶段。

近年来，我国政府对于广播电视公共服务投入了大量的财力和人力，也取得了明显的成效，但是为了使广播电视公共服务法制化、长期化和稳定化，通过立法和司法等手段保护广播电视公共服务的供给显得尤为必要，也关系到公民的信息权利、文化权利和言论表达自由权利。

首先，应修订与完善广播电视公共服务法规。

在硬件传输方面，要在修改和完善《广播电视设施保护条例》的基础上，制定《广播电视传输保障法》，将公益性频道必须传输原则、农村广播电视传输覆盖网络建设纳入《广播电视传输保障法》，将无线广播电视的覆盖作为政

---

① 广电总局发展研究中心：《中国农村广播影视公共服务》，中国广播电视出版社 2008 年版，第295 页。

府的基本传输义务，使得每个公民有广播可听，有电视可看。对于广播电视无线覆盖的建设、运营、维护，由公共财政主导或给予优惠的政策支持。

在修改完善《广播电视管理条例》的基础上，制定《广播电视法》，将广播电视公共服务纳入《广播电视法》，明确规定广播电视公共服务的宗旨、组织形式、财政来源、节目构成和标准、审查制度和保障机制。《广播电视法》还应明确规定广播电视主体制作和播放公共服务广播电视节目的义务，其中新闻信息、娱乐、文化教育和服务类节目的构成比例要协调。根据当代社会媒体发展的特点，法律应该鼓励和支持通过新技术和市场机制提供广播电视公共服务，提高效率和公平，为公民提供更加丰富和多样的公共服务节目。对于准公益传媒内容产品的要求至少应发挥以下作用：致力于提升国民的文化水准，促进全民教育文化的发展；保持多元性，为各种类别的民俗、艺术创作提供发表机会，以维护文化的均衡发展；应尽可能提供社会大众及各群体公平参与及表达意见的机会；应该积极提供适合儿童、青少年观赏或观看，有益于身心发展及健康的内容产品，并应为弱势群体制作和播出内容节目。①

建立广播电视公共服务法律保障体系，落实广播电视公共服务的财源问题，按照事权和财权相统一的原则，给我国广播电视公共服务提供财政支持，是当今最为关键的问题。可依法设立专门的基金对于农村科技信息推广、科普节目、文化教育节目、医疗卫生保障节目等各种公益性节目进行资助，或予以奖励。针对广播电视公共服务的主体，法律明确规定进行监督，包括对公共财政的支出和使用、公共服务的质量、效率、公平等进行科学评估，并及时发布评估报告，接受社会监督。对于评估不合格的公共服务主体，应该追求其责任，予以相应的惩罚，对于做出重大贡献的公共服务主体，也应该相应的予以奖励。特别是对广播电视公共服务的体制机制做出详细的规定，以建立长效机制。

其次，在修订与完善广播电视公共服务法规方面，当前应特别注意以下几点：

第一，放松结构规制，加强行为规制。放松结构规制就是在渠道传输和内容供给方向引入社会资本，消除垄断，促进竞争。近年来，我国有线电视领域开始引进社会资本，增强产业活力。在电视节目制作方面，除了新闻等涉及意

---

① 田韶华、严明、赵双阁：《传媒产业法律规制问题研究》，中国传媒大学出版社 2009 年版，第 109 页。

识形态的节目由广播电视台制作外，其他的节目在制播分离的基础上，采取多种方式，引入社会资本。特别是 2010 年国务院通过三网融合的试点方案后，广播电视和电信实行互联互通，相互进入，将形成可竞争性市场。可竞争性市场理论认为，无论是寡头市场，乃至独家垄断市场，但只要是市场进入的完全自由，只要不存在特别进入的市场成本，潜在的竞争压力就会迫使任何市场结构条件下的企业采取竞争行为，在这种环境条件下，包括自然垄断在内的高集中度的市场结构是可以和效率并存的。① 从这个角度说，当电信产业可以进入广播电视信号传输，并不存在进入的市场成本的时候（电信的网线可以提供 IPTV），广电产业自然要提高效率。从广播电视产业市场结构来看，我国媒介集团的资产可以分为两大块：一块是采编、宣传部分，另一块是可经营性资产部分。只要我们采取制播分离，在新闻采编和经营性资产之间筑起一道"防火墙"，对经营性资产按照制度的要求进行公司制改革，使其成为适应市场的法人实体和竞争主体，那么只要符合国家的产业政策，就应该允许它到资本市场上去融资，促使媒介投资主体的多元化，实现媒介资本与产业资本的对接与融合。

在加强行为规制方面，美国一直把"公共利益、便利性和必要性"作为规制的原则。广播电视服务的社会功能主要表现在为社会和公众传递有益信息、进行文化教育等。但是在产业化之后，受到经济利益和经营指标的压力，一些广播电视产品的生产经营出现单纯追逐市场目标的倾向，使广播电视服务应有的社会价值有所丧失，甚至给社会和公众带来许多负面的影响，如生产、传播低俗的，甚至虚假的信息，滥播广告损害观众的合法收视权益等。特别是在经济利益的推动下，广播电视产业地区的非均衡发展已经严重影响了经济欠发达地区人民群众享受广播电视服务的权益，而在产业经营中为争取经济价值更大的"受众商品"，广播电视服务的内容供给也倾向于社会中的高收入人群，这使得社会中弱势群体难以得到符合自己需要的广播电视公共服务。② 而目前对于维护广播电视公共服务，规制的力度不够，规制的成本过大，需要继续加强行为规制，同时加强受众的媒介素养教育和广播电视媒体的行业自律。

第二，放松行政性规制，加强立法规制。行政手段主要是通过政府的决定、通知等行政规范性文件来实施监管，在行政法律规范体系中处于最低层

① 夏大慰：《产业组织与公共政策：可竞争市场理论》，《外国经济与管理》1999 年第 11 期。
② 高慧军：《电视服务的供给与政府监管》，中国经济出版社 2007 年版，第 299 页。

次，规制部门的公信度不高，而且行政性规制时效性和稳定性差，不能满足长远的需求。目前，我国运用行政手段规制过多，运用这种手段对于广播电视媒体进行干预是传统计划经济时代的产物，无法体现新时期政府职能转变的要求，行政监管的合法性和权威性也在下降。依法行政是我国依法治国方略的集中体现和主要保障，它要求我国广播电视服务的政府监管应重点运用法律手段。在体制上，广播电视机构又兼任裁判员和运动员的双重身份，造成规制者与被规制者千丝万缕的联系，无法按公平原则贯彻执行政策。且广播电视管理部门实行"局台"合一的体制，充当了宣传、建设和管理的三重角色，三位一体，政企、官办和政事不分的现象十分严重，影响规制的效率和公正。

加强立法规制是对传统管理体制下行政性规制的有效提升和矫正。我国目前涉及广播电视的法规有《著作权法》、《广告法》、《教育法》等，另有《广播电视管理条例》、《有线电视管理暂行办法》、《卫星地面接受设施接受外国卫星传送电视节目管理办法》等法规文件，都是专门调整广播电视管理事项的行政法规和部门规章，主要是对意识形态的监管。我们知道，法律能够规范广播电视产业的产权关系、市场关系、经营规则以及各种利益关系，为广播电视产业的发展营造一个公正、公平和健康的外部环境，促进广播电视产业的快速发展。众多的专家学者和业界人士一致呼吁，应借鉴国外的经验，并根据我国的具体国情，建立健全传媒业的法律法规体系，使传媒、受众、经营者和管理者都明确自己的责任和义务，在法律的规制下运行。为适应社会主义市场经济要求，提高改革的效率，可根据广播电视产业的技术经济特征、政府管制体制改革的目标，采取"立法先导"的原则，由全国人大颁布相应的法律，为中国广播电视产业实施有效的政府管制提高基本准则。①

第三，放松经济性规制，加强社会性规制。经济性规制是指自然垄断和信息不对称的领域，为防止发生资源配置的低效率和确保使用者公平使用，政府机关利用法律权限，通过许可和认可手段，对企业进入和退出、价格、服务的数量和质量、投资、财务会计等有关行为加以规制。② 我国政府对于进入规制一直比较严格，对于非国有资本进入广播电视传输和制作播出实行限制性政策，阻碍竞争者进入，导致竞争缺乏，产业发展后劲不足。为此，政府规制要促进竞争，消除纵向一体化的不利影响，促进广播电视产业的发展。2004 年

① 吴克宇：《电视媒介经济学》，华夏出版社 2004 年版，第 207 页。
② 植草益：《微观规制经济学》，中国发展出版社 1992 年版，第 27 页。

《中外合资、合作广播电视节目制作经营企业暂行规定》，在确保电视播出机构国有制的前提下，允许各类所有制机构作为经营主体进入除新闻宣传外的电视节目制作业，电视台和广电总台内重组或转制为企业的单位，在确保控股的前提下，可吸收国内社会资本探索进行股份制改造，条件成熟的电视节目生产营销企业经批准可以上市。2010 年 1 月国务院《推进三网融合的总体方案》指出，把推动广电、电信业务双向进入作为主要任务。并提出了明确双向进入业务范围：符合条件的广电企业可经营增值电信业务、比照增值电信业务管理的基础电信业务、基于有线电视网络提供的互联网接入业务、互联网数据传送增值业务、国内 IP 电话业务。IPTV、手机电视的集成播出业务由广电部门负责，宣传部门指导。符合条件的国有电信企业在有关部门的监管下可从事除时政类节目之外的广播电视节目生产制作、互联网视听节目信号传输、转播时政类新闻视听节目服务，以及除广播电台电视台形态以外的公共互联网音视频节目服务和 IPTV 传输服务、手机电视分发服务等。

我国党和政府高度重视广播电视的文化和教育服务，重视发挥电视服务的社会功能，通过法律、法规和规范性文件加强社会性规制，鼓励广播电视服务的正面功能。有关法律法规包括：《未成年人保护法》、《残疾人保障法》、《教育法》、《预防未成年人犯罪法》、《国家通用语言文字法》和《广播电视管理条例》等。

总之，在数字化和融合化的趋势下，西方国家普遍进行了广播电视规制改革，其目标就是提高竞争效率和维护公共利益，将竞争引入广播电视和电信产业，加快信息产业的发展，同时，通过各种规制手段加强广播电视公共服务的供给保障。过去，我国的广播电视规制手段单一，经济性规制过于严厉，社会性规制出现了规制失灵，甚至是规制俘虏和利益寻租，规制者与被规制者成为了利益共同体。在这种语境下，要放松经济性规制，在硬件传输和内容供给两个方面提高市场的竞争效率，同时加强社会性规制，提高广播电视节目的正外部性和公共服务供给水平。

第二节　供给管理

随着我国政府从经济建设型向公共服务型转变，提供公共产品和服务成为政府的重要职责。广播电视公共服务是政府文化公共服务的重要组成部分，包括传输服务和内容服务两个方面，传输服务的供给就是以公共利益为目的，通过无线、有线和卫星等多种手段，使每个公民都能够普遍性地收听收看到多样化的广播电视节目，满足受众信息、教育和娱乐需求。内容服务的供给是要消除市场失灵，满足公众的均等化收视需求。为实现这一目标，我国广播电视公共服务的内容供给应在政府主导下，引进市场机制，建立合作生产、委托制作等"多中心"供给模式。

一、广播电视公共服务供给的原则

广播电视公共服务的硬件传输和内容供给，总体来说应该遵循普遍性、多样性、均等化、竞争性等基本原则。普遍性就是不分民族、种族、城乡、性别、年龄、地域的差异，都能够享受到广播电视基本视听服务，特别是对于农民、儿童和老人等弱势群体，应该充分考虑到他们的权益；多样性包括覆盖渠道的多样，频道频率设置的多样，栏目和节目的多样，以及议题和观点的多样；均等化并不是指完全平等，而是遵循"底线完全平等"原则，缩小和消除城乡之间、地区之间和民族之间的差距，特别是要改善弱势群体的状况；竞争性就是消除垄断，引入竞争机制，提高效率，维护消费者的利益。

我国广播电视公共服务的硬件供给，即基本覆盖体系由无线、有线和卫星多重覆盖形成，其中无线是公共产品，具有公益性，政府公共财政出资；有线覆盖是准公共产品，国家采取优惠的经济政策，引入社会资本、民营资本等多种渠道加强有线覆盖的建设；卫星主要是针对"西新工程"和"村村通"工程的传输手段，禁止社会资本的进入。对于广播电视公共服务硬件传输来说，应该坚持以下原则。

一是普遍性原则。就是指在国家领土范围内，无论地理位置和贫富差别，所有用户都能够享受到广播电视服务，获取国家和社会基本的政治、经济、文化信息，具有非歧视性和普及性的特点。普遍性原则要求采取合适的技术手段和运营方式，保证每个公民都可以收听收看到广播电视节目，这也是公民的基本文化权益。虽然我国广播电视人口覆盖率到 2010 年分别达到 96.78%、97.62%,[①] 以 13 亿多人口计算，意味着仍有四千万左右的人接收不到广播电视。无线广播电视的覆盖还有相当大的盲区，有的地方全天无法接收节目信号，有的地方虽然能覆盖到广播电视信号，但由于转播台开机功率低，开机时间短，也间接影响到覆盖率。

---

① 资料来源：国家广电总局统计信息。

二是多样性原则。多样性原则具有多层内涵，包括国家、省级、市级和县级等多层次的广播电视覆盖传播，以及多样性的频道频率、栏目和节目，多样性的议题、语言、族群、观点等。但目前我国广播电视公共服务传输的多样性还存在很大的差距：第一，公益性频率频道的无线覆盖率低，例如，中央七套的人口覆盖率，除了江西、宁夏等在广电总局的支持下达到70%以外，许多省（市、自治区）七套的无线覆盖为零。① 第二，中央和地方的频道覆盖差距大，中央级广播、电视台覆盖率相对很高，而省级和市级的无线覆盖很低。第三，有线电视的公益性频道覆盖低。农村有线电视居民能够收看第七频道的只有34.7%。在城市，2006年底，除中央电视台第一套覆盖率达到95.7%以外，中央电视台其他公益性的频道覆盖率较低，少儿频道在城市的覆盖率只有74.9%，中国教育电视台第一套的覆盖率不到60%。②

三是均等化原则。广播电视均等化就是指不分民族、地区、城乡、性别和年龄等，每一个公民享受大致相同的广播电视公共服务的权利。均等化是促进社会和谐、缩小城乡差距、建构公共服务型政府的重要内容。但是在广播电视传输方面的均等化存在一些问题：一些城市的高清电视、互动电视和数字电视如火如荼，而一些农村用户还在解决收看电视难的问题；地区之间的差距也较大，江浙地区的农村有线电视的入户率达到50%以上，而西部边远地区还存在广播电视"盲区"；无线和有线用户之间的差距较大，农村和约占城市居民10%左右的无线电视用户只能收看几套节目，而有线用户可以收看几十套至200套节目。

四是必须传输原则。"必须传输"原则，即对于公共服务性质的频道或频率，有线电视运营商或卫星电视节目服务运营商必须免费传输其信号，为广播电视公共服务奠定设施基础，保证公共服务的普遍服务与接入，这也是西方广播电视规制的普遍原则。必须传输的频率频道包括中央电视台的公共服务频道、中国教育电视台综合频道，本省、本地的卫星频道和公共服务频道。要增加社会福利和公共福利，保护节目的多元化和多样性，维护消费者和公众的利益。其它的付费频道和加密频道在"自愿平等和互利互惠"的基础上，按市场需求定价，受众付费观看。

五是财权和事权相对称原则，加强资金转移支付的功能。我国的广播电视

① 张海涛：《加强无线覆盖确保农村广播电视公共服务》，《广播与电视技术》2006年第10期。
② 李志坚：《中国电视公共服务的传输体系研究》，上海交通大学出版社2010年版，第102页。

公共服务基本政策是，国家重点解决区域协调发展的问题，帮助中部贫困地区和西部偏远地区发展农村广播电视事业。省、市两级重点是负责解决广播电视转播发射台和有线电视干线网络的建设与维护问题，以及乡镇有线电视网络建设维护补贴、自然灾害救助等。县级作为直接对农村农户服务的平台，重点是解决分配网络的建设维护，对低保户、残疾人、烈士家属等困难群众，重点给予帮扶救济，使其享有基本的公共视听服务。但是分税制以后，县级财政普遍比较困难，缺乏资金，要加大对县乡一级的广播电视公共服务的财政支持力度，完善提供公共产品为重点的公共财政体制，加大财政转移支付力度，使各级政府的财权和公共服务的职责相对称、财力与公共服务的支出相对称。行政上，要建立省、市、县垂直管理的农村广播电视公共服务体系，各级广播电视部门设立农村广播电视公共服务部门。省、市、县三级政府财政要将广播电视公共服务纳入预算，这里省级财政是关键，县级是基础和平台，重点解决资金问题。网路上，实行省、市、县、乡、村五级贯通，以县级服务平台为中心，做到体制顺畅、管理规范、服务高效。

以上五项原则普遍适用于广播电视公共服务硬件传输和内容供给两个方面，但在广播电视公共服务的内容提供给方面，还有些特殊要求，就是要特别加大针对儿童、老年人、少数民族和农民等特殊群体和弱势群体观看的节目内容，以满足个性化和差异化的特殊群体服务要求。通过对少数族群和弱势群体的关注，促进社会多元化，加强民族特征和社区的认同感，增强社会凝聚力。广播电视公共服务节目，要力求保持信息和观点的多元化，构建公共领域和民主讨论的平台，注意确保公共事务新闻的比重，使公民掌握足够的信息而行使公民权，促进民主政治体制的健康运行。节目内容的供给，要保持竞争性原则，鼓励竞争提高效率，并通过合作生产、项目外包、委托生产、特许经营和竞争性招标等手段加强竞争性，防止政府失灵和权力寻租。总之，就是要发挥广播电视的民主、文化、教育和社会整合功能。

二、广播电视公共服务供给的路径选择

广播电视公共服务通过什么渠道来提供公共服务，涉及广播电视体制的合理性和科学性，即什么样的广播电视制度既能够促进市场效率，同时又能够保证市场公平，最大限度地获取经济效益和社会效益。西方国家在硬件覆盖方面逐渐放松规制，让有线、无线和卫星传播相互竞争，提高效率，同时采取"必须传输"原则，留出一定量的频谱资源给公益性的广播电视机构，例如教育类、公共类、文化类以及公共信息类频道，必须传播公共电视台的频道。内

容供给方面基本采取公共广播与商业广播并行不悖的模式，平衡商业利益与公共利益、公民权和消费者主权以及收视率与收视质的关系。

广播电视硬件覆盖的路径选择。近年来，随着我国广播电视公共服务政策的推进和完善，广播电视公共服务的硬件建设得到改善和提升，基本形成了全覆盖体系。为保障广播电视公共服务的可持续性发展，广播电视公共服务的覆盖路径必须建立无线、有线、卫星和互联网等各种技术并用，模拟和数字并存的多层次、现代化的广播电视覆盖网。特别是三网融合以后，电信与有线互联互通，双向进入，进一步提高了传输效率。

其次，必须继续完善和加强"村村通"、"西新工程"重点工程建设。"十一五"期间，两个重点工程完成了中央广播电视节目的无线覆盖，使20户以上的已通电自然村可以接收4套以上的广播节目和8套以上的电视节目，在农村公共文化服务和信息化建设中发挥着重要作用。西新工程也改变了西藏、新疆、青海、内蒙古等少数民族地区广播影视的基础设施建设，加大了制播少数民族语言的广播电视节目，促进了当地的经济社会发展和民族团结。在"十二五"期间，应以中央为主导，继续加大扶持力度，保持"两大工程"的成果，扩大公共服务范围。

随着视听新兴媒体的兴起，广播电视硬件覆盖的路径选择，还应充分发挥视听新媒体公共服务的功能作用，包括网络广播电视、手机广播电视等。截至2011年上半年，我国网民规模达到4.85亿，广播电视媒体依托互联网的迅速发展，适时开播网络广播电视台，除中央级媒体外，安徽、黑龙江、浙江、湖北和北京等省（市）级网络广播电视台也相继开通。与此相关，国家广电总局还批准了从事互联网视听节目服务的网站400余家。手机电视媒体于近年来也得到了长足的发展，截至2011年上半年，移动电话用户达9.2亿，3G用户突破8000万户，其中手机电视用户数在2010年就可达到3100万户。目前，全国已有300多个城市开通了移动多媒体广播电视信号，为手机电视的公共服务增添了新的途径。

从理论上说，视听新媒体公共服务传播模糊了公共传播和私人传播、公共利益与商业利益的界限，因此，视听新媒体的公共服务要从三个方面加强公共的传播，即颠覆性互动，让受众拥有广泛的公共传播接触权；多元化传播，满足大多数消费者的公共信息需求；规范性应用，注重对新兴媒体的正确引导。① 具体来讲，视听新媒体应在以下几方面发挥独特的公共服务功能：首先是构建突发事件应急的联动播出平台，使灾难信息、气象、实时交通状况、卫生疫情等公共信息随时出现在楼宇电视、IPTV、户外大屏和手机电视等新媒体终端上；其次是加强新闻、文化教育类信息的传播，满足受众多样化的需求，加强公共传播的议程设置，强化新媒体的覆盖，消除"知沟"现象；再次，建立地震等灾难性信息的广播电视预警系统，例如日本的地震预报系统，其强制开关会自动打开广播电视媒体，播放地震灾难预警信息。

广播电视公共服务的内容供给的路径选择。广播电视具有四重属性，政治、经济、文化和社会属性，政治属性表现为广播电视可以进行思想宣传与政令传达，宣传党和国家的路线方针政策；经济属性表现为促进经济发展，传播商品信息；文化属性表现为高文化价值和品位的节目起到文化教育、传承文明的功能；社会属性表现为，随着政治与社会、国家与市民的分离，承载着为公共领域服务的功能。基于四种功能，西方国家基本都建立了公共广播电视和商业广播电视共存的"双轨制"，为了维护公共利益和公共领域，满足公共需求，建立了公共广播电视制度，经费来源主要是收视费、国会拨款、捐助、少量的经营性收入等，例如美国是以商业广播电视为主，公共广播网（NPR）和公共电视网（PBS）为辅的二元分营的体制，英国和日本等西方国家建立了公共广播电视为主、商业广播电视为辅的二元分营的体制。

我国广播电视实行的是事业体制，形成了政事合一、企事合一、政企合一的一元体制、混合运营的格局，曾经取得了巨大的成就，但是问题和盲点也比较严重，主要体现在：第一，广播电视社会功能和文化功能缺乏体制保障，例如 2009 年我国电视台播出影视剧比例达 44.3%，广告类节目达 12.9%，而新闻资讯和专题服务类节目只占 12% 和 11%，② 信息、文化和教育类节目更少，省级卫视和地方台表现得尤为严重。第二，广播电视的公共性、公共服务职能缺乏制度保障，电视节目低俗化、媚俗化、泛娱乐化严重，有学者批评为"六风"：豪华风、滥情风、戏说风、聊天风、猜奖风、破案风，这"六风"应视为中国电视的商业化、庸俗化、贵族化、同质化的具体形态。③ 第三，广播电视的"均等化"服务缺乏政策保障，在市场化的驱动下，一些广电媒体针对未成年

---

① 石长顺、石永军：《论新兴媒体时代的公共传播》，《现代传播》2007 年第 4 期。

② 国家广播电影电视总局发展研究中心：《2010 中国广播电影电视发展报告》，新华出版社 2010 年版，第 374 页。

③ 时统宇：《电视批评理论研究》，中国广播电视出版社 2003 年版，第 192 页。

人、残疾人、农民、妇女和少数民族的节目偏少，甚至没有，严重影响一些受众的基本文化权利。第四，公共服务类节目缺乏强制保障，目前的广电机构实行公共服务类节目和商业性节目内部交叉补给，但是在公共财政投入比例只占10%左右，经营性收入成为主要资金来源的情况下，商业价值取向不可避免。这些问题反映出我国媒体事业定位与产业发展、公共服务与商业利益、社会效益与经济效率之间的矛盾和冲突，需要制度创新。2011年两会期间，全国人大代表、中央人民广播电台著名播音员方明在天津代表团参与审议政府工作报告时建议，央视一套和各地方电视台首套节目全部禁播广告，以公平的姿态投入到新闻报道工作中，实现做纯新闻的目的。3月1日，重庆卫视宣布改版，不播商业广告、增加新闻节目、减少电视剧和娱乐节目的播出，财政来源主要依靠政府财政拨款或重庆电视台其它商业频道的资金补偿，这是一次制度创新，这种"一台两制"有利于公益性频道和商业性频道分类运营，平衡公共服务和商业利益的关系，有利于提高节目的信息量、文化品位和教育价值。

为保证广播电视公共服务的内容供给，我国广播电视公共服务的体制必须创新，建立各级广播电视台相对应的公共服务频率或频道。我国广播电视实行的是公共服务事业和经营性产业混合状态的体制，公共服务处于自发状态，既不利于公共服务提供，也不利于产业的发展。中央文化体制改革的方针是公益性文化事业和经营性文化产业分类运营，发展公益性事业基本思路是政府主导，增加投入，转换机制，增强活力，改善服务，实现和保障广大人民群众的基本文化权益；发展经营性产业的基本思路是创新体制，转换机制，面向市场，壮大实力，满足人民群众多方面、多层次、多样性的精神文化需求。按照我国广播电视的事业属性，与文化体制改革的方针相对应，我国广播电视媒体适宜一元体制、分类运行的分营体制，即在政府的领导下，公共服务与市场服务分别运营，分类监管，前者是政府主导，强化公共利益，后者由市场主导，强化经济利益。公共服务频率或频道以满意度和收视质为指标，以社会效益为宗旨，建立由各级广电职能部门主导的公共服务委员会，制定公共服务的标准、目标，并监督其履行职责。

为保证广播电视公共服务的内容供给，我国广播电视公共服务的财源路径也必须创新，要建立各级公共服务基金。公共财政和广告费的汲取是公共服务基金来源的主要途径，同时接受商业赞助、捐助以及少量商业化的运营收入。稳定的财源是政府公共服务内容提供的规范化和制度化的关键，目前我国的广播电视公共服务的内容提供是依靠内部的交叉补贴，例如中央电视台第十套节目，其公益性质的节目提供主要依靠央视内部交叉补贴，但是这种机制的弊端很明显，就是公共服务内容提供的多少取决于决策者的主观意愿，没有约束机制。另外，由于不同地区、不同级别的广播电视媒体财力相差很大，导致公共服务内容供给的地区、城乡差异。政府如果把广播电视的公共服务基金纳入各级财政，同时对西部地区和贫困地区实行财政转移支付，那么就可保证实现公共服务均等化。同时根据《物权法》第五十条规定，无线电频谱资源属于国家所有，各级电视台使用公共资源开展商业活动必须缴纳一定的费用。1998年发布的《无线电管理收费规定》中央台 10 万元/每套节目、省级台 5 万元/每套的节目频道占有费明显偏低，约只占广告费的千分之一。较为合理收费标准是，频道占用费收取的多少应按照广告费收入成正比例上交，统一支付，以实现"企业养事业"的目标。

三、广播电视公共服务供给的机制

随着我国经济、社会的发展和公共服务领域改革的深入，不断推进公共服务模式的创新，为公众提供快捷、高效和公平的公共服务成为政府的重要职责，这对于创新政府公共服务模式，满足公众对公共服务日益复杂化和多元化的需求提出了要求。总体来说，要创新公共服务的生产和供给，[1] 形成包括政府、企业和社会力量在内的"多中心"公共服务供给模式，通过三者之间的竞争和协作，发挥各自的比较优势，实现公共服务供给的多元化，提高公共服务的效率和水平。

从经济学角度说，政府的功能就是提供公共产品，因为公共产品具有非排他性和非竞争性，市场供给会出现市场失灵，这是研究广播电视是政府提供或市场提供的逻辑起点。目前，我国广播电视硬件覆盖采取的供给模式定位是，无线覆盖属于公共产品，由政府主导，财政拨款为主；有线覆盖属于准公共产品，采取政府主导，社会参与，减免营业税、所得税等激励措施；广播电视新媒体服务的供给属于私人产品，采取政府参与，市场主导，"谁投资、谁收益"的原则。

我国的无线覆盖作为纯公共产品由政府提供，并完成农村地区、少数民族和边远地区的公共服务覆盖。但是，技术变迁对广播电视公共物品的属性产生了影响，随着加密技术的发展，有条件接收成为现实，公共产品的非排他性排

---

① 贾凌民、吕旭宁：《创新公共服务供给模式研究》，《中国行政管理》2007 年第 4 期。

除了，使得市场参与无线的传输，并发挥地面数字电视在农村公共服务供给中的功能作用成为可能，地面数字电视和城市有线电视相互竞争和相互补充。

有线电视传输是准公共产品，实行优惠的有偿服务，根据我国的国情，可以建立国有资本控制、社会资本参与的公共服务体系，国有资本以广播电视经营实体的最大股东身份出现，社会资本参与网络建设、用户发展和维修服务，各方以现金、设备或其他实物等形式投资，通过共建协议或投资协议明确产权关系，并根据投资比例对服务中所得收益进行分配。有线电视有外溢效应和公益性，我国可实施税收优惠政策和覆盖农村地区广播电视的优惠电价政策予以补偿。

卫星传播在我国的接收受到严格的限制，只是成为"村村通"工程的补充传输手段，随着数字视频压缩电视直播卫星和有条件接收技术的开发，市场参与卫星传输成为可能，卫星成为有线传输的有效补充。

关于广播电视公共服务内容供给的模式，可参照世界许多国家建立的广播电视节目内部市场和外部市场的竞争机制，给予不同的节目制作公司无歧视的政策，并相应建立一套完善的节目评估标准，严格按照质量和价格选择节目。例如，欧洲通过法律规制公共电视的节目的配额，规定社会制作公司的节目必须达到一定的比例，以展示社会多元化的声音，满足文化多样性和维护公共利益的需求。1990 年英国的《广播法案》要求 BBC 和商业广播网的新节目（除新闻性节目）中至少 25% 要由独立制作公司制作；韩国为了打破 KBS、MBC、SBS 三大电视网的垄断，1990 年出台《广播法》，规定独立制片人的节目份额要增加到 30%，电视网在黄金时段必须播出 15% 的外制节目，否则将受到处罚。①

我国广播电视长期以来实行制播合一、自产自销的体制。随着数字化和信息化的发展，广播电视节目制播合一的生产方式日益不适应节目制作生产的需求。制播体制改革已经在许多广播电视台展开，其目标就是要提高广播电视节目市场化生产水平，引入竞争，提高效率，建立起有效供给和有效需求的平衡，促进广播电视产业的繁荣。公共服务类的节目具有非营利性和政府主导性，但是，政府主导并不是政府包办，除了少量的时政新闻必须制播合一以外，大部分公共服务节目都可以在制播分离的基础上，通过委托制作、合作制作、市场交易等方式提供，充分利用社会资源进行市场化提供，即企业生产、

---

① 肖叶飞、栾颖：《中西电视制播制度比较分析》，《传媒》2010 年第 5 期。

市场运作、政府购买、大众受惠的方式，提高公共服务基金的使用效率。

合作生产模式。这是指公共服务频率频道与社会制作机构共同策划、投资、联合制作并分享节目版权的经营模式。对于一些行业性、对象性的公共服务节目，往往可以发挥国家机关和企事业单位的专业人才和行业背景优势合作制作，各级广播电视部门要加强与科技、教育、司法、文化、卫生、体育、农业、林业、水利、气象等部门的合作，不断丰富节目资源，增加公共服务广播电视节目。

委托生产模式。委托制作指在广播电视台策划、投资并拥有节目版权的前提下，将节目制作委托给外部制作机构或独立制作人完成。委托制可以降低成本，增加节目的多样性。分期付款和过程监督是对委托制作市场中的经费风险和节目质量风险的有效控制方式，有助于降低风险和提高效益。委托制作可以委托给本电视台下属单位和制作公司，也可以委托给其他的电视台和制作公司。

招标制模式。招标制是一种有组织地购买商品或者服务的交易方式，是一种引入竞争机制、杜绝权利寻租的有效方式。广播电视台可以通过招标制选择一些公共服务节目的提供者，通过比较选择一些制作能力强、实力雄厚、质量可靠和信誉良好的节目制作公司作为中标者。公共服务栏目实行招标，先提出招标标的，包括节目的质量、节目经费标准、社会效益、收视率和收视质等，招标范围包括台内或台外的节目制作公司，投标人就栏目的内容、选题、人员使用、资金使用和收入分配等提出运作方案，交评审组审定。招标制要以节目的质量和投入产出比为最高原则。电视台和中标者要规范权责利益、明确责任主体。

市场交易模式。市场交易是在制播分离的基础上，将市场机制引入到节目的制作播出环节，以提高效率，降低成本。目前我国社会制作公司的实力不强，需要政府加大培育科学规范、成熟有序的节目市场，购买双方还可根据收视率和收视质的状况确定节目的价格，建立利益共享和风险共担的良性机制，形成公平和平等的合作关系。同时建立节目质量评估和审核小组，形成科学合理的节目评估体系。

总之，当代政府的主要职能是满足社会公共需求、为全社会提供充足优质的公共产品和服务。公共服务型政府存在的基础是"弥补市场失灵"，政府弥补市场失灵的重要手段就是提供公共产品和公共服务。一旦市场成熟了，政府还得适时而退，否则又会引起"政府失灵"，那样将比市场失灵更可怕。① 我

---

① 李军鹏：《公共服务型政府》，北京大学出版社 2004 年版，第 26~27 页。

国政府要弥补市场失灵，提供公共产品，同时要完善公共产品提供机制，促进广播电视公共服务硬件和内容的供给，提高公共服务的效率。

第三节　评估管理

公共服务的评估是逐步实现公共服务均等化的必然要求。只有在建立科学的评价指标、透明的评价体系基础上，才能实现对公共服务绩效的客观评估，有利于广播电视事业产业的协调发展。

广播电视公共服务的绩效评估是按照一套科学的指标体系对广播电视公共服务的质量、效益和价值进行分析，以对相关部门在履行职能、实现目标方面的综合表现进行系统的评估和考核。绩效评估体系是保障广播电视公共服务公平与效率的重要举措，也是对外强化问责、对内衡量绩效的有效手段。当前，广播电视公共服务作为政府公共服务的重要组成部分，正在全国持续推进。

一、广播电视公共服务评估的意义

评估是改进和提高政府和有关部门绩效的有效管理理念和方法，建构一个与此相适应的绩效评估体系，已是势在必行。其意义在于：

有利于科学合理地配置广播电视公共服务资源。在推进和谐社会和社会主义新农村建设中，地区之间、城乡之间存在发展不平衡的状况，公共服务总体供给质量低下，这些难以通过市场自主调节，必须发挥政府公共服务的"有形手"，加强绩效管理，优化资源配置，提高配置效率，使更多更好的广播电视公共服务资源重点投向贫困地区、欠发达地区和广大的农村，从而不断改善弱势群体的福利，缩小城乡差距，消除地区、群体之间的差异，提高社会福利，促进社会和谐。

有利于建立健全广播电视公共服务有效供给的体制和机制。通过对广播电视公共服务硬件覆盖和内容供给水平的动态检测，有利于加强绩效管理，提高公共服务资金的利用率和科学性，降低公共服务的成本。建立公共服务评估体系，也有利于强化政府和媒体的责任意识，引导各级政府和媒体加强广播电视公共服务体系建设的职能观和绩效观。

有利于调动公众积极参与广播电视公共服务的管理与监督。随着我国公共财政体制框架的逐步建立和完善，广播电视公共服务成为公共财政投向的重点领域。政府在公共服务上的投入，能否给公众带来效果，成为公众关注的热点。建立评估体系和信息公开制度，开展公共服务绩效评估，便于公众及时了解公共服务的情况，提高公众参与公共服务管理和监督的意识和能力，也有利于推动政府公共服务决策和管理的科学化、民主化、透明化，提供更加符合公众需求的公共服务。

对广播电视媒体实行评估是西方通行的做法，尤其针对公共广播电视的评估更加严格。例如英国对公共广播体制的评估来自三个不同的部门，既有来自政府委托的独立的专门调查委员会的评估，也有广播电视监管部门的评估，还有公共广播系统一年一度的自我评估。在英国广播电视制度发展的过程中，政府共成立了 11 个调查委员会，这些委员会分别在不同的政党政府任内组建，并根据当时的政治、经济和社会环境，相继发布了各自的关于广播电视的调查报告，形成较为具体的指导政策，影响了整个英国广播电视的架构。评估的内容包括：英国广播电视公司的现行财源体制运作系统、收视许可费制度、公共广播电视领域内的竞争机制、促使商业广播电视提供公共服务的措施，以及保证公共广播电视节目的标准、质量和提高公共广播电视节目原创性的措施等。英国监管部门的评估还来自英国监管广播电视的机构——通信办公室。2003年《通讯法》规定，通信办公室必须就现有的公共广播电视机构是否有效履行公共服务职能提交报告，并对未来如何继续提供公共广播电视提出建议。为此，通信办公室每年对公共广播电视展开全面评估与调研。调研范围重点是英国广播公司，也包括独立电视网、第四频道公司、威尔士第四频道、第五频道和图文电视台。从上世纪 90 年代开始，BBC 还强化了自我评估机制，以响应外界对 BBC 经营效率、治理架构等诸多批评。自律性的评估包括：不定期的节目策略检讨、年度绩效检讨，并且就顾客满意度、经营效率、创新（学习成长）、以及财务等四个方面，建立关键衡量指标系统。

日本公共广播公司 NHK 每年公布当年度的承诺，并交由公正的第三方单位来负责检验执行成果，这个公正的第三方单位，称为约束评价委员会（中文译为目标评议委员会）。采用第三方单位的检验方式，是为了更公开透明检验 NHK 的成果。目标评议委员会的运作方式是每年接受 NHK 经营委员会（董事会）的委托，检验 NHK 是否达成对于 NHK 的承诺与目标，调查方式包含对观众、对 NHK 的员工进行量化调查、专家学者访谈，以及目标评议委员会自己的专业评量。调查的内容主要是 NHK 对公众的承诺，包括节目、收视费（执照费）、观众意见等项目。近年来，NHK 的承诺共有以下 6 大项目：1. 节目的充实：利用民众所缴纳的收视费，制作丰富、优质的节目。包括提供给观众充足的信息、紧急灾难报导、平衡区域发展、提供残障者与银发族友善的节目服务、协助儿童健康成长的优质节目。2. 彻底的公平负担：推动国民理解收视费制度，落实公平负担。3. 观众反应的声音：重视观众的意见，并且反应在事业营运中。4. 杜绝弊案、运作透明化。5. 经费缩减、提高事业营运效率。6. 数字技术成果回馈：推动数字普及，开发便利、新型态的服务。①

二、广播电视公共服务评估的理论前提

在西方国家，基于广播电视媒体的市场失灵、信息不对称和外部性，在老公共行政、新公共管理和新公共服务三种不同的管理范式的语境下，广播电视公共服务历经了三次制度变迁，公共服务理念也在不断地变化。公共广播诞生伊始，公共广播 BBC 总经理里斯对公共服务功能解释为告知、教育和娱乐，信息告知列为首要，教育其次，娱乐第三。后来进一步发展为"四项基本原则"（公共服务而非商业动机、覆盖全民、集中控制运作、高质量文化标准）。20 世纪 80 年代中期，在市场化浪潮中，英国首相撒切尔任命的皮考克委员会公布了广播研究小组对公共广播实质的概括：普及性，即人人可以免费接受到公共服务产品和服务；广泛需求（服务于人们的普遍兴趣，大众而不是分众）；对少数群体的特殊关照（民主和平等的目标）；对民族特征和社区同感的贡献（产生集体的凝聚力）；与既得利益保持距离（维护民主和平、公正、廉洁等）；直接经费和普遍付费（不通过广告中介）；节目质量的竞争，而非观众人数的竞争（服务好坏的竞争，而非市场大小的竞争）；对节目创作者的方针是鼓励创造，而非限制创造（促进文化的繁荣），于是公共服务新理念代替了里斯的早期的定义。② 在新公共服务的理念下，2006 年公布的审议延续 BBC 特许权的绿皮书中，英国文化部为 BBC 的服务提出了五个清晰的目标：1）推进公民权和公民社会；2）促进教育和学习；3）献身于创造和文化卓越性；4）全面反映所有民族、地区和社群；5）将世界带给英国的同时将英国推向世界。③

广播电视公共服务是由广播电视主管部门筹集和调动社会资源提供产品和服务，来满足社会公众公共信息和文化利益的需求，其本质是满足公共需要，追求公共利益，创造公共价值。由此推知，广播电视公共服务绩效评估的宗旨

---

① 曹琬凌、彭玉贤、林珍玮：《公共广电问责体系初探：以台湾公广集团公共价值评量指针建构为例》，《新闻学研究》2008 年第 96 期。

② 转引自马克·莱伯伊（Marc Raboy）：《世界公共服务广播的形势：俯瞰与分析》，《新闻与传播研究》1997 年第 2 期。

③ http：//www. bbchartreview. org. uk/have_ your_ say/green_ paper/bbc_ cr_ greenpaper. pdf.

是"根据公众的需要提供公共服务和公共产品，又根据公众对公共服务和公共产品的满足程度来评估管理绩效，从而确定公共组织对公众负责、提高服务质量的公共责任机制和运行机制"。① 广播电视公共服务绩效评估的价值判定标准是围绕公共服务的提供展开的。

在西方发达国家的公共服务绩效评估实践中，最初的三大标准即经济、效率、效益，被认为是绩效评估的"新正统学说"，而后随着"质量为本"、"接近消费者"和"公平服务"等新的管理理念浸入公共部门，服务质量、满意度和公平标准相继被纳入到绩效评估的范畴。②

经济标准要求的是以尽可能低的投入或成本，提供与维持既定数量和质量的公共产品或服务。这种评估能使公共组织树立起绩效成本意识：以低于市场价的支出进行某项投入。经济标准可以综合反映广播电视公共服务获得的资源水准、投入成本。

效率标准是指在既定的投入水平下使产出水平最大化。通常包括：服务水准、服务与产品的数目、每项服务的单位成本等。效率标准可看作提供广播电视公共服务的平均成本及资源配置效率，如政府投入的经费是否符合公众需求的优先顺序等。

效益标准指公共服务符合政策目标的程度，通常以产出和结果之间的关系加以衡量，即产出对最终目标实现所作贡献的程度。包括产出的质量、期望得到的社会效果、公众的满意程度等。

服务质量和满意度标准是效益标准的两个重要派生标准。服务质量是"一种衡量企业服务水平能否满足客户期望程度的工具"，③ 是衡量公共服务水平的关键，包括有形性、可靠性、响应性、安全性和移情性五个维度。公共服务以确保公共利益的实现为己任，以公众期望得到满足作为基本价值取向，只有当公共服务能满足用户的需要并为用户所满意时，才是有绩效的。从全球绩效评估的发展趋势来说，公民满意已成了评估的一项基本原则。服务质量和公众满意度之间相互制约，成为公共组织绩效评估价值判定的重要标准。

公平标准关心的主要问题是"接受服务的团体和个人都受到公平的待

① 蔡立辉：《西方国家政府绩效评估的理念及其启示》，《清华大学学报（哲学社会科学版）》2003 年第 1 期。

② 林洪美：《中国媒介组织绩效评估研究》，厦门大学出版社 2009 年版，第 6 页。

③ Lewis, R. C. and B. H. Booms: The Marketing Aspects of Service Quality [J], New York: American Marketing Association, 1983.

遇"，"需要特别照顾的弱势群体能够享受到更多的服务"。公平性要求公众普遍享有均等化的广播电视公共服务，实现城乡公平、地域公平、民族公平等。

经济、效率、效益、服务质量、满意度和公平等多维价值判定标准，用来评估广播电视公共服务的综合绩效水平。这六种价值判定标准共同构建了广播电视公共服务绩效评估的综合评价体系：经济标准要考虑资源与成本；效率标准要考虑投入与产出；效益标准要考虑产出与结果；服务质量标准要考虑服务水平的高低；公众满意度标准要考虑是否符合公众的利益，满足公众的需求；公平标准要考虑是否促进了社会公平。在这环环相扣的过程中，广播电视公共服务的整体绩效才能得以真正实现。

纵观西方广播电视公共服务的理念和制度的嬗变和完善，结合我国广播电视的实践，广播电视公共服务包括政治、社会和文化等多个层面，不仅是消除市场失灵，而且肩负着造福人类的历史使命，体现了公民价值、教育和社会价值。

三、广播电视公共服务评估指标体系

根据广播电视公共服务绩效评估标准，就可以确定广播电视公共服务绩效评估的内容和指标。绩效评估指标是绩效标准的载体和外在表现，"评估需要提出一个能够用于衡量组织绩效水平的、简单的、公认的计量标准或指标"，①这是建立广播电视公共服务绩效评估的前提和起点。评估指标的设立要立足于广播电视公共服务的实际，以可操作性、科学性和适用性为基本原则，既要有可量化的客观指标，又要有以社会评价为主的主观指标。为适用起见，专门设计了两套评估体系。

（一）第一套评估指标体系

建构评估指标体系首先要确立评估维度。评估维度是依据一定的标准划分的评估范围，也就是将复杂的评估内容进行具体化和可操作化。广播电视公共服务绩效评估的基本维度确定为以下七个方面：

1. 公共财政投入评估。这一维度可称为"政府成本"，即政府为广播电视公共服务的经费投入及使用状况。可从投入总额、人均投入、基础设施建设成本、广播电视节目制作成本、财务运作透明度等指标来评估。

2. 传通评估。也可称为"基本建设"维度，指广播电视的基础设施建设

---

① Mike Brooks: Performance Measurement [J], Financial Management. London, 2006（May）: 36.

如广播电视信号的覆盖率和终端设备的普及率等。这一维度可以客观地从一个容易量化测量的角度来评估广播电视公共服务的基本建设水平。我们这里探讨的覆盖率应该包括覆盖区域和信号质量两个内涵，覆盖区域强调区域内信号是否能够到达，质量强调接收效果如何。普及率也包含两层含义，一是设备拥有率，二是设备技术指标。按照现有不同传输手段的卫星、无线、有线分类，传通评估的指标可包括：覆盖面积、覆盖人口比例、覆盖网络维护运行情况、频道频率信号质量、可收听收看频率频道数量、收费价格等。

3. 内容评估。广播电视节目是广播电视公共服务的主要载体。广播电视公共服务必须具有公益性的价值取向，即为公共利益服务，为公众传播高品味、高品质的节目内容，提供有益于社会文明进步的公共文化信息，保障公民基本文化权利。节目内容应该具有以下四个特性：多元（Diversity）、创新（Innovation）、有实质意义（Substantive）和独立（Independence）。① 多元指是否提供完备的节目组合以照顾社会整体所需，兼顾大众和小众的需要和兴趣，可做节目类型分析以及不同种类节目的播放时段和百分比。创新是指节目形式、内容、观点的创新，从下述节目的播放时段和百分比来衡量：本地首播的节目、自行制作的节目、外购的节目。有实质意义是指：提供深度的新闻报道；节目内容有意义且与公众切身相关；提供观点充足的信息，作为公众面对各种问题时判断的参考。独立是指新闻节目公正客观，不偏不倚，衡量的方式有专家评价和受众认知调查等。节目获奖数目也应该作为节目品质社会认可度的一项测量指标。

4. 效果评估。广播电视公共服务效果的一个关键性指标就是广播电视媒体的影响力大小。广播电视媒体影响力属于绩效指标中的隐性指标，无法为其进行较为准确的量化，影响力的体现可从以下五个方面细化：（1）对构建公民社会的影响，如监督公共政策、讨论公共议题、公民新闻学的实践等；（2）发挥社会影响力，即节目的议题设定所带来的社会影响；（3）信任度，即公众对于广播电视公共服务频道的信任程度；（4）需要度，即公众认为各频道存在的必要性或付费意愿；（5）公众参与程度，即广播电视节目确定选题的过程中是否广泛征集和参考公众意见，广播电视媒体是否通过多种渠道与公众互动，新闻报道采访过程中是否广泛收集公众的观点。

---

① Croteau, D. & Hoynes, W.: The Business of Media: Corporate Media and the Public Interest ［M］, California: Pine Forge Press, 2001, p. 150.

5. 服务质量评估。广播电视机构作为广播电视公共服务的主体，其管理水平和服务能力是确保广播电视公共服务可持续发展的关键。管理水平是基于机构运作角度对广播电视机构进行考量；服务质量是从公众角度对广播电视机构公共服务能力的考量。对机构管理水平的衡量可从以下方面进行：（1）有清晰的组织架构，各方面运作有妥当的赋权安排；（2）经营信息公开透明；（3）员工对机构的认同度；（4）提供公平合理的劳动条件。服务质量是公众对服务主体的主观评价，是基于公众视角的一项重要指标。对服务质量的测量可从以下五个维度进行：（1）有形性，指有形的设施、设备、人员；（2）可靠性，是可靠地、准确地履行公共服务承诺的能力；（3）响应性，指主动地协助顾客解决问题并迅速提供顾客所需要的服务；（4）保证性，是指员工所具有的知识、礼节以及表达出自信与可信的能力；（5）移情性，是设身处地为顾客着想并对顾客给予特别的关注。①

6. 公平评估。广播电视公共服务的公平性主要体现在公共服务的均等化，均等化指政府要为公众提供基本的、大致均等的公共物品和公共服务。从目前的公共服务实践来看，中国广播电视的公共性追求还主要停留在基本服务的"普及性"和"均等化"上。② 公平评估既要包括城乡之间的广播电视基本服务在覆盖水平、信号质量、频道资源上的一致水平，还要包括节目内容的针对性、多元性、丰富性。公平评估的具体指标有：（1）城乡公平，即城乡居民享受同等质量和数量的广播电视公共服务节目；（2）民族公平，有提供不同语言及方言的、能够反映本民族文化特色的节目；（3）地域公平，即不同地区所有的公众特别是老少边穷地区都能享受到同样的广播电视公共服务；（4）弱势群体的特别照顾，减免公共服务所需的费用。

7. 满意度评估。广播电视公共服务的水平高低，最直接的反映就是公众的满意度，也就是公众主观感受到的需求的满足程度。这也体现了广播电视公共服务体系以人为本、服务公民文化权利的宗旨。满意度评估可从客观和主观两个方面来衡量：客观的评估指标主要是指受众收视行为的评估体系；主观的评估指标主要是指受众态度的评估体系。受众收视行为的评估，包括：（1）触达率，即某节目或频道的不重复人数占观众总体人数的比例，衡量的是收视

---

① Parasuraman, A., Zeithaml, V. A. & Berry, L. L.: Guidelines for Conducting Service Quality Research［J］, Marketing Reaearch, 1990, pp. 34～44.

② 胡正荣、李继东：《中国广播电视公共服务体系：目标与实践研究》，中国广播电视出版社2010年版，第7页。

的广度；（2）忠诚度，即每位观众平均收视时间与节目播出时长的比值，衡量的是收视的深度，即公众对于媒介的心理依赖程度和媒介在人们心目中的价值分量；（3）视听率，指某一时段内收看（收听）某一节目的人数占电视观众（广播听众）总人数的百分比；（4）视听接受时间，即受众收看（收听）时数；（5）受众构成的特征；（6）时段贡献率，即特定时段的受众收看（收听）的总时间占该频道（频率）的总收视（收听）时间的比例；（7）播出比例与视听接受比例。视听率作为衡量节目收视成绩的重要指标，从诞生起就因带着鲜明的商业烙印广受非议，我们之所以选择它作为广播电视公共服务评估的内容，主要出于以下考虑：首先，作为一项经过统计调查得出的指标，具有很强的客观性；其次，要强调广播电视公共服务的广泛性，不得不考虑收视率的问题；第三，受众态度的评估，作为一个主观指标，通常采用问卷调查的方式进行量化测量，这种"欣赏指数"的调查也是对单一的视听率作为节目评价标准的修正。调查内容主要包括：（1）对节目的认知度；（2）对节目品质的满意度；（3）各类节目的喜爱度；（4）对节目内容丰富性、针对性的满意度；（5）对广播电视公共服务性价比的满意度；（6）对服务质量的满意度；（7）专家、领导对节目质量的评议。

以上七个维度的综合评估构成了广播电视公共服务绩效评估的指标体系（见表7.1）。

表7.1　广播电视公共服务绩效评估的指标体系

维度	二级指标	指标说明	衡量方式
维度一：公共财政投入评估	投入总额	公共财政拨款总额	是否满足需要
	人均投入	元/人	是否满足需要
	基础设施建设成本	硬件投入	是否节约
	节目制作成本	软件投入	是否节约
	财务运作透明度	如财务资讯、决策流程、公共档案的透明性与完备性	实施状况

续表

维度	二级指标	指标说明	衡量方式
维度二： 传通评估	广播电视信号的覆盖率	覆盖区域和信号质量：覆盖面积、覆盖人口比例、网络维护运行情况、频道频率信号质量	调查统计
	终端设备的普及率	设备拥有率和设备技术指标：终端设备拥有情况、可收听收看频率频道数量、收费价格	问卷调查、电话访问
维度三： 内容评估	多元	节目形式、内容、观点的多元性	节目类型分析、认知调查
	创新	节目形式、内容、观点的创新	认知调查、新节目形态实例、新制节目时数历年比较
	深度、有意义	节目内容对民众有价值，提供有用的观点	认知调查、专家评价
	独立	节目内容公正客观	认知调查、专家评价、实例说明
	节目品质	节目的社会认可度	获奖情况
维度四： 效果评估	构建公民社会	建构公共论坛、监督公共政策	实例说明、专家评价
	发挥社会影响力	节目由议题设定所带来的社会影响力	实例说明、认知调查被其他媒体报道次数
	信任度	公众对广播电视公共频道的信任程度	认知调查
	需要度	公众认为各频道存在的必要性或付费意愿	认知调查
	公众参与度	公众与媒体的互动程度	实例说明、认知调查

续表

维度	二级指标	指标说明	衡量方式
维度五：服务质量评估	机构管理水平	组织架构、内部制度的充实	实施状况
		经营信息公开	实施状况
		员工的认同度	员工意见调查
		员工待遇的公平性	实施状况、员工意见调查
	服务质量	有形性	公众认知调查
		可靠性	公众认知调查
		响应性	公众认知调查
		保证性	公众认知调查
		移情性	公众认知调查
维度六：公平评估	城乡公平	城乡居民享受同等质量和数量的节目	频率频道数量、信号质量、节目内容分析
	民族公平	发扬民族语言与文化	各语言节目时数
	地域公平	不同区域享受同等服务	老少边穷地区的覆盖率、频率频道数、信号质量调查
	关照弱势群体	关注特殊群体的传播权益	减免费用户总数、涉及人数、减免费用总额
维度七：满意度评估	受众收视行为	触达率	收视情况调查
		忠诚度	收视情况调查
		视听率	收视情况调查
		视听接受时间	收视情况调查
		受众构成	收视情况调查
		时段贡献率	收视情况调查
		播出比例与视听接受比例	收视情况调查
	受众态度（欣赏指数）	节目认知度	受众认知调查
		节目喜爱度	公众访谈、喜爱度调查
		节目丰富性、针对性、贴近性的满意度	公众访谈、满意度调查
		节目性价比的满意度	公众访谈、满意度调查
		服务质量的满意度	公众访谈、满意度调查
		专家、领导对节目的评价	专家领导的评价综合

评估指标体系是广播影视公共服务评估的基础和关键，一套科学、完整的指标体系要涵盖广播影视公共服务的各个方面。指标体系的设计既要有可量化、可衡量的"硬指标"，又要有以社会评价、公众满意度为主的"软指标"，才能全面准确地反映公共服务体系建设的内容和形式。在评估指标上，应该建立合理科学的体系，确立一级指标、二级指标和三级指标，对每个不同的指标确立不同的加权权重，设置从不满意到非常满意即 1 到 5 不同的量值，或者 0 到 100 的不同分值，在此基础上建立评估的数学模型，形成软件包，实现计算机操作，并在实践中加以检验。对公共服务广播电视的绩效评估和衡量有别于商业广播电视，特别是我国广播电视兼具公益性事业和经营性产业的性质，社会效益优先原则，公共服务的职责义不容辞。

（二）第二套评估指标体系

广播电视公共服务能否做到公平、公正、均等、优质，需要科学的评估指标体系引导，由于评估对象的复杂性和评估角度的不同，可能产生多种评估标准和意见。为保证评估标准制定的可靠性、可行性和可选择性，本项目特提出第二套评估指标体系，以供讨论研究。这套指标体系包括：公共政策指标、硬件覆盖指标、内容指标、公平指标、效率指标、满意度指标、效果指标等。

公共政策指标。各级政府及广电和文化行政管理部门在广播电视公共服务中承担政策制定、政策实施、财政拨款等责任，因此也成为评估的目标。广播电视公共服务政策指标包括广播电视覆盖政策、频道频率设置政策、节目播出政策、公共财政拨款政策、设备技术与标准政策等。公共政策是广播电视公共服务的实施指南，决定了广播电视公共服务的目标、进程和效果，因此公共政策的评估是关键的。评估点包括：公平性，主要考察是否照顾到少数民族、农村、贫困地区等利益；科学性，主要指是否切实可行，例如是否规定了专业性的农村广播电视频率频道数目及其内容结构与播出时间结构，频率频道传输覆盖技术方案与经费来源。[1] 公共财政的投入指标，包括硬件方面的投入和内容生产方面的投入，例如投入总额、人均投入、基础设施建设成本、广播电视节目制作成本、财务运作透明度等评估指标。世界上大多国家都建立了公共广播与商业广播的双轨制，以平衡公共利益与商业利益的关系。公共广播多通过执

---

① 国家广电总局发展研究中心：《中国农村广播影视公共服务》，中国广播电视出版社 2008 年版，第 307 页。

照费、公共财政、捐助、捐款和部分的营业收入来获取资金，一些国家还通过商业广播养公共广播的体制，或者通过公共财政支持公共服务节目的制作。

覆盖传输指标。我国对于传输覆盖采取不同的政策，无线覆盖作为具有非排他性和非竞争性的公共产品，由政府主导，以财政拨款为主；有线覆盖作为准公共产品，采取政府主导，社会参与，减免营业税、所得税等激励措施；广播电视新媒体服务的供给属于私人产品，采取政府参与，市场主导，"谁投资、谁收益"的原则。① 覆盖传输是广播电视公共服务的主要渠道，也是评估的重要内容。传输覆盖指标测量政府对公共服务硬件设备的投入情况，如广播电视信号的覆盖率和终端设备的普及率等。这一维度可以客观地从一个容易量化测量的角度来评估广播电视公共服务的基本建设水平。我们这里探讨的覆盖率应该包括覆盖区域和信号质量两个内涵，覆盖区域强调区域内信号是否能够到达，质量强调接收效果如何。普及率也包含两层含义，一是设备拥有率，二是设备技术指标。按照现有卫星、无线和有线传输手段的不同分类，传通评估指标可包括：覆盖面积、覆盖人口比例、覆盖网络维护运行情况、频道频率信号质量、可收听收看频率频道数量、收费价格等。

内容供给指标。广播电视内容建设具有外部性，优秀的电视节目具有审美、文化、信息和教育属性，既陶冶情操，提高文化修养，进而构成了一个良好的社会氛围，也有助于公众自身的创造性和工作积极性的激发。而我国广播电视节目主要依靠广告作为收入的来源，收视率和收听率成为主要的参考指标，造成市场失灵，频道设置和节目结构出现失衡。所以频道设置和节目内容的科学性、丰富性、公正性、可选择性等指标非常重要。

效率与公平指标。效率就是指投入和产出的性价比，包括硬件覆盖、内容制作和公共财政的使用效率。"公平说"，主张所有的社会地区和资源应该公平地向所有人开放，反对任何基于种族、民族、性别、出身和宗教信仰等的歧视。要实现公平，应该对各种先天差别进行补偿和调整，使个人平等地占有资源，使所有的人都能够享受到他们认为有价值的生活方式，拓展他们的选择范围，享受真正的自由平等。实际上，公平并不是指完全平等，这里主要指所有群体个人的"底线完全平等"，公共服务的提供必须有助于社会弱势群体状况的改善。公平评估的具体指标有：（1）城乡公平，即城乡居民享受同等质量和数量的广播电视公共服务节目；（2）民族公平，有提供不同语言及方言的、

---

① 张海涛：《加强无线覆盖确保农村广播电视公共服务》，《广播与电视技术》2006 年第 10 期。

能够反映本民族文化特色的节目；（3）地域公平，即不同地区所有的公众特别是老少边穷地区都能享受到同样的广播电视公共服务；（4）弱势群体的特别照顾，减免公共服务所需的费用。

满意度指标。这是定性分析指标，指公众对广播电视公共服务的水平和质量的满意度，包括硬件覆盖、内容供给、性价比和服务态度等方面。满意度指标注重公众对政府工作和相关部门的参与与监督，研究服务标准、流程、效率与期望之间的差距，找到受众的关注点与服务短板，从而改进服务质量。广播电视公共服务的水平高低，最直接的反映就是公众的满意度，也就是公众主观感受到的需求的满足程度。这也体现了广播电视公共服务以人为本、服务公民文化权利的宗旨。例如对于节目内容的满意度可以用"欣赏指数"这个指标：（1）对节目的认知度；（2）对节目品质的满意度；（3）对各类节目的喜爱度；（4）对节目内容丰富性、针对性的满意度；（5）对广播电视公共服务性价比的满意度；（6）对服务质量的满意度；（7）专家、领导对节目质量的评议。

效果指标。广播电视公共服务效果的一个关键性指标就是广播电视媒体的影响力大小。广播电视媒体影响力属于绩效指标中的隐性指标，无法为其进行较为准确的量化，可从以下五个方面细化：（1）对构建公民社会的影响，如监督公共政策、讨论公共议题、公民新闻学的实践等；（2）发挥社会影响力，即节目的议题设定所带来的社会影响；（3）信任度，即公众对于广播电视公共服务频道的信任程度；（4）需要度，即公众认为各频道存在的必要性或付费意愿；（5）公众参与程度，即广播电视节目确定选题的过程中是否广泛征集和参考公众意见，广播电视媒体是否通过多种渠道与公众互动，新闻报道采访过程中是否广泛收集公众的观点。

根据以上指标，现设计出第二套广播电视公共服务评估体系（见表7.2）。

我国广播电视公共服务的评估可以直观反映公共服务发展状况和水平指数，有利于政府进行政策调控，促进公共服务的均衡发展，提高公共服务的能力、水平、效率和公正性，发挥广播电视的政治、文化、教育和信息服务功能。但是我国广播电视公共服务评估刚刚起步，如何吸收国外的有益经验，发挥自身的创造力，需要决策者的支持和高度智慧的整体设计，也需要符合国情的指标体系，广播电视公共服务评估必将在理论探讨与实践探索中合理推进。

表 7.2　我国广播电视公共服务评估指标体系

一级指标	二级指标	三级指标
公共政策	公共服务政策的制定	可行性、科学性、公平性等
	公共财政拨款	投入情况、公平、公开、科学、使用效率等
	公共服务组织	组织人员、经费、培训、稳定性等
硬件传输	无线电视覆盖率	发射功率、开机率、节目套数、覆盖、信号
	有线电视接入率	布局、入户率、节目套数及构成、价格等
	卫星电视覆盖率	接受套数、设备质量、价格、维修、人员配置
	广播电视频道频率	数目、设置结构、播出结构、人员配置
内容供给	频道频率的设置与结构	科学性、合理性、公正性
	节目的设置与结构	针对性、丰富性、可选择性、地方性、科学性
	节目的收听收视率	收听收视率
	节目影响力（收视质）	满意度、忠诚度、影响力等
效率	硬件建设效率	投入与产出的"性价比"
	内容制作和播出效率	投入与产出的"性价比"
	公共财政的使用效率	投入与产出的"性价比"
公平	区域公平	覆盖区域、内容提供
	城乡公平	覆盖区域、内容提供
	群体公平	覆盖区域、内容提供
	民族公平	覆盖区域、内容提供
满意度	硬件覆盖的满意度	丰富性、针对性、适宜性、公平性、科学性
	节目内容的满意度	同上（不满意到非常满意五个量值）
	性价比的满意度	硬件的性价比、内容的性价比
	服务态度和效率的满意度	硬件服务态度、内容服务态度
效果	构建公民社会的影响	监督公共政策、公共议题、公民新闻
	社会影响力	频道、节目、议题的影响力
	信任度	对频道、节目、人员等信任度
	需要度	对覆盖、频道频率、节目的需要度
	公众参与程度	政策、议题、采访、节目参与程度

（注：一级指标为"广播电视公共服务评估指标体系"）

以上两套评估指标体系虽有交叉，如覆盖传输指标、满意度评估，但各有侧重。根据以上评估指标体系，在实施中对于评估不合格的公共服务广播电视机构，应及时发出警告，给予相应的处罚，追究其相关责任，并通过建立问责机制和奖惩机制，接受社会广泛的监督。

四、广播电视公共服务评估的程序

广播电视公共服务评估是由资料收集、目标确定、项目划分、绩效测定及结果使用等组成的行为体系。这个体系是相互联系的一个整体，主要包含评估指标、评估方法、评估操作、评估分析、评估应用等几个子体系。其中评估指标体系规定评估的对象、内容和标准；评估方法体系规定评估的方式、方法和技术；评估操作体系规定评估的机构、人员和流程；评估分析体系规定对评估结果及其成因的检验、剖析和定论；评估应用体系规定对评估结果的管理、使用和研究。建立科学的广播电视公共服务评估体系，是加强政府公共服务绩效管理、提升公共服务水平和质量的迫切需要，也是提高政府综合管理能力的重要途径。

广播电视公共服务评估也是一个复杂的系统工程，其运作必须有完善的监督评估机制作保障。制定评估指标是绩效评估的第一步，接下来就是要确立评估主体，规范评估程序，加快评估立法，使绩效评估制度化、科学化，并通过对广播电视公共服务的绩效评估建立起有效的问责机制和激励机制，提高公共服务的供给水平和供给效率。

评估主体确立。成立独立的广播电视公共服务评估委员会，全面负责评估事务。评估队伍组成要多元化，包括：使用者代表、公众代表、政府相关部门、学者专家、媒体、第三方评估力量等。比如满意度调查就可以委托给第三方力量独立地进行调查，避免因为行政隶属关系或利益相关影响评估的客观性。评估队伍中公众是最为关键的评估主体，公民满意是公共服务绩效评估的发展趋势，公民参与应为广播电视公共服务绩效评估的基本原则。评估委员会要确定评估指标；任命评估机构负责人员，制定评估方案；组织实施对广播电视公共服务的监督评估；及时公开评估结果等。

评估程序规范。评估程序一般要经过这样几个步骤：①确定评估指标：根据上述七个评估维度确定评估的二级指标、权重以及具体的衡量方式，构建广播电视公共服务评估模型。②建立评估渠道：无论是组织由公众代表、专家代表、政府代表等组成小规模的群体进行评估，还是收视率、欣赏指数等大规模的受众调查，都需要与评估者建立良好的沟通渠道。③收集和分析评估信息：这是评估程序中的重要环节，需要专业人员进行收集和分析，由专家团对评估结果进行分析论证，形成评估报告，指出存在的问题和改进建议。④反馈评估结果：评估结果作为公共信息需要向公众公布，接受公众的监督，一般以一个自然年度为评估周期，按年度公开发布评估报告，对一些公众关注度较高的问题，要组织决策者与公众进行面对面的沟通，对公众的反馈意见要及时采取跟进措施并迅速落实。

评估奖惩制度。广播电视公共服务绩效评估的目的是强化问责，在有限的政府财政投入下尽可能满足公众基本信息需求。因此，要围绕评估结果建立奖惩制度，奖优罚劣，真正发挥评估的导向作用。奖惩标准要公平合理，奖惩实施过程要公开透明。

加快评估立法。绩效评估法制化指的是评估工作必须依据法定的条件、程序、方式和方法进行。要从法律上确立广播电视公共服务绩效评估的目标和评估委员会的人员组成，制定评估指标体系及权重的指导性意见，明确评估程序、评估方式和评估结果运用的反馈机制，建立评估的申诉制度和责任追究制度。只有加快评估立法才能有效摆脱行政权力的羁绊，保障绩效评估的权威性和独立性，使评估工作走上制度化、规范化、常态化的轨道。

第八章

广播电视公共服务创新

当代中国进入了全面建设小康社会的关键时期和深化改革开放、加快转变经济发展方式的攻坚时期，文化越来越成为民族凝聚力和创造力的重要源泉、越来越成为综合国力竞争的重要因素、越来越成为经济社会发展的重要支撑，丰富精神文化生活越来越成为我国人民的热切愿望。我们要准确把握当今时代文化发展新趋势，准确把握各族人民精神文化生活的新期待，在全面建设小康社会进程中、在科学发展道路上奋力开创社会主义文化建设新局面。[①] 广播电视媒介作为文化建设的重要组成部分，理应把握当今时代文化发展的新趋势，创新广播电视公共服务。

第一节 广播电视公共服务体系的总体要求

发展公共服务，对于实现人的全面发展，保障人民群众的基本权益，维护社会公平，构建社会主义和谐社会，具有十分重要的意义。因此，国家"十二五"规划进一步强调了政府要履行公共服务职责，坚持以人为本、服务为先，提高政府保障能力，逐步缩小城乡区域间基本公共服务差距。

公共服务的总体要求是，建立健全基本公共服务体系，明确基本公共服务范围和标准，加快完善公共财政体制，保障基本公共服务支出，强化基本公共服务绩效考核和行政问责。要合理划分中央与地方管理权限，健全地方政府为主、统一与分级相结合的公共服务管理体制。与此同时，创新公共服务供给方式，改变政府成为公共服务供给的垄断者的状况，引入竞争机制，扩大购买服务，实现提供主体和提供方式的多元化。推进非基本公共服务市场化改革，放

---

① 《中共中央关于深化文化体制改革推动社会主义文化大发展大繁荣若干重大问题的决定》2011年10月。

宽市场准入，鼓励社会资本以多种方式参与，增强多层次供给能力，满足群众多样化需求。

一、我国文化公共服务体系的基本目标

按照"完善体系、对接制度、提高水平、缩小差距"的总体思路，加快城乡、区域、不同群体间的基本公共服务制度的统一和对接，① 是加快转变经济发展方式等重大战略的客观要求，也是适应公共需求变化趋势、全面建设和谐社会的根本保证。目前，公共文化服务事业投入不足，文化基础设施落后，覆盖面窄，城乡之间、东西部之间文化发展的差距较大，国有文化事业单位机制不活，以及公共文化产品和服务供给不足，严重影响和制约经济社会全面、协调和可持续发展的问题已经是一个不争的事实。

为推动社会主义文化大发展大繁荣，我国公共文化体系的总体要求应是建成覆盖城乡的公共文化服务基础设施网络，为公民提供基本的公共文化产品和服务。文化公共服务是实现公共服务均等化的重要组成部分，是政府在文化服务上弥补市场失灵的重要举措，是衡量一个国家社会文明进步程度的标志，也是惠及全民的文化福利。文化公共服务作为一个系统工程，要不断加强和改善公共文化服务体系的投入机制。一方面是各级政府加大对公共文化的财政投入力度，另一方面，鼓励和吸引社会力量参与投资，兴办公共文化实体，建设公共文化设施，提供公共文化服务和公共文化信息，初步形成以政府投入为主、社会力量积极参与的公共文化投入机制。

党的十六大以来，文化体制改革按照"公益性文化事业"和"经营性文化产业"分类指导的方针进行，在经营性文化领域引入市场机制，实行企业化、产业化经营。随着文化体制改革试点工作的全面展开，国家对广播电视等行业实行经营性业务分离、"转企改制"，逐步开放投资准入门槛，允许社会资本进入等一系列市场化的改革措施出台，目的是促进文化产业大发展大繁荣，加快推进公益性文化事业单位改革，探索建立事业单位法人治理结构，创新公共文化服务运行机制。同时，完善统一、开放、竞争、有序的现代文化市场体系，促进文化产品和要素在更大范围内合理流动。

党的十七届六中全会提出，满足人民基本文化需求是社会主义文化建设的基本任务。必须坚持政府主导，加强文化基础设施建设，完善公共文化服务网

---

① 迟福林、殷仲仪：《加快转变发展方式与"十二五"基本公共服务均等化的基本目标》，《城市观察》2010 年第 5 期。

络，让群众广泛享有免费或优惠的基本公共文化服务。要构建公共文化服务体系，发展现代传播体系，建设优秀传统文化传承体系，加快城乡文化一体化发展。

根据我国国情和公共文化服务事业改革发展的重点，进一步明确公共文化建设的总体目标和阶段性任务，构建与社会主义市场经济和精神文明建设要求相适应、高效而又覆盖全社会的公共文化服务体系，其主要内容应当包含以下几个方面：①

第一，构建国家思想文化理论和文化价值体系的创新机制。要在逐步增加国家公共财政投资力度的基础上，对全球化条件下的政治、文化建设中的理论和实践问题进行综合性、前瞻性的跟踪研究，在继承和发扬民族传统思想文化精华的同时，积极借鉴和汲取世界各民族的优秀思想文化，通过综合性的研究和实践创新，形成具有现代化指向和浓郁的民族特色的文化价值体系。

第二，建立覆盖全社会的公共文化基础设施和文化生态环境。探索公共财政支持公共文化服务事业发展的新型投资机制，以国家公共财政投资为主渠道，综合运用多种投融资工具和多种形式的财税优惠政策，促使各类社会资本和生产要素向公共文化领域合理流动，尽快改变农村和中、西部地区公共文化基础设施和文化生态环境的落后状态，形成公共文化基础设施和文化生态环境由政府与市场混合提供的互动机制，为国家和民族的文化发展提供坚实的物质基础和良好的文化生态环境。

第三，降低门槛引导社会资本和产业资本进入公共文化领域，形成以公有制为主体的公共文化服务事业的混合主体。与此同时，要加大国有文化事业单位的改革力度，深化干部人事制度、收入分配制度和社会保障制度改革，积极探索引入市场机制，转换传统的管办不分、政事不分的事业体制的运行机制，提高公共文化服务的数量和质量，从而取得良好的社会效益。

第四，建立促进公共文化服务事业发展的法律政策支持体系和科学合理的监管体制。要加快公共文化服务的立法建设，制定多种形式的财税优惠政策。同时为解决政府主管部门在监管方面干预过多的"越位"和由于职能交叉而出现的监管"缺位"和"错位"问题，应当按照党的十六大提出的"宏观调控、市场监管、社会管理、公共服务"的政府改革目标，通过对文化宏观调

---

① 齐勇锋：《构建公共文化服务体系探索》http：//www.sdpc.gov.cn/tzgg/shlygg/ t20060430 _ 68003. htm

控部门进行功能分解和优化配置，建立职能科学，机构统一的文化管理机构。

在公共文化体制方面，由于这一领域涉及国家文化主权和文化信息安全问题，必须按照积极稳妥、内外有别、分类指导的方针，既要坚持改革开放，逐步放开市场准入门槛，引入市场竞争机制，同时也要借鉴国际经验，加强文化市场监管，并根据我国的国情做出必要的制度安排，以保证国家的文化主权和文化信息安全。如对国家电台、电视台、广电骨干传输网络、重要的出版社和新闻媒体，要实行国有资本独资经营。对于公共文化事业所涉及的内容导向、行业标准、服务质量和价格、市场行为等方面，政府主管部门要通过制定行业规范，加强市场综合执法，切实监管到位，促使公共文化事业实现健康、有序发展。

在国家财政投资机制方面，要根据公共财政的职能定位，大幅度提高公共文化服务事业的财政预算支出，重点加强哲学社会科学研究、广播电视、新闻出版、国家信息网络等公共文化服务的核心领域，以及农村和中西部公共文化基础设施的投资建设。与此同时，要转变公共财政投资机制，强化投资绩效考核和国有文化资产与资源管理，要以公共财政投资为主渠道，综合运用多种投融资工具和多种形式的财税优惠政策，广泛吸引社会资本和产业资本进入公共文化服务领域，充分调动全社会参与公共文化建设的积极性，加快构建高效率、覆盖全社会的公共文化服务体系。

二、我国广播电视公共服务体系的主要范畴

广播电视公共服务，基本属于社会性公共服务，既具有社会性公共服务的一般属性，也具有公共文化服务的特殊性和作为传播媒介服务的特殊性。它是由政府部门和有关社会组织提供的、以满足人民群众相关公共需求为目标的广播电视服务。这一内涵的表述包括六层意思：一是以保障和实现人民群众基本文化权利为宗旨；二是以满足人民群众基本资讯需求、文化教育和娱乐需求为目标；三是以提高国民思想文化素质、传承民族文化、促进公民文化认同为目的；四是以广播电视传输覆盖网络为物质条件；五是以广播电视频率频道入户为载体；六是以新闻资讯、生产生活信息、文化教育和娱乐等基本节目为内容。广播电视公共服务综合了传输覆盖网络服务、节目内容服务和公共平台服务等多重功能，是政治、经济、社会等与群众生产生活密切相关的各种基本信息和基本文化娱乐服务的总称。在西方广播电视公共服务实践与理论中，除了为国民提供基本的信息、文化教育和娱乐服务需求外，还有一个重要内容，即

提供多元化的文化服务和多元化的声音。①

广播电视公共服务的类型，可分为传输覆盖服务和节目内容服务两大类。其中，传输覆盖服务类的公共服务主要通过无线传输覆盖网络、有线网络、卫星覆盖与接收网络来实现，主要指标是无线覆盖率、有线到达率和卫星入户率。传输覆盖主要反映广播电视公共服务基础设施建设情况及广播电视信号覆盖程度，是"听到、看到"广播电视的最直观体现。广播电视内容类公共服务主要通过广播电视频率频道接收入户以及针对不同人群播出对位的广播电视节目等，反映广播电视公共服务节目设置、内容建设和提供情况，是"听好、看好"广播电视的最直观体现。以提供方式来划分，中国广播电视公共服务可分为基本公共服务和拓展公共服务两类。基本公共服务具有公益性、基础性、普及性、可及性等特征。因此，必须由政府主导，由公共财政保障；拓展公共服务具有公共性、多样性、非盈利性和可及性等特征，应在政府部门的监督下，引入市场机制，通过市场方式来提供。②

广播电视公共服务的供给，根据公共产品的消费属性不同分别对待，区别供给。无线覆盖是向全体公众提供公共服务的基本前提，具有纯公共产品的属性，必须由政府提供，纳入财政预算。在无线覆盖不到的"盲区"，主要采用直播卫星方式，卫星平台建设主要由公共财政负担，用户的接收设备由政府继续给予补助。有线覆盖具有准公共产品的属性，可由市场提供，政府给予政策支持。数字付费电视具有私人产品的属性，可由市场运作，依法监管，政府加强规制。

有线电视虽具有准公共产品的性质，在实践上可以实现排他性的消费，但是仍带有一定的公益性。目前我国有线电视的基本收视维护费实行政府定价，并通过听证会听证，收取一定的初装费和收视维护费，实行一定公益性的有偿服务。但对于边远地区农村有线电视和少数民族语言的有线电视，由于其投入成本过大，国家应给予免税（营业税和所得税）优惠政策，支持其发展。

广播电视公共服务的内容，以满足公众需求和知情权为宗旨，强调公益性的内容传播，着眼于社会效益和为公众服务，区别于商业性的利润至上和消费者为王的传播理念。公共服务内容的价值取向应该包括如下几个方面：节目的

---

① 杨明品、李江玲：《中国广播电视公共服务理论几个基本命题探析》，《中国广播电视学刊》2011 年第 1 期。

② 杨明品、李江玲：《中国广播电视公共服务理论几个基本命题探析》，《中国广播电视学刊》2011 年第 1 期。

普适性，满足不同民族、种族、性别、年龄、地域公众的需求，特别是残疾人、老人、儿童、农民等弱势群体需求；节目的多元化和多样性，呈现意见和观点的多样性，构建公共领域，建构民主讨论的平台；节目的丰富性，注重新闻报道客观性、公正性和不偏不倚，理性平衡各方观点；节目的优质性，强调节目的文化、社会和教育意义，而不是迎合受众的低级趣味；节目的创意性，给予广播电视艺术作品和另类文化展示的空间。

第二节　广播电视公共服务模式的建构

公共服务模式就是谁提供公共服务、提供什么样的公共服务以及怎样提供公共服务的问题，它涉及政府、市场和社会的职能边界。由于各国的历史传统和公共管理的不同，世界上形成了不同类型的公共服务模式，有学者将世界各国的公共服务模式大致划分为三种类型：最低保障与兼顾效率型（美国、德国为典型）、全面公平型（英国和北欧为典型）、效率主导型（新加坡和智利为典型）；[①] 有学者则将公共服务模式区分为公平福利型（英国为代表）、市场主导型（美国为代表）、政府主导下政社合作型（新加坡为代表）；[②] 还有学者将国外公共服务模式区分为市场导向的盎格鲁－撒克逊模式、以社会福利为主的欧洲模式、政府直接干预的东亚模式。[③] 我国应该在吸收西方公共服务模式的优缺点的基础上，建立政府主导、市场和社会共同参与的多中心治理模式。

一、西方国家公共服务的类型

对于政府的职能，西方公共哲学家的认识基本一致，认为政府的作用是弥补市场失灵，只能顺应市场而不是代替市场，即政府的职能是有限的。但是，在政府怎样弥补市场失灵、在哪些方面弥补市场失灵，公共哲学家们却有着不同的认识。诺齐克（Robert Nozick）主张"最弱意义的国家"，主张政府职能仅限于防止暴力、偷窃、欺骗和强制履行契约等功能，征税必须保持在最低的水平，任何比这种功能更多的国家都会侵犯人们的权利。[④] 因而，诺齐克主张

---

① 李军鹏：《政府公共服务模式：国际比较与中国的选择》，《新视野》2004 年第 6 期。

② 顾丽梅：《英、美、新加坡公共服务模式比较研究理论、模式及其变迁》，《浙江学刊》2008 年第 5 期。

③ 刘晓苏：《国外公共服务供给模式及其对我国的启示》，《长白学刊》2008 年第 6 期。

④ Nozick，Robert：Anarchy，State and Utopia［M］，Oxford Basil Blackwell，1974.

的政府公共服务职能仅限于维护市场秩序的职能。哈耶克（Friedrich A. Von Hayek）主张最低限度的政府，政府可以建立保障竞争性市场正常运转的法律框架、实施强制义务教育、保持经济稳定和防止大的衰退、管理外交关系与国防，但是强烈反对政府的再分配功能，只主张有限的济贫功能。① 显然，哈耶克主张的政府公共服务职能不包括比济贫功能更多的福利国家职能。福利国家理论不仅主张政府要保护产权，从事济贫、义务教育等最起码的公正职能；而且进一步主张政府要建立福利国家体系，实行国民收入的再分配。新公共管理理论则认为政府的职责是"掌舵"而不是"划桨"，政府应该集中精力提高国家国际竞争力，集中精力决定国家的发展前途和指引航向；可以由民营企业和非政府组织参与公共服务的供给，实行公共服务的市场化与社会化。

（一）以社会保障制度和公共医疗卫生制度为标准划分的公共服务制度模式②

一是"公平与效率兼顾型"的公共服务模式。这种将政府补贴与工作贡献、市场保障相结合的公共服务模式，强调公平、效率与法治的原则，以及保障待遇与条件实行、贡献与权益相结合的原则。这一模式的主要特征是在政府公平分配的前提下，建立起个人积累为主、政府补助、商业保险辅助的公共服务制度体系，政府的公共补贴主要是保证国民的基本服务需要。

二是"全面公平型"的公共服务模式。这种模式把"公平"作为首要价值理念，它强调以国家为主体，实行对全民的普遍保障。国家承担着保障全体国民的义务和责任，每一个人都享有社会保障的权利。这种模式的公共服务制度覆盖面广、种类多、层次高，公共服务遵循"全民普及、公平公正"的原则，服务保障项目多、体系健全、公民受益面宽。英国公共服务制度基本是全面公平型的制度，强调的是自由经济的"机会平等"，它鼓励个人的自助努力，把国家的保障仅限于"平等的最低生活"。

三是"效率主导型"的公共服务模式。效率主导型的公共服务模式就是通过国家立法等强制手段，以个人或家庭的储蓄来进行自我保障。这种模式国家负担轻，对经济效率产生正面影响，新加坡和智利是其典型。

（二）以政府的职责和范围为标准划分的公共服务供给模式

公共服务供给是政府的重要职责，由于公共服务的范围和性质决定了其不

---

① Hayek, Friedrich A. : The Constitution of Liberty ［M］, Chicago：The University of Chicago, 1960.

② 李军鹏：《公共服务学》，国家行政学院出版社 2007 年版，第 122 页。

可能由市场自发提供，政府担负着不容推卸的责任。但是，由于历史和现实因素的差异，各国政府公共服务的供给模式也有所不同，有学者把各国公共服务的供给也分为三种模式。①

第一，盎格鲁—萨克逊公共服务供给模式。美国和英国是典型代表国家，其鲜明特色在于坚持公共服务的市场导向。从 20 世纪 70 年代后期开始，政府重塑浪潮在世界范围内不断扩展。这是一种以引入市场竞争机制，提高公共管理水平及公共服务质量为特征的管理主义的回归，在旷日持久的宪政主义和管理主义之争中，后者占据了上风。在美国，公共服务开始强调完全按照市场化的原则运作，其中，合同外包被广泛运用于公共服务输出机制中。导入绩效管理也是公共服务改革的重要举措，各执行机构依据公共服务协议提供服务。同时，英国在保持传统福利国家公平理念的基础上，强制性竞争招标等市场化方式也开始引入公共服务供给领域。在这种模式下，各国的非营利组织或非政府组织在公共服务提供领域都发挥了重要的作用，也使公共服务供给更加灵活高效。

第二，欧洲公共服务供给模式。欧洲模式是一种以社会福利为主的公共服务供给模式，包括大陆欧洲模式和北欧模式。在法国和德国等实行欧洲模式的国家，公共服务供给的特色在于政府主导的有限市场化。法国的公共服务供给实体机构包括行政性公共机构和工商性公共机构，前者负责政府政策的实施或管理某项公共服务，涉及社会保障和文化活动等，后者则在保持某种与公共服务联系的同时，在竞争部门开展其所有或一部分有偿业务。北欧各国实行的是北欧福利国家模式公共服务供给，尤其是社会保障和社会福利等核心环节，完全由政府通过高税收和高福利的形式予以承担。近年来，北欧各国在公共事业领域引入市场竞争机制，进一步提高公共服务的效率和质量。采取的主要措施包括打破垄断，扩大资本投资自由，促进行业分化和重组；实行所有权与经营权的分离，以增强国有企业的活力和实力；同时，公共部门购买私营部门的服务和产品，使公共服务价格更加有竞争力等。

第三，东亚公共服务供给模式。东亚模式的重要特征在于政府对公共服务领域的直接干预。以日本为例，政府设立了公务员型的公法人机构，承担体现政府基本职能的基础性社会公益事业，包括重要的文化事业等。从 20 世纪末开始，日本对一些公益性特点不突出的公法人机构实施民营化，或者将有关社

---

① 刘晓苏：《国外公共服务供给模式及其对我国的启示》，《长白学刊》2008 年第 6 期。

会事务以委托方式交给民间主体承担，更多地发挥民间的力量和市场的作用。

上述三种模式的共同特征和基本趋势为我国公共服务改革提供了一些可供借鉴的经验，无论是什么模式，公共服务都是政府责无旁贷的主导者和调节者，也是政府的根本职责。政府作为公共服务的主导者，并非意味着所有的公共服务都是由政府直接生产和提供，要完善政府、非营利组织和市场的有效平衡，形成有效公共服务的组合体，各自在公共服务中发挥着独特的作用。因为"公共官僚部门是以外部对效率的控制无力和内部的激励微弱为特征的"。① 为了克服这个弱点，提升公共服务供给的效率，西方发达国家在公共服务提供中普遍引入了竞争激励机制。一方面，在公共服务供给体系中引入私人资本，按照市场化原则进行运作，通过合同外包、特许经营、凭单等形式，使多元化的服务主体之间形成竞争性的格局。另一方面，公共服务机构实行结果导向的预算制度，将商业会计制度应用于公共部门，赋予执行机构充分自主权，在协商基础上订立绩效合同，完善问责机制和评估体制，大大强化了公共服务提供机构的竞争激励机制，提升了供给的质量和效率。

二、我国广播电视公共服务模式的选择

公共服务是国家与政府的基本职能和政权合法性的基础，"公民对政府所提供的公共物品的数量和质量、时效和成本的满意程度，是他们评价政府的政治合法性程度高低的重要标准"②。公共服务也是政府社会管理职能的重要组成部分，是政府政治职能实现的基础和前提。政府管理理念的变革、政府职能的转换和行政管理体制的改革都推动了公共服务模式的转变。

（一）我国政府公共服务模式发展的参照

新中国成立 60 年来，公共服务模式经历了的深刻的转型，一方面是与经济社会发展相适应的结果，另一方面也是中国共产党和中国政府自觉主动探索为人民服务之实现路径的结果，有学者把中国公共服务的历程划分为如下三个时期（模式）：③

一是集权融合 - 公平至上型公共服务模式（1949 年 ~ 1978 年），这一时期在公共行政层面实行的是政治导向型政府管理模式，表现为以权力单一中心

---

① ［美］D. C. 缪勒：《公共选择理论》，中国社会科学出版社 1999 年版，第 309 页。

② ［德］托马斯·海贝勒等：《城乡公民参与和政治合法性》，中央编译出版社 2007 年版，第 10 页。

③ 李春：《新中国成立以来公共服务模式转型分析》，《中共天津市委党校学报》2010 年第 2 期。

和权力单向度运行为治理机制,① 公平至上的理念与高度集权的计划体制相结合，促成公共服务模式制度设计上的集权融合。"集权"表现为全能型的政府集中统御了公共服务供给的决策、生产和分配等各个环节，"融合"则体现为国家权力对社会、市场领域的高度挤压和涵盖。集权融合还突出表征为公共服务融资渠道单一，基本都来源于国家财政拨款。应当说，这种公共服务模式与建国初期生产力水平低下、社会资源总量极度匮乏的现实国情密切相关，满足了广大人民群众对公共服务的低度需求。然而，这一模式无法发挥服务差异性在调动人们工作积极性方面的作用，形成了一种公共服务满足度普遍偏低的低层次的公平。

二是解制分立 – 效率优先型公共服务模式（1978 年～2003 年）。1978 年改革开放是新中国发展的重要转折点，这个时期的公共服务理念向效率优先、兼顾公平的思想转变，体现对公共服务供给效率的追求。这种解制分立体现在两个方面：第一，政府与市场、社会开始逐步分离，以前由政府及其附属组织单位垄断供给的公共服务开始部分向市场和社会领域开放，尤其是市场机制在公共服务供给中的地位日益凸显；第二，公共服务供给在政府系统内部也开始了以"解制分立"为导向的改革，中央政府逐步将公共服务供给决策权、融资权等分解到各级地方政府。这种模式极大地激发了各级政府以及市场主体和社会主体在公共服务供给方面的能量，推动了公共服务质量和总量的迅速提升。但是弊端也日益显现，一方面，政府对公共服务市场化等的认识不足导致其责任偏失，部分地区出现了政府将公共服务责任向市场和社会甩包袱的情况；另一方面，由于不同地区、不同层级政府财力差距悬殊，导致各地对公共服务的投入极不均衡，损害了公共服务的公平特质。

三是多元竞合 – 均等共享型公共服务模式（2003 年～至今）。2003 年中共十六届三中全会提出科学发展观和完善社会主义市场经济体制的目标和任务，提出加强政府社会管理和公共服务职能。2006 年，中共十六届六中全会把逐步实现基本公共服务均等化作为建设社会主义和谐社会的重要目标和基本任务。基本公共服务均等化，是这一模式的典型特征，其基本价值理念体现在以人为本，以社会公平正义为最高准则，在全国范围内实现公共服务供给的普遍国民待遇。同时，政府逐步从全能政府向有限政府转型，逐步引导企业和社

---

① 褚添有：《嬗变与重构：当代中国公共管理模式转型研究》，广西师范大学出版社 2008 年版，第 139 页。

会公益组织参与到不同层面、不同的领域公共服务的供给。政府、市场、社会等多元供给主体之间形成既相互合作，又相互竞争的局面，有效实现多元主体之间的优势互补。多元竞合－均等共享型公共服务模式的建构是中国共产党执政为民理念的深刻体现，也是中国政府建设服务型政府的必然选择。①

经过对我国不同时期公共服务模式转型的梳理，我们得到如下的启示。

第一，公共服务供给中政府、市场、社会三者关系重构。伴随着政府管理体制转变和政府职能向市场和社会的转移，政府、市场与社会这三种机制在不同领域、不同层面的公共服务供给中有着各自的天然优势，未来中国公共服务模式创新的方向必然是进一步重塑政府与市场、社会之间的职能边界，实现多元主体在公共服务供给过程中的良性互动与有效协同。第二，公共服务供给中政府角色的重塑。政府在公共服务供给中的角色是指政府在公共服务模式中的地位、职能与责任等，政府的地位一直是公共服务的领导者角色，我国政府的职能从集权融合时期的规划者、生产者、分配者等诸多角色于一身的全能型政府，向均等共享时期的公共服务规划者与多元主体协调者的角色转变。政府责任从初期的无限责任到当今的有限责任和首要责任转变。第三，公共服务模式中政府与公民关系的重构。公共服务模式在本质上表征着政府与公民之间的关系，基本公共服务均等化本质是人的权利的均等化。② 与之相联系，随着公民主体性不断增强，作为公共服务需求方的公民不再是被动等待服务供给，而是在公共服务供给决策、分配等环节逐步扮演着日益活跃与主动的角色，基于公民参与和需求表达的公共服务模式将是未来发展的方向。

（二）我国广播电视公共服务模式建构

构建有中国特色的广播电视公共服务模式，强化政府公共服务职能是当前落实科学发展观、全面履行政府、媒体职能的主要内容。公共服务供给应该坚持如下的原则：兼顾效率与公平的原则；普遍性与最低保障的原则；国家、社会、个人相结合的原则；非歧视性的原则。在这一治理模式下，广播电视公共产品的生产和供给存在着多样化的机制，政府的角色主要集中于规则的制定和实施上，营造有利的激励环境、建设与完善市场制度、促进市场的有序运行。

政府公共服务职能应强化"科教优先"的公共服务增长模式，处理好科

① 李春：《新中国成立以来公共服务模式转型分析》，《中共天津市委党校学报》2010 年第 2 期。
② 中国（海南）改革发展研究院：《基本公共服务与中国人类发展》，中国经济出版社 2008 年版，第 360 页。

教型公共服务与转移支付型公共服务的关系，优先完善科教型公共服务。

政府公共服务供给应强化"广覆盖、低水平、兼顾公平与效率"的公共服务消费模式。在我国公共服务发展的过程中，不可能采取西方发达国家的高水平的公共服务消费模式，而应采取"广覆盖、低水平、兼顾公平与效率"的公共服务消费模式。这种模式的基本特点是，在保证最低生活保障的基础上，扩大公共服务的覆盖面，使人人都享有基本公共服务，从而在促进经济增长的同时达到社会公正的效果。统筹城乡公共服务，改变城乡二元结构，使农民享有平等的基本公共服务。与此同时，建立政府与其它公共管理主体共同提供公共服务的多中心治理模式，可弥补政府公共服务供给的不足，从而调动社会各界和各方面力量参与提供集体产品与公共产品的积极性。

广播电视媒体的公共服务模式，要在总结历史经验的基础上，根据当代中国社会发展的特点，确立适合我国国情的公共服务模式。我国从建国到1978年十一届三中全会的召开，为第一阶段的公平至上模式，在此期间广播电视部门由政府全额拨款。由于技术落后和经济贫乏，广播电视无线覆盖率低，家庭拥有广播电视机少，公共服务处于初级阶段。第二阶段从1978年到1992年，广播电视的公共服务采用效率优先、兼顾公平的模式。新闻传媒机构正式开始从意识形态宣传型向宣传与经营并重、双轨制运行的方向发展。① 广播电视开始重视经营，建立了创优和创收评价标准，政府实行差额财政拨款，但这个时期广播电视的播出平台和节目仍强化了广播电视公共服务职能。1992年以来，进入效率与公平统筹发展模式的第三阶段。在中共中央《关于加快发展第三产业的决定》中，要求第三产业做到自主经营，自负盈亏，广播电视被列为第三产业。为迎接加入WTO后国际化的挑战，广播电视开始了产业化和集团化的运作，实行事业单位企业化管理，广告收入大幅增加。由于对利润的原始冲动和监督的缺位，在收视率的盲目崇拜下，一些广播电视媒体一味追求收视率和商业价值，节目的品质和公共服务自觉意识下降，广播电视社会教育功能逐渐式微，广播电视公共服务功能受到一定程度的影响。

随着中国经济社会的发展和对社会发展规律认识的深化，广播电视多重属性得到认可，除意识形态属性和经济属性外，广播电视还具有文化属性和社会属性。也就是说，广播电视不仅是政治行为和经济行为，也是文化行为和社会

---

① 李景源、陈威主编：《中国公共文化服务发展报告》，社会科学文献出版社2007年版，第43页。

行为。基于文化属性，广播电视肩负着文化教育和传承创新的责任，因此，其经营活动不可罔顾文化价值和文化品位。此外，随着政治与社会的分离，特别是随着市民社会的兴起和公共领域的逐步形成，广播电视作为覆盖最广泛、渗透力最强、传播最便捷的大众传媒，其社会属性日益凸显出来，这意味着它必须承载为公共领域服务的责任。这是广播电视必须提供公共服务的内在依据，也是进入新世纪后我国越来越重视广播电视公共服务建设的根本原因。

在我国，广播电视整体上还实行事业体制，虽已受到市场经济的深刻影响，但其文化属性和社会属性不能变，提供公共服务的一元体制和分类运行的格局不能变，作为公共服务应有的广泛性、普及性、共享性原则不能变。这样，在广播电视事业定位与产业发展之间、公共服务与商业服务之间如何协同发展，已成为中国广播电视制度创新的焦点和难点。

针对上述现状，当前我国广播电视公共服务宜采取分类运行、分类监管、统筹效率与公平发展的模式，以实现我国广播电视公共服务体制机制创新。通过前一阶段的探索和实践，我国广播电视公共服务的基本理念在转型阶段逐渐明晰。公共服务作为政府的主要职能之一，主要是为了满足不断增长的社会公共需求，它的提供应遵循公益性、均等性、基本性、便民性四条原则。而广播电视公共服务综合了传输覆盖网络服务、节目内容服务和公共平台服务等多重职能，是政治、经济、社会、文化等与群众生产生活密切相关的各种基本信息和基本文化娱乐服务的总称。如果说市场服务更多的是满足需求的话，公共服务更多的是引导需求。然而，在市场体制条件下，广播电视的商业化运营往往会淡化公共服务的职能，使广播电视公共服务的均等化、公平性受到损害。因此，在我国目前宜采用公共广播电视和商业广播电视分类运行的体制，在现有的各级广播电视媒体中，明确公共和商业广播电视频率（道）各自的职责，实行分类的监管，这样可保证效率与公平统筹发展。

当前公共服务的主要任务是加大公益性的广播电视内容制作和播出，建立公共服务长效机制。我国广播电视公共服务以公共利益为出发点和落脚点，坚持公共服务的公益性，在国家"文化事业和文化产业"并行不悖的发展路径下，应加强如下服务供给：第一，保护公民的基本文化权利，即基本的广播电视覆盖要求和节目的内容供给需求，保障公民享有收听收看广播电视的权利，包括基本的信息服务、教育服务和娱乐服务。第二，对传统优秀的民族文化的传承和创新。文化是一个民族的基因，是国家存在的形式之一，民族文化传承和创新难以通过市场来达成，更多的要通过公共服务来实现。第三，弥补市场失灵。市场具有逐利性，对无利可图的事情往往不干，例如对缺少广告价值人群的节目服务、对具有巨大文化效益而缺少经济效益的节目制播，市场不愿做、做不了，而这些是社会必需的，就需要由公共服务来提供。最终的目的是实现广播电视公共服务均等化，满足所有人的基本收视收听权利。

第三节　广播电视公共服务体系的完善与创新

我国政府改革已经进入以公共服务为中心的结构性改革阶段，在此基础上努力实现以公共服务为中心的政府转型。广播电视公共服务是建设公共服务型政府的重要方面，是文化公共服务的重要内容，是一个国家文明程度和和谐发展的重要标志。广播电视公共服务是一个复杂的系统工程，只有创新体制与机制，才能保障公共服务的可持续发展。[1]

一、体制创新：公益性事业与经营性产业分营

文化是国家的血脉和灵魂，是民族凝聚力、创造力的重要源泉，是经济社会发展的重要支撑，也是国家综合国力的重要因素。但是，长期以来，制约文化发展的一个重要因素就是文化体制制约，混淆了公益性文化事业和经营性文化产业的区别。政府主导的公益性文化长期投入不足，应该由市场主导的经营性文化产业进入壁垒森严，束缚了文化产业的发展动力。

2002 年党的十六大做出了深化文化体制改革，发展文化事业和文化产业的战略部署，明确发展文化事业和文化产业，不仅需要政府加大投入，而且要转变政府的职能，由"办文化"转到"社会管理和公共服务"上来，逐步建立有利于调动文化工作者积极性，推动文化创新，多出精品，多出人才的文化管理体制和运行机制。公益性文化事业的基本思路是政府为主导，增加投入，转换机制，增强活力，改善服务，实现和保障广大人民群众的基本文化权益，逐步形成覆盖全社会的比较完备的公共文化服务体系。经营性文化产业的基本思路是面向市场，壮大实力，满足人民群众多方面、多层次、多样性的精神文化需求，推进"转企改制"，引入市场机制，建立现代企业制度，完善法人治理结构，推动跨地区跨行业兼并重组，使文化产业成为国民经济的支柱产业。

大力发展文化事业，一方面，要增强公共文化产品和服务的供给，建立健

---

[1]　石长顺、程洪涛：《中国广播电视公共服务体系建构》，《河南社会科学》2010 年第 5 期。

全公共文化服务体系，各级政府加大对公共文化的财政投入力度，同时鼓励和吸引社会力量参与投资，兴办公共文化实体，建设公共文化设施，提供公共文化服务，实施公益性文化事业的税收减免政策，初步形成以政府投入为主、社会力量积极参与的公共文化投入机制，建立健全公共文化服务体系。另一方面，加快推进公益性文化事业单位改革，探索建立事业单位法人治理结构，创新公共文化服务运行机制。大力发展公共文化事业主要的领域包括，鼓励扶持少数民族文化产品创作生产；注重满足残疾人等特殊人群的公共文化服务需求；以农村基层和中西部地区为重点，继续实施文化惠民工程；改善农村文化基础设施，支持老少边穷地区建设和改造文化服务网络；完善城市社区文化设施，促进基层文化资源整合和综合利用；实施广播电视"村村通"、"西新工程"等重大文化惠民项目。总而言之，发展文化事业就是要建立覆盖城乡的公共文化服务基础设施网络，提供基本的公共文化产品和服务。

实现公益性事业与经营性产业分类运行，前者是事业单位，归政府管理，后者归于市场，成为市场主体。在新的融合传媒生态下，规制手段要从行政管理向产业规制转变。规制思路是，政府管公平，市场管效率，例如在广电领域，政府就要负责传输成本高的地区的广播电视信号覆盖，完善"村村通工程"和"西新工程"，加强对弱势群体、农村以及正外部性的节目的供给，实现信号传输和内容供给的公共服务均等化。广电领域要在网络传输和节目制作领域引入竞争机制，剥离可经营性资产，实行制播分离，按照产业发展的思路进行规制，引入业外资本，形成多元化的投资体系。同时对节目进行科学规划、评估、审核、购买和播出，建立统一、开放而竞争的节目市场。在广电传输业务环节放松市场准入，实现电信网和广电网互联互通、双向进入。总之，传媒产业要剥离可经营性资产，建立现代企业制度，进入资本市场融资扩张，放松跨行业的兼并、收购和重组，建立跨媒体、跨地区的传媒集团，实现规模化和集约化生产。当前，为了促进文化体制改革的全面展开，国家深入推进经营性文化单位"转企改制"，建立现代企业制度，完善统一、开放、竞争、有序的现代文化市场体系，促进文化产品和要素在更大范围内合理流动。同时建立健全符合文化企业特点的国有文化资产管理体制和运行机制，加快完善版权法律政策体系，提高版权执法监管能力，严厉打击各类侵权盗版行为。

二、财政创新：政府主导、多元支持

公共服务的财权配置应根据各级政府的公共服务职能来确定，合理划分中央与地方的财权，适当安排政府间关于公共服务的财政收支，使各级政府的财权与事权相匹配。公共服务的事权配置是财权配置的基础，而财权配置又是事权履行的保证。改革政府间的财权配置应该合理划分政府间税收权限，改革转移支付制度。同时，扩大公共服务机构融资渠道，化解基层政府的财政风险，建立协调发展基金。①

建立公共服务的运营机制必须要创新公共服务的财源模式，优化财源政策，保障充裕的公共服务资金、降低公共服务成本、提高公共服务质量。在国家财政投资机制方面，要根据公共财政的职能定位，提高国家对公共文化事业的财政预算的支出，重点加强广播电视、国家信息网络等公共文化服务的核心领域，以及农村和中西部公共文化基础设施的投资建设。与此同时，要转变公共财政投资机制，强化投资绩效考核，要以公共财政投资为主渠道，综合运用多种投融资工具和多种形式的财税优惠政策，广泛吸引社会资本和产业资本进入公共文化服务领域，充分调动全社会参与公共文化建设的积极性，加快构建高效率、覆盖全社会的公共文化服务体系。现阶段要从以下几个方面创新公共服务的财源体制，实现公共服务均等化。②

第一，要完善公共财政体制，缩小公共服务差距，实现供给方式的多样化。

公共财政在促进经济社会全面、协调和可持续发展，满足社会公共需要和提供有形或无形的公共产品和公共服务等方面应发挥更加重要的作用。通过增强财政实力来增加公共产品和公共服务的投入，改善发展环境。要逐步健全和完善公共财政框架，调整优化支出结构，逐步提高财政的保障能力，履行政府在社会公益事业等方面的责任。为了有效地利用公共资源提供公共服务，应通过公共服务体制创新，实现供给方式多样化。

第二，调整财政支出结构，预算安排要保证重点支出需要。各级财政部门要体现公共财政的要求，在调整支出结构力度上下大力气，不但要在调整项目结构上下功夫，而且还要加大部门内部支出结构调整的力度。支出预算要按公共需求顺序安排，保证广播电视公共服务支出法定比例增长。

第三，重视提供公共服务的成本效益、建立财政支出绩效考核体系。一要明确可衡量的绩效目标和任务；二要使权责配置和资源运用与目标任务相配套；三要进行评估。在我国，政府服务尚未实行严格意义上的绩效管理。而建

---

①　刘厚金：《公共服务财权配置的问题分析与改革策略》，《行政论坛》2009 年第 5 期。
②　吴丽芬：《完善政府公共服务的财政对策》，《决策与信息》2006 年第 5 期。

立财政支出绩效评价体系，实质上是建立一套完整的政府行为约束机制，使政府各部门以可操作、可量化的形式，注重成本与效益管理。这是财政经济管理由粗放型管理向量化指标体系管理转换的重要一环。财政支出绩效评价指标体系是开展绩效评价工作的中心环节，设计一套科学、合理的指标体系，是有效开展绩效评价活动的前提，可以避免将绩效评价工作流于形式，切实取得一定的效益。

基本公共服务均等化已成为完善公共财政体制，推动经济社会全面、协调、可持续发展的重要指导原则与基本导向。为实现基本公共服务均等化，满足社会公众对基本公共服务的需求，需要不断完善公共财政体系，明确中央与各级地方政府在基本公共服务供给中的职责，加大对基本公共服务的财政投入力度，完善政府间转移支付制度及县乡财政管理体制，形成可持续的基本公共服务财政支持机制。①

三、供给创新：多元机制、多元供给

从西方公共管理理念的变化来看，公共产品的供给出现了自由主义和干预主义两大派别交替发挥作用的过程。无论是自由主义还是干预主义，都既不否认政府和公共部门的作用，也不否认市场机制配置资源的基础性作用，只不过在不同时期强调的侧重点不同而已。在公共服务领域引入市场机制，采取中央政府和地方政府，政府与非政府公共服务机构分权的形式竞争性地提供公共产品和公共服务，形成以政府为主的多元机制已成为目前国际上普遍的做法。公共机构提供公共产品和公共服务，但是不一定必须介入生产事务，可以采取政府采购、委托私营部门生产等多种方式，同时，还可以在不同公共机构之间展开竞争来降低成本，提高服务的数量和质量。

市场经济的发展使得公共产品和公共服务体制在具体的运营形式上有了更大的灵活性。萨瓦斯在区别供应与生产的基础上，总结了公共服务供给的十种不同的制度安排，他们分别是：（1）政府服务，即政府同时扮演着公共服务的生产者和安排者双重角色。（2）政府出售，是指政府将自身拥有的一些公共服务资源，通过市场化途径出售给私人部门使用。（3）政府间协议，即政府之间或行政部门之间达成协议，由某个政府或行政部门支付费用，委托或雇用另一个政府或行政部门提供某些公共服务。（4）合同承包，是指政府与私

---

① 彭健：《基本公共服务均等化视角下的财政体制优化》，《财经问题研究》2010 年第 2 期。

人企业、非营利组织签署关于服务的生产合同。（5）特许经营，是指政府将垄断性特权给予某个私营企业，让它在特定领域里提供特定公共服务。特许经营通常由政府实施一定的价格管制。（6）政府补助，是指政府对一些收费性的准公共服务的生产者提供补贴。政府补贴可以通过补助和凭单两种不同的方式实施。其中，补助是对生产者的补贴，凭单是对消费者的补贴。（7）凭单制，即政府对特定公共服务的消费者给予专门补贴。（8）自由市场，是指政府在基本不介入的情况下，由消费者自行安排某种服务并选择生产者。（9）志愿服务，是指由志愿人员和慈善组织提供的公共服务项目。（10）自我服务，是指个人通过自我帮助、自给自足的方式提供公共服务，它是公共服务的最原始供给方式。① 以上10种公共服务的供给方式中只有政府服务和政府间协议的生产者和安排者是公共部门，其他的都涉及私人部门，这些方式可以单独使用，也可以混合使用，形成多中心的制度安排。这种多中心供给机制并不意味着政府可以放弃公共服务的安排责任，但政府履行责任的方式却发生了变化。正如萨瓦斯所指出的，公共服务提供或安排与服务生产之间的区别十分重要，它是整个民营化概念的核心，是政府角色界定的基础。所谓公共服务的民营化，其实就是表明，对于那些属于政府天职的公共服务，政府应该是个安排者，决定什么应该通过集体去做、为谁而做、做到什么程度和水平、怎样付费等问题。

目前，我国公共文化产品和服务的供需矛盾比较突出，文化生产力落后，构建多元化的公共服务多中心治理模式势在必行。可以通过以下方式寻求解决，包括公共财政直接投资，由公共文化机构生产并提供公共文化产品和服务；产业政策扶持，包括税收减免政策、财政补贴政策等，在政府加强监管的前提下，支持社会资本投资生产并提供公共文化产品和服务；委托生产，政府和公共文化机构根据公众需求，通过制定行业和产品标准规范，委托有资质、有信誉的社会机构生产和提供政府规划指定的公共文化产品和服务；特许经营，政府文化主管部门在严格审查文化企、事业单位的资质、信誉的基础上，通过严格的审批制度和市场监管，对某些需要实行特殊监管的准公共文化行业、文化产品和服务实行特许经营，促使其向社会提供合格、健康的公共文化产品和服务；公共文化项目外包，少数缺乏管理和运营能力的准公共文化机构，可以采取政府或公共文化机构提出运营目标，并给予相应的财政或经费补

---

① 杨宏山：《公共服务供给与政府责任定位》，《中州学刊》2009年第4期。

贴，把公共文化项目整体对外承包，以及从市场招聘项目负责人等多种市场化的方式来搞活经营管理，提高运营效率。①把市场竞争机制引入到公共文化服务中来，有利于改变我国公共文化服务领域的长期的单一国有投资体制，以及由此引起的投资效率低下、基础设施落后和城乡二元机构的问题。

总之，公共服务供给中政府失灵、市场失灵与社会失灵的同时存在造成了公共服务供给效率、效益和质量的低下。为了探寻公共服务的有效供给之道，我们需要突破在市场、政府与社会之间做出非此即彼选择的惯性思维模式，借鉴新公共管理、治理理论等分析工具，构建我国公共服务供给的一主多元型新模式。这一模式势必需要我国政府实现从直接生产者的单一角色向兼任生产者、安排者和培育者的动态角色转换。②

四、服务创新：均衡发展、均等服务

长期以来，我国推行以工业为主导的城市偏向型的非均衡发展模式，这种模式对我国的经济社会造成了诸多的负面效应，进一步强化了城乡二元经济结构，使得贫富差距拉大，基层政府财政危机，经济社会发展严重失衡。中国共产党十六届六中全会明确提出："完善公共财政制度，逐步实现基本公共服务均等化。"所谓公共服务均等化，是指各级政府及其公共财政要为不同居住区域或不同社会阶层提供基本均等的公共物品与服务。对社会公众而言，是指一国范围内的全体居民应当享有水平大致相当的基本公共服务，要将公民文化方面的差距控制在可以接受的范围之内，在公共服务领域中保障社会成员的基本权利相对平等地实现。

公共服务均等化的制度设计应围绕促进基本消费平等化而展开。基本消费均等化是公共服务均等化的直接目的，是中国实现基本公共服务均等化的要义所在。就是政府为社会提供的公共服务应该"人人有份，大体均等"。从基本公共服务体系来分析，根据政府提供服务的性质和类型来看，有四大领域可以划在基本公共服务之列：一是底线生存服务，包括就业服务、社会保障、社会福利和社会救助；二是公众发展服务，包括义务教育、公共卫生和基本医疗、公共文化体育；三是基本环境服务，包括居住服务、公共交通、公共通信、公用设施和环境保护；四是基本安全服务，包括公共安全、

①　齐勇锋：《公共文化产品6大提供方式》，《北京日报》2007年第8期。
②　许继芳、周义程：《公共服务供给三重失灵与我国公共服务供给模式创新》，《南京农业大学学报（社会科学版）》2009年第9期。

消费安全和国防安全等领域。① 广播电视公共服务应当涉及公众发展服务和基本环境服务之列。

加快基本公共服务均等化，是"十二五"时期转变发展方式的基本前提。"十二五"时期，我国将面临着调整经济结构、转变发展方式、基本建成全面小康与和谐社会等重大战略目标，而加快公共服务均等化是实现这个战略目标的重要途径。基本公共服务具有社会财富再分配功能，是分配公共资源的主要渠道，使全社会成员更加公平地分享基本公共服务，提高公众的消费能力，实现以国民收入和人的自身发展为导向的重要路径。加快广播电视基本公共服务均等化，也是全面实现小康与和谐社会建设、保障全体社会成员在分享发展成果上的权利公平、机会公平、规则公平和分配公平。

五、载体创新：新兴媒体补充、公共传播加强

2013 年 1 月 15 日在京发布了第 31 次《中国互联网络发展状况统计报告》（以下简称《报告》）。《报告》显示，截至 2012 年 12 月底，我国网民规模达到 5.64 亿，全年共计新增网民 5090 万人。互联网普及率为 42.1%，较 2011 年底提升 3.8%。与此同时，我国手机网民数量快速增长，2012 年我国手机网民数量为 4.2 亿，年增长率达 18.1%，远超网民整体增幅。此外，网民中使用手机上网的比例也继续提升，由 69.3% 上升至 74.5%，其第一大上网终端的地位更加稳固。《报告》还显示，截至 2012 年 12 月底，我国微博用户规模为 3.09 亿，较 2011 年底增长了 5873 万，网民中的微博用户比例达到 54.7%。手机微博用户规模 2.02 亿，占所有微博用户的 65.6%，接近总体人数三分之二。此外，随着数字技术的发展，广播电视视听新媒体发展迅速，包括网络电视、IPTV、手机电视、楼宇电视、户外大屏电视等延伸了广播电视的社会功能，强化了广播电视无缝覆盖优势，为新媒体在公共服务中发挥重大作用提供了可能，从而成为公共服务中的重要一环。因此，应充分发挥新媒体在传播公共信息，应对突发事件处置，构建公共领域以及满足受众知情权等方面更大的作用。

一是加强新媒体突发公共事件的传播力度，满足受众对突发公共信息的需求。新媒体具有覆盖范围广，传播方式多样，交互性强，在速度和内容上具有强大优势，这些特性为新媒体在公共服务领域的作用奠定了坚实的基础，为公

---

① 庞力：《我国基本公共服务均等化研究综述》，《湖南社会科学》2010 年第 3 期。

共利益的表达提供了一个非常广阔的平台。例如，2011年春节期间的"微博打拐"行动就充分说明新媒体在公共事件传播中的作用，此项行动经过网友的热心转发，形成了强大的舆论力量，掀起了打拐狂潮。

加强新媒体在突发事件以及灾难事件中的传播优势，建立新媒体在自然灾害中的预警机制和在突发事件中的应急机制，使新媒体成为应急信息通道。例如，日本地震主管部门全权负责手机短信预警系统，手机用户在特定范围内将会收到灾难预警短信，在突发灾难降临之前该局会通过短信通知用户尽快逃离危险地带。在国内，上海、北京、辽宁、福建、浙江等地也都建立了相应的灾害天气预警机制。基于各地的成功经验，民政部正在考虑在全国推广和健全手机短信预警预报机制，在手机越来越普及的情况下，手机平台将成为预警及应急机制中不可或缺的一个部分。另外，在应对公共危机事件中，政府也可利用手机平台，使民众尽快了解实情。2011年日本地震导致的核电站爆炸，引发了我国部分市民"抢碘盐、防辐射"的风波，后发展成为一件轰动社会的公共事件，各相关部门采取紧急措施，包括通过手机短信向公民提供正确的抗辐射方法和知识，在很大程度上减轻了这种不理智行为产生的危害影响。

二是加强新媒体新闻、文化、教育类信息的传播，满足受众多样化的文化需求。对于新媒介来说，多元化和更加便捷的传播途径，能够将知识以更简化的方式传递给公众。除此之外，新媒介的自主选择性强，受众在接收内容上始终占主导地位，能够进行选择性的阅读，从而使新媒体在教育信息传播中发挥重大作用。

目前我国新媒体的内容传播出现了过度低俗化、娱乐化、商业化的趋势，甚至成为了满足情感宣泄和满足窥视欲的平台，损害了公共利益。新媒体要成为公共服务的平台，使公共服务的价值最大化，真正地体现民意，维护公共利益，必须从以下几个方面加强：首先，要加强对文化产品创作生产的引导，"真正从群众需要出发，继承和发扬中华文化优良传统，吸收借鉴世界有益文化成果，推出更多深受群众喜爱、思想性艺术性观赏性相统一的精品力作。"①其次，引导广大新闻工作者和网民自觉践行社会主义核心价值体系，坚持社会主义先进文化前进方向，坚决抵制庸俗、低俗、媚俗之风。对于新闻工作者来

---

① 文化部长蔡武连发六问谈"反三俗"：《不能听之任之》，中新网2010年8月6日，http://www.chinanews.com/cul/2010/08~06/2452548.shtml

说，媒体应当担负起社会引导者和把关人的责任，自觉地传播更有教育意义的内容。同时强调媒体职业精神，强化对媒体和从业人员的行业自律，着力提高新闻从业人员的自身素质，强化从业人员的素质要求。此外，要完善网络法规，为新媒介的公共服务提供一个合理的制度依据和保障。

三是加强新媒体公共信息的议程设置，建构公共领域和推动民主进程，提高受众的媒介素养。公共领域对于民主、平等是必不可少的过程，是公众参与社会政治、经济和文化生活的体现。在这个过程中，公众正是通过媒介获得参与社会公共生活所需的各种信息，进而就社会政治经济问题发表意见，形成舆论等，并最终约束或抑制各种政治经济利益集团对公共利益的损害。在形成公共领域的过程中，新媒介的作用不可忽视。新媒体在传播方式上双向性强，传受双方通过交流，频繁进行位置互换。例如各种论坛成为很多民众选择表达自我意见的最佳平台，互动性高，参与度强，人人都成为了传播者，普通民众通过新媒体参政议政，参与决策，在维护公共利益的同时，促进民主，增进和谐。

事实上，新媒体对于促进政府的信息公开，改进政府的工作，满足公民的知情权，为公民积极参政议政，实现舆论监督提供了十分重要的条件。当前，以互联网为平台的电子政务建设在各地陆续启动，可以更广泛地开辟信息公开的渠道，促进公共信息的传播与共享。微博的盛行，也使每一个人都成为信息的自由发布者，这种交互传播，形成信息共享，具有十分强大的舆论形成能力，从而能够充分而真切地体现民意。但是，新媒体作为公共信息平台，由于缺乏"把关人"，经常造成信息失真。鉴于这种情况，必须合理有效地利用手机媒体，加强舆论监管，政府有责任监管净化手机媒体内容，保障手机网络安全，使其健康有序地发展。

四是消除"知沟"现象，满足受众对新媒体的使用权和接近权。早在1974 年，传播学家 N. 卡茨曼就着眼于新传播技术的发展提出了"信息沟"理论，他认为，新传播技术的采用将带来整个社会的信息流通量和接触量的增大，这对每一个社会成员来说都是如此，但新传播技术的采用所带来的利益并非对所有社会成员都是均等的。新媒体在传播过程中，出现了高教育程度化、年轻化和富人化的特点，影响了新媒体的接近权和使用权。

为了消除"知沟"现象，实现新媒体的均等化需求，政府必须尽快采取办法，让各社会阶层都能够享受新媒介带来的服务，营造公共服务的环境，使信息传播均等化。首先，加大对西部地区和农村信息基础设施的投入，国家应在购买家用电脑、数字电视收费及通信费上对经济落后的西部和农村地区实行特殊的扶持政策，促进基础信息共享，优化信息资源结构，为更多的社会成员提供均等的接受信息和知识的机会。其次，必须加强对全社会的媒介素养教育。媒介素养直接影响媒介的使用能力，地区间"信息鸿沟"的形成与地区间的居民在媒介素养之间的差距有着很大的关系。因此，仅有信息基础设施和接收设备等"硬件"的改善是不够的，还要有新媒介使用知识和技能等"软件"的普及。通过加强对全社会媒介素养的培养和教育，提高新媒体公共服务的到达率和覆盖率，以延伸和拓展广播电视公共服务的功能。

参考文献

一、中文文献：

（一）著作类：

1. ［德］托马斯·海贝勒等：《城乡公民参与和政治合法性》，中央编译出版社 2007 年版。

2. ［法］皮埃尔·布尔迪厄：《关于电视》，辽宁教育出版社 2000 年版。

3. ［美］D. C. 缪勒：《公共选择理论》，中国社会科学出版社 1999 年版。

4. ［美］E. R. 克鲁斯克：《公共政策词典》，上海远东出版社，1992 年版。

5. ［美］埃德温·埃默里、迈克尔·埃默里：《美国新闻史》，中国人民大学出版社 2009 年版。

6. ［美］保罗·撒缪尔森、威廉·诺德豪斯、肖琛译：《经济学》，人民邮电出版社 2008 年版。

7. 珍妮特·V. 登哈特、罗伯特·B. 登哈特、丁煌译：《新公共服务——服务，而不是掌舵》，中国人民大学出版社 2010 年版。

8. ［英］吉莉安·道尔、李颖译：《理解媒介经济学》，清华大学出版社 2004 年版。

9. 《2010 中国广播电视年鉴》，中国广播电视年鉴社 2010 年版。

10. 曹璐：《广播新闻理念与实务创新研究》，中国广播电视出版社 2007 年版。

11. 曹晚红：《德国双轨电视制度研究》，中国广播电视出版社 2009 年版。

12. 褚添有：《嬗变与重构：当代中国公共管理模式转型研究》，广西师范大学出版社 2008 年版。

13. 高慧军：《电视服务的供给与监管》，中国经济出版社 2007 年版。

14. 郭镇之：《中外广播电视史》，复旦大学出版社 2008 年版。

15. 国家广播电影电视总局：《国外广播影视体制比较研究》，中国国际广播出版社 2007 年版。

16. 国家广播电影电视总局发展研究中心：《2010 中国广播电影电视发展报告》，新华出版社 2010 年版。

17. 国家广电总局发展研究中心课题组著：《中国农村广播影视公共服务》，中国广播电视出版社 2008 年版。

18. 何勇：《德国双轨电视制度研究》，中国传媒大学出版社 2010 年版。

19. 洪丽：《公共广播收入模式研究》，中国广播电视出版社 2010 年版。

20. 胡正荣、李继东：《中国广播电视公共服务体系：目标与实践研究》，中国广播电视出版社 2010 年版。

21. 胡正荣主编：《中国广播电视发展战略》，北京广播学院出版社 2003 年版。

22. 李继东：《英国公共广播政策变迁与问题研究》，中国传媒大学出版社 2007 年版。

23. 李景源、陈威：《中国公共文化服务发展报告》，社会科学出版社 2009 年版。

24. 李军鹏：《公共服务型政府》，北京大学出版社 2004 年版。

25. 李军鹏：《公共服务学——政府公共服务的理论与实践》，国家行政学院出版社 2007 年版。

26. 李良荣：《新闻学概论》，复旦大学出版社 2001 年版。

27. 李志坚：《中国电视公共服务的传输体系研究》，上海交通大学出版社 2010 年版。

28. 梁宁、范春燕：《媒介法教学参考资料》，清华大学出版社 2004 年版。

29. 林洪美：《中国媒介组织绩效评估研究》，厦门大学出版社 2009 年版。

30. 刘厚金：《我国政府转型中的公共服务》，中央编译出版社 2008 年版。

31. 陆地：《世界电视产业市场概论》，中国人民大学出版社 2001 年版。

32. 毛少莹：《论公共文化服务中的“公共治理结构”》，2008 年深圳文化蓝皮书，中国社会科学出版社 2008 年版。

33. 彭芸：《汇流时代的电视产业及观众》，五南图书出版股份有限公司 2004 年版。

34. 秦建等译：《日本广播电视手册》，中国广播电视出版社 2002 年版。

35. 沈卫星：《受众视野中的文化多样性》，北京师范大学出版社 2010 年版。

36. 石长顺：《当代电视实务教程》，复旦大学出版社 2007 年版。

37. 石长顺：《公共电视》，武汉大学出版社 2007 年版。

38. 时统宇：《电视批评理论研究》，中国广播电视出版社 2003 年版。

39. 孙晓莉：《中外公共服务体制比较》，国家行政学院出版社 2007 年版。

40. 唐纳德·M. 吉尔摩等著、梁宁等译：《美国大众传播法：案例评析（下册）》，清华大学出版社 2002 年版。

41. 唐亚明、王凌洁等：《英国传媒体制》，南方日报出版社 2007 年版。

42. 田韶华、严明、赵双阁：《传媒产业法律规制问题研究》，中国传媒大学出版社 2009 年版。

43. 涂昌波：《广播电视法律制度概论》，中国传媒大学出版社 2008 年版。

44. 汪晖、陈燕谷主编：《文化与公共性》，上海三联书店 1998 年版。

45. 王德海主编：《发展传播学》，中国农业科学技术出版社 2003 年版。

46. 吴飞：《新闻专业主义研究》，中国人民大学出版社 2009 年版。

47. 吴克宇：《电视媒介经济学》，华夏出版社 2004 年版。

48. 吴曼芳：《媒介的政府规制》，中国电影出版社 2008 年版。

49. 赵玉明、艾红红：《中国广播电视史教程》，中国广播电视出版社 2009 年版。

50. 郑涵、金冠军：《当代西方传媒体制》，上海交通大学 2008 年版。

51. 中国（海南）改革发展研究院：《基本公共服务与中国人类发展》，中国经济出版社 2008 年版。

（二）期刊类：

1. 蔡立辉：《西方国家政府绩效评估的理念及其启示》，《清华大学学报（哲学社会科学版）》2003 年第 1 期。

2. 段京肃：《社会发展中的阶层分化与媒介的控制权和使用权》，《厦门大学学报（哲学社会科学版）》2004 年第 1 期。

3. 顾丽梅：《英、美、新加坡公共服务模式比较研究理论、模式及其变迁》，《浙江学刊》2008 年第 5 期。

4. 郭镇之：《欧洲公共广播电视的历史遗产及当代解释》，《国际新闻界》1998 年第 5 期。

5. 贾凌民、吕旭宁：《创新公共服务供给模式研究》，《中国行政管理》2007 年第 4 期。

6. 李安安：《文化工业下的新闻娱乐之舞》，《青年记者》2007 年第 1 期。

7. 李春：《新中国成立以来公共服务模式转型分析》，《中共天津市委党校学报》2010 年第 2 期。

8. 李军鹏：《政府公共服务模式：国际比较与中国的选择》，《新视野》2004 年第 6 期。

9. 刘厚金：《公共服务财权配置的问题分析与改革策略》，《行政论坛》2009 年第 5 期。

10. 刘祥平、肖叶飞：《制播分离时代的广播电视产业变局》，《当代文坛》2010 年第 5 期。

11. 刘晓鹏：《欧洲公共广播电视的困局与出路》，《新闻大学》2005 年第 2 期。

12. 刘晓苏：《国外公共服务供给模式及其对我国的启示》，《长白学刊》2008 年第 6 期。

13. 陆地、高菲：《我国建立公共电视的总体思路、模式、路径》，《声屏世界》2005 年第 8 期。

14. 庞力：《我国基本公共服务均等化研究综述》，《湖南社会科学》2010 年第 3 期。

15. 彭健：《基本公共服务均等化视角下的财政体制优化》，《财经问题研究》2010 年第 2 期。

16. 石长顺、程洪涛：《中国广播电视公共服务体系建构》，《河南社会科学》2010 年第 5 期。

17. 石长顺、石永军：《论新兴媒体时代的公共传播》，《现代传播》2007 年第 4 期。

18. 石长顺、姚洪磊：《论中国广播电视公共服务的历史使命》，《南方电视学刊》2009 年第 1 期。

19. 吴丽芬：《完善政府公共服务的财政对策》，《决策与信息》2006 年第 5 期。

20. 夏大慰：《产业组织与公共政策：可竞争市场理论》，《外国经济与管理》1999 年第 11 期。

21. 项继权：《基本公共服务均等化：政策目标与制度保障》，《华中师范大学学报》2008 年第 1 期。

22. 肖叶飞、栾颖：《中西电视制播制度比较分析》，《传媒》2010 年第 5 期。

23. 许继芳、周义程：《公共服务供给三重失灵与我国公共服务供给模式创新》，《南京农业大学学报（社会科学版)》2009 年第 9 期。

24. 杨飚：《健全农村广播电视公共服务体系——基于四川省的案例分析》，《西南民族大学学报》2009 年第 1 期。

25. 杨乘虎：《中国广播电视公共服务体系建设三论》，《现代传播》2008 年第 1 期。

26. 杨宏山：《公共服务供给与政府责任定位》，《中州学刊》2009 年第 4 期。

27. 杨明品等：《创新农村广播影视公共服务的制度安排》，《中国广播电视学刊》2007 年第 6 期。

28. 袁侃、周怡：《西方公共广播电视体制变迁研究——以 BBC 为例》，《青年记者》2005 年第 11 期。

29. 张国涛：《广播电视公共服务的基本内涵》，《现代传播》2008 年第 1 期。

30. 张海涛：《努力构建覆盖城乡的广播影视公共服务体系》，《中国广播电视学刊》2007 年第 6 期。

31. 张毓强：《角色与责任：西方广播电视与公共服务》，《现代传播》2008 年第 1 期。

32. 张振华：《农村广电公共服务体系建设应该提速》，《中国广播电视学刊》2007 年第 6 期。

33. 张政法：《关于中国广播电视公共服务的战略思考》，《中国广播电视学刊》2008 年第 6 期。

34. 张志：《日本广电媒介制度的经济学审视》，《国际新闻界》2003 年第 1 期。

35. 赵民：《从白晓燕案看新闻职业道德的自律》，《中国记者》1997 年第 11 期。

36. 贾保华：《中央台该不该做广告》，《中国经济时报》2002 年 6 月 1 日。

37. 温家宝：《提高认识统一思想，牢固树立和认真落实科学发展观》，人民日报 2008 年 3 月 1 日。

二、英文文献：

1. Andrew Goodwin, Garry Whannel, Understanding Television: Studies in Culture and Communication, 11 new fetter lane, London EC4P 4EE. 1990, p. 20 ~ 21.

2. BBC – Annual Report and Accounts 2009 ~ 10 – Executive income and expenditure. files

3. Beterj. humphreys. media and media policy in germany. USA: oxford providence. 1994. p. 4

4. Erwin G. Krasnow& Jack N. Goodman, The Public Interest Standard: The Search for the Holy Grail, 50 Federal Communication Law Joural 605 (1998)

5. Franklin, Bob. (2001) . British Television Policy: A Reader. London : Routledge. p. 9.

6. Graham, A. and Davies, G. Broadcasting, Society and policy in the multimedia Age, Luton: John Libbey. 1997, p. 19

7. Hayek, Friedrich A. The Constitution of Liberty [M] . Chicago: The University of Chicago, 1960

8. Lewis, R. C. and B. H. Booms. The Marketing Aspects of Service Quality [J] . New York: American Marketing Association, 1983.

9. McDonnel, James, Public Service Broadcasting: A Reade, London: Routledge, 1991. （广播的公共服务）

10. Nozick, Robert. Anarchy, State and Utopia [M] . Oxford Basil Blackwell, 1974.

11. Parasuraman, A. , Zeithaml, V. A. & Berry, L. L. . Guidelines for conducting service quality research [J] . Marketing Reaearch, 1990: Dec. , 34 ~ 44.

12. Schulz, Winfried. Public – service Broadcasting in the Federal Republic of Germany. In Jay G Blumler & T. J. Nossiter (ed) (1991) Broadcasting Finance in Transition, p. 266. oxford University Press.

13. Soros George, The Crisis of Global Capitalism: Open Society Engendered, New York: Public Affairs, 1998.

14. Television without Frontiers (The Broadcasting Directive) 97/36/ EC. Chiplin, B, and Sturgess, B. (1981) Economics of Advertising, London: Advertising Association.

后　记

　　《中国广播电视公共服务》来源于作者主持完成的国家社会科学基金项目（09BXW015）"中国广播电视公共服务研究"成果。研究之初，邀请余奇敏老师协助组织了十多位硕士研究生开展广播电视公共服务的抽样调查，用第一手的数据资料奠定研究的基础，以增强研究的针对性。

　　在研究中，项目主持人负责研究框架的制定、研究的组织工作、项目结题报告的统稿及研究成果的审定。华中科技大学公共管理学院石婧博士负责广播电视公共服务的基本理论、发展历史、服务基础与创新发展等的研究；肖叶飞博士负责广播电视公共服务的体制与管理研究；方雪琴博士负责广播电视公共服务的评估体系研究；景义新博士负责广播电视公共服务的内容与重点对象的研究。在研究中，陈净卉博士等参与了部分撰稿工作。

　　本书的出版得到了教育部高等学校社会科学发展研究中心"高校社科文库"的部分资助，光明日报出版社及编辑对本书的出版给予了大力支持，在此一并感谢！

作者于武汉

2012 年 6 月 16 日